Ingrandimenti

Massimo Fini

NERONE

Duemila anni di calunnie

i Libri di Paolo Caruso

ARNOLDO MONDADORI EDITORE

ISBN 88-04-36741-5

I edizione febbraio 1993
III edizione aprile 1993

Indice

Questo libro è dedicato soprattutto ai giovani perché, attraverso le menzogne sulla storia di ieri, sappiano riconoscere quelle, per loro certo più importanti, sulla storia di oggi.

NERONE

Duemila anni di calunnie

Introduzione

La leggenda di Nerone

Nessun personaggio storico, se si esclude, forse, Adolf Hitler, ha mai goduto di così cattiva stampa come Nerone. Alcuni autori cristiani, come Vittorino, Commodiano, Sulpicio Severo, ritennero che fosse addirittura l'Anticristo e che, come tale, sarebbe resuscitato a tempo debito. Questa convinzione trovò un avallo nell'*Apocalisse* di Giovanni dove si parla della «Bestia il cui numero è 666»:[1] sommando il valore numerico delle lettere che, in ebraico, compongono il nome «Nerone Cesare» si ottiene, appunto, tale cifra. Più tardi sant'Agostino e san Crisostomo dovettero combattere questa tesi, vagamente blasfema, ma ne conclusero che se Nerone non era proprio l'Anticristo ne era comunque una sorta di anticipazione e di prototipo. E per tutto il Medioevo la leggenda di Nerone-Anticristo ebbe larga presa: papa Pasquale II (1099-1118) si convinse che i corvi che gracchiavano sul noce vicino alla tomba dei Domizi-Enobarbi (da cui l'imperatore discendeva) fossero demoni al servizio di Nerone o lo stesso Nerone in attesa di reincarnarsi. Perciò abbatté noce e tomba e al loro posto eresse una cappella che si sviluppò poi nell'attuale chiesa di Santa Maria del Popolo.[2] Anche uno scrittore della finezza di Renan, e siamo quasi alla fine dell'Ottocento, adombrò, in una sua opera, la tesi che Nerone fosse l'Anticristo o un suo stretto parente.[3]

La fortissima avversione dei cristiani, antichi e moderni, nei confronti di Nerone, ritenuto il primo persecutore della loro fede, ha da sempre trovato facili pezze d'appoggio in Svetonio e Tacito che fanno di questo imperatore un ritratto a tinte fosche, anzi foschissime. Peraltro gli storici cristiani non hanno mai tenuto minimamente conto della personalità e dell'ideologia dei due autori. Svetonio, *eques romanus* di vedute ristrettissime,[4] come del resto quasi tutti quelli del suo ceto, non solo è un indefesso collezionista di pettegolezzi, la cui veridicità va vagliata di volta in volta con la massima cura, ma non è assolutamente in grado di capire una politica di ampio respiro quale fu quella che Nerone cercò di attuare. Di ben altra levatura, naturalmente, è Tacito. Ma Tacito apparteneva a quella classe senatoriale, latifondista e parassitaria, contro la quale Nerone aveva condotto (come già prima di lui, ma con minor efficacia, Caligola) una lunga battaglia per ridurne potere, ricchezze e privilegi a favore degli elementi attivi della società (oggi si direbbe i ceti emergenti: liberti, commercianti, cavalieri) e della plebe più diseredata. Tacito è quello che, in termini moderni, si potrebbe definire un perfetto reazionario, nostalgico dei costumi di una Repubblica che non esisteva più da tempo, e vede quindi come fumo negli occhi il grandioso tentativo neroniano di trasformare, strutturalmente e culturalmente, la società romana per adattarla alle dimensioni di un Impero che ormai occupava quasi l'intera Europa, buona parte del Medio Oriente, il Nord Africa e non poteva perciò più essere guidato con la visuale ristretta di un popolo di contadini come era stato ai tempi della Repubblica.[5]

Ma con Nerone la storiografia cristiana non va per il sottile, prendendo per oro colato tutto ciò che scrivono Svetonio e Tacito a proposito delle nefandezze dell'imperatore, salvo negar loro la validità di fonti quando, con altrettanta disinvoltura, attribuiscono ai cristiani ogni sorta di turpitudini («*per flagitia invisos*», «odiosi per i loro delitti», li definisce Tacito).[6] Che non è esattamente un modo corretto di procedere. E tuttavia è proprio questa storiografia cristiana o di ispirazione cristiana che, per quanto riguarda le vicende dell'Impero romano, è penetrata profondamente nelle nostre scuole medie, inferiori e superiori, e tuttora vi detta legge. Così, quando si parla di un imperatore come Costantino, poiché fece del cristianesimo la religione di Stato, si sottace che fu assassino del figlio e della moglie e gli si dà una caratura storica molto più elevata di quella che in realtà ebbe, mentre Nerone resta sempre e solo un mostro.

Il colpo definitivo all'immagine di Nerone lo ha poi dato Hollywood con i suoi film «pataccari» sull'antica Roma, a cominciare da *Quo vadis?* con la memorabile interpretazione di uno scatenato Peter Ustinov nei panni dell'imperatore. Nell'immaginario collettivo, a livello del pubblico di cultura media e anche medio-alta, Nerone è rimasto quindi l'imperatore incendiario, matricida, uxoricida, fratricida, assassino del suo precettore e di chissà quanti altri, folle, sanguinario, crudele, inetto, molle, sessuomane, debosciato.

La storiografia moderna dà però un ritratto molto più equilibrato dell'«imperatore maledetto». Sono stati soprattutto gli storici anglosassoni, francesi, romeni (parrà strano ma il più importante «Centro di studi neroniani» sta a Bucarest), oltre all'italiano Mario Attilio Levi, a sottoporre a una severa revisione critica la figura e l'opera di Nerone.[7] E l'immagine che ne viene fuori, almeno per quello che riguarda l'uomo pubblico, è molto diversa, anzi, si può dire, del tutto contrastante con quella che se ne ha abitualmente.

Ma, si chiederà il lettore, come si fa a dire qualcosa di diverso e di nuovo su Nerone se le fonti, gira e rigira, rimangono sempre quelle, Svetonio, Tacito, in misura minore Dione Cassio,[8] e tutti e tre ne parlano quasi sempre malissimo? Attraverso quella branca della storiografia moderna (da cui avrebbe qualcosa da imparare anche il giornalismo) che si occupa del «controllo delle fonti».

Innanzi tutto si collocano gli autori nel periodo storico in cui scrissero, si individuano le loro ideologie, si verificano le contraddizioni interne delle loro opere. E di contraddizioni, di indiscutibili deformazioni, di palesi tendenziosità, di falsità evidenti a prima vista, Tacito e Dione Cassio, per non parlare di Svetonio, sono zeppi. Poi si studiano le fonti per così dire «oggettive»: la monetazione, i reperti archeologici, le epigrafi, le iscrizioni, i papiri, le circolari che dal centro dell'Impero si irradiano verso la periferia.[9] Così come si studiano i testi letterari legati direttamente o indirettamente ai periodi in questione. E poi si guardano i risultati concreti che l'imperatore ottenne, curandosi meno delle sue inclinazioni sessuali. Ed è un fatto che quando l'opera di Nerone può essere sottoposta a questo controllo incrociato egli ne esce quasi sempre bene, mentre quando è abbandonato solo ai pettegolezzi di Svetonio o alla faziosità di Tacito[10] ritorna a essere, quasi sempre, il «mostro» della leggenda.

La realtà è che Nerone fu un grandissimo uomo di Stato. Durante i quattordici anni del suo regno l'Impero conobbe un periodo di pace, di prosperità, di dinamismo economico e culturale quale non ebbe mai né prima né dopo di lui. Certamente fu un megalomane, un visionario, uno che, direbbe Nietzsche, pensava in grande stile e che cercò di modellare il mondo sulle proprie intuizioni e immaginazioni, l'artefice di un'arditissima rivoluzione culturale con la quale intendeva dirozzare i romani e indirizzarli verso la mentalità e i costumi ellenistici, molto più civili e raffinati. Fu un uomo in grande anticipo sui suoi tempi, un bizzarro incrocio fra un principe rinascimentale, dalla cultura e dai gusti sceltissimi, a volte persino barocchi, e un teppista, un ragazzaccio avido di vita e di piaceri.

Fu anche un esibizionista, un inguaribile narciso e, con tutta probabilità, uno psicolabile schiacciato prima da una madre autoritaria e castratrice e poi dall'enorme peso che, a soli diciassette anni, per le ambizioni e le mene di Agrippina, gli era stato scaricato sulle spalle mentre lui avrebbe forse preferito dedicarsi alle arti predilette. Fu un sognatore che, mentre il mondo già gli crollava addosso, fantasticava di potersi pur sempre guadagnare da vivere con la propria arte.

Quel che comunque è certo è che questo imperatore chitarrista, cantante, poeta, attore, scrittore, auriga, curioso di scienza e di tecnica, fautore delle più ardite esplorazioni, autore e vagheggiatore di progetti grandiosi, fu un *unicum* non solo nella storia dell'Impero romano.

Come statista ci sono poi alcune caratteristiche che possono solleticare la sensibilità moderna. Fu un monarca assoluto che usò del proprio potere in senso democratico: non governò solo *in nome* del popolo, come voleva l'ipocrisia augustea, ma *per* il popolo contro le oligarchie che lo opprimevano e lo sfruttavano. E per avere il consenso del popolo - oltre che, beninteso, progettare e attuare misure molto concrete - inaugurò quella che oggi chiameremmo la politica-spettacolo. Nerone fu un grande *showman*.

Le élite economiche e intellettuali del tempo non lo capirono, oppure lo capirono fin troppo bene e per questo lo osteggiarono ferocemente. I senatori perché vedevano messi in pericolo il loro potere, le loro ricchezze, il loro dolce far niente. Gli intellettuali perché, da bravi piccolo-borghesi, ambivano come sempre a una sola cosa: entrare nel giro dell'aristocrazia e condividerne i privilegi.

Chi lo capì fu la plebe romana che lo amò sempre moltissimo. Tanto che se esiste una leggenda negativa su Nerone ce ne fu anche una positiva coeva alla sua fine. Anche la plebe romana, per motivi diametralmente opposti a quelli degli autori cristiani, si rifiutò di credere che l'imperatore fosse morto davvero e coltivò a lungo l'illusione che, prima o poi, sarebbe tornato per renderle giustizia.[11] Un primo «falso Nerone» fece la sua apparizione due anni dopo la morte dell'imperatore creando una grande agitazione popolare sia a Roma sia in quella Grecia che egli aveva amato e reso libera.[12] Poi ne venne un secondo. Il terzo e ultimo «falso Nerone» comparve nell'88, vent'anni dopo la sua morte.[13] E per molto tempo ancora il popolino di Roma, in primavera e in estate, continuò a portare fiori sulla tomba[14] dell'uomo il cui nome sarebbe stato poi esecrato, maledetto e dannato *in saecula saeculorum*.

Note

[1] *Apocalisse*, 13, 18.
[2] M. Grant, *Nerone*, Librex, Milano 1971, p. 252.
[3] E. Renan, *L'Anticristo*, Parigi 1873.
[4] La più completa biografia italiana di Svetonio è quella di F. Della Corte, *Svetonio, eques romanus*, La Nuova Italia, Firenze 1967.
[5] Su Tacito vedi la monumentale opera di E. Paratore, *Tacito*, Cisalpino, Milano 1951; A. Michel, *Tacito e il destino dell'Impero*, Einaudi, Torino 1975; la recentissima e molto apologetica biografia di P. Grimal, *Tacito*, Garzanti, Milano 1991.
[6] Tacito, *Annali*, XV, 44.
[7] Per un quadro degli studi neroniani dell'ultimo mezzo secolo vedi il notevole lavoro di Giovanni Fusar Imperatore, studioso morto giovanissimo, *Saggio di analisi critica della bibliografia neroniana dal 1934 al 1975*, Cisalpino-Goliardica, Milano 1978.
[8] Sulle fonti antiche vedi la classica opera di A. Momigliano, *Osservazioni sulle fonti per la storia degli imperatori Gaio, Claudio e Nerone* in «Rendiconti dell'Accademia dei Lincei», VI, serie 3, 1932, pp. 193 e sgg.; M.A. Levi, *Nerone e i suoi tempi*, Istituto editoriale cisalpino, Milano-Varese 1949, pp. 7-40.
[9] Un'importante scelta di questi documenti è stata di recente curata da

M. Smallwood, *Documents illustrating the Principates of Gaius, Claudius and Nero*, Cambridge 1967. Raccolte più antiche, e più complete, sono il *Corpus Inscriptionum Latinarum* (CIL), uscito a partire dal 1863, inizialmente a cura di T. Mommsen, poi di H. Dessau e altri, e le *Inscriptiones Latinae Selectae* (ILS), a cura di H. Dessau, 1892-1916.

Sulle iscrizioni relative alla carriera dei vari personaggi fondamentale la *Prosopographia Imperii Romani saec. I, II, III*, a cura di E. Klebs, H. Dessau, P. von Rohden, 1896-1898 (PIR^1); oppure nell'edizione a cura di E. Groag e A. Stein, 1933 (PIR^2).

10 La faziosità di Tacito nei confronti della dinastia Giulio-Claudia (Tiberio, Caligola, Claudio, Nerone) è tale che riesce a ridurre quella che fu, oggettivamente, l'età dell'oro dell'Impero romano quasi solo a una serqua di delitti, di orrori, di follie, di orge. Tacito non è uno storico: è un libellista. Di questa opinione, fra gli altri, è l'illustre latinista Ettore Paratore, *Un evento clamoroso nella Roma di millenovecento anni fa*, in «Studi romani», VII, 1959, p. 488. Scrivono a questo proposito M. Cazenave e R. Auguet nel loro *Gli imperatori folli*, Red edizioni, Como 1990, pp. 147-148: «L'archeologia ha permesso di provare che gli storici latini sapevano mentire sfrontatamente quando ciò era necessario per la loro causa, in altre parole quando diventava necessario presentare sotto facciate accettabili le passioni, gli interessi e i pregiudizi della casta senatoriale».

Tacito resta, naturalmente, grandissimo come scrittore. Proprio lavorando a questa biografia mi sono reso conto che in molte occasioni, pur a distanza di quasi duemila anni, e quindi con tutti gli arricchimenti linguistici che ci sono stati, dir meglio di lui proprio non si può e per questo ho preferito lasciare nel testo numerose citazioni dagli *Annali*.

11 Durante il regno di Traiano, a trent'anni dalla morte di Nerone, Dione Crisostomo scrive: «Ancora adesso tutti si augurano che egli sia ancora in vita: in realtà molti credono che lo sia» (*Orationes*, I, 9, 10).

12 Tacito, *Storie*, II, 8.

13 Svetonio, *Vite dei Cesari*, «Nerone», LVII.

14 *Ibidem*.

I

Sale al trono un ragazzo...

Quando Nerone sale al trono, il 13 ottobre del 54, non ha ancora compiuto diciassette anni. È poco più che un ragazzo anche per quei tempi, in cui si maturava e si assumevano responsabilità molto presto. Sarà il più giovane imperatore romano se si eccettua Eliogabalo (204-222), che lo divenne a quattordici, ma in un periodo di grave crisi e che regnerà solo quattro anni senza lasciare alcuna apprezzabile traccia di sé.

Quello che, «a metà del terzo giorno prima delle idi di ottobre»,[1] accompagnato dal prefetto del pretorio, Afranio Burro, e da alcuni ufficiali superiori, si presenta ai soldati della guardia per essere proclamato imperatore, è un bel figliolo. I capelli sono color del rame, gli occhi blu, leggermente miopi, il naso è forte e dritto, il collo robusto ma aggraziato, le guance un poco tondeggianti ma non ancora gonfie come saranno più tardi quando Nerone, nonostante tutti i suoi esercizi ginnici, tenderà inesorabilmente a ingrossare. In questa testa, che anche il prevenutissimo Svetonio è costretto a definire «bella»,[2] solo il mento è un poco sfuggente e le labbra sensuali hanno un che di molle, di cedevole, forse di crudele. Il corpo è di statura media, il tronco è possente, forse troppo rispetto alle gambe che, a detta di Svetonio, risultano gracili. Ma non dovevano essere poi tanto male se a Nerone, che era un esibizionista nato e aveva, e avrà sempre, il gusto di scandalizzare, piaceva mostrarle anche in pubblico sotto una tunica cortissima, una specie di «mini», che portava senza cintura e, per di più, scalzo.

In quanto alle macchie maleodoranti che, sempre ad ascoltar Svetonio, chiazzavano il suo corpo, non erano che le efelidi e i nei tipici della pelle dei rossi.[3] Più singolari, caso mai, almeno per un aristocratico romano, erano i suoi capelli o, meglio, il modo in cui li portava: ondeggianti e lunghi fino alle spalle secondo una voga corrente fra gli aurighi, gli attori e, in genere, le persone di basso ceto, schiavi compresi.

In ogni caso Nerone superò l'esame dei pretoriani e, poco dopo, quello degli austeri senatori che dovevano sanzionare ufficialmente la sua nomina a imperatore. Del resto Nerone era conosciuto come un giovane cordiale, affabile, spiritoso, intelligente.

Il suo primo discorso davanti al Senato (peraltro scrittogli da Seneca), anche se non molto originale, fu ispirato a grande moderazione e cautela. Il principato partiva con i migliori auspici. Tutte le fonti sono concordi nell'affermare che la salita al trono di Nerone fu salutata da un grande entusiasmo. Da questo giovane imperatore, che avrebbe presumibilmente regnato a lungo, ci si aspettava un nuova «età dell'oro».

Le fonti non dicono però quale fosse lo stato d'animo di Nerone in quel lontano giorno d'ottobre. Noi possiamo immaginare che non fosse molto contento. Fino ad allora si era interessato di musica, di letteratura, di teatro, di corse di cavalli e, in genere, di tutto ciò che riguardava il Circo. Inoltre componeva poesie, dipingeva, gli piacevano il cesello, l'intaglio e ogni sorta di arte manuale. Adesso si trovava proiettato in un posto di enorme responsabilità, che non lui ma sua madre aveva voluto.

Ma chi era Nerone? Perché era toccato a lui il bifido onore di reggere l'Impero? Lucio Domizio, il futuro Nerone, era nato ad Anzio il 15 dicembre del 37. Era figlio di Gneo Domizio della stirpe degli Enobarbi così chiamati per aver la barba e i capelli color del bronzo. Gli Enobarbi, pur avendo dato sette consoli, erano considerati di nobiltà plebea perché erano entrati a far parte del patriziato romano in tempi relativamente recenti, verso l'inizio del I secolo avanti Cristo. I veri quarti di nobiltà venivano a Nerone dalla madre Agrippina, figlia dell'eroe militare Germanico e di Agrippina Maggiore, figlia di Giulia, figlia, a sua volta, di quell'Augusto, fondatore dell'Impero, la cui parentela era necessaria per fondare la legittimità di chiunque volesse aspirare al trono.

In ogni caso il *pedigree* di Nerone non era migliore di quello di molti altri rampolli dell'aristocrazia ed egli non sarebbe mai diventato imperatore senza l'ambizione della madre.

Agrippina era considerata la più bella donna del suo tempo. Ma non era questa la sua caratteristica più importante. Donna forte, dura, fiera, coraggiosa, con una volontà di ferro - e queste erano doti che le venivano sicuramente dal padre Germanico e da quella intrepida virago che fu sua madre - Agrippina era anche fredda, calcolatrice, senza scrupoli, sapeva quello che voleva e come raggiungerlo, e questa era farina del suo sacco. Quando suo figlio Nerone salì al trono, Agrippina aveva già attraversato tre Imperi «memorabili e tremendi»,[4] quelli di Tiberio, Caligola e Claudio, ed era riuscita a venirne fuori indenne. Ma aveva avuto le sue tragedie che non avevano certamente contribuito ad addolcirla. Appena quattordicenne aveva visto sua madre, esiliata da Tiberio, lasciarsi morir di fame perché non sopportava l'umiliazione d'essere stata percossa da un ufficiale. Dei suoi tre fratelli maschi, due erano stati assassinati o costretti al suicidio dallo stesso Tiberio, in quanto al terzo, Gaio, divenuto imperatore col nome di Caligola, l'aveva cacciata in esilio con l'accusa di complotto. Era il 39. A quell'epoca Nerone aveva due anni. Poiché il padre non intendeva occuparsene personalmente, il piccolo Lucio fu mandato a balia nella casa della zia Domizia Lepida L'anno seguente Domizio Enobarbo morì per idropisia e, nonostante avesse preso la precauzione, consueta, di lasciare due terzi del suo patrimonio in eredità all'imperatore, Caligola gli confiscò anche il resto. Così Nerone si trovò improvvisamente orfano, povero, con la madre in esilio, ospite d'una casa estranea.

I suoi maestri, in quei primi anni, furono un barbiere e un ballerino. Soprattutto quest'ultimo dovette imprimersi con forza nell'immaginazione del piccolo Lucio. Nerone infatti dimostrerà fin dalla primissima infanzia una incoercibile passione, che non lo abbandonerà mai, per i giochi del Circo e i suoi protagonisti. Da piccolo ne parlava continuamente, anche se gli era proibito. «Una volta,» scrive Svetonio «mentre insieme ai suoi condiscepoli compiangeva la sorte di un auriga del partito verde (Nerone infatti tifava per i «verdi», i colori preferiti dalla plebe, mentre gli aristocratici tenevano, in genere, per i «blu» *N.d.R.*) che era stato trascinato dai propri cavalli, ripreso dal suo pedagogo, disse falsamente che stava parlando di Ettore.»[5] Per dare in qualche modo sfogo a questa passione gli fu comunque permesso, quando era ancora bambino, di partecipare ai giochi Troiani, nell'arena, e Lucio gareggiò «con grande volontà e grande successo».[6] Si racconta anche che Nerone, già imperatore, si divertisse, almeno nei primi anni, a giocare di nascosto con delle quadrighe d'avorio sopra un tavolo.

Nel complesso fu un'infanzia difficile e deserta di affetti. Agrippina, una volta ritornata dall'esilio, nel 41, si rivelò la classica madre castratrice, imperiosa e autoritaria. Un po' di calore umano Lucio lo ebbe dalle sue nutrici, Egloge e Alessandra, che gli rimarranno fedeli fino alla morte, e, in parte, dalla zia Lepida. Questo fatto però causò un aspro dissidio con Agrippina che vedeva bene come il figlio le preferisse la zia, più indulgente. Dissidio che Agrippina risolverà, come al solito, a modo suo, facendo accusare Lepida di complotto contro l'imperatore Claudio e ottenendone la condanna a morte. Nerone, subornato e minacciato dalla madre, testimonierà contro la zia.

Comunque, tornata a Roma, Agrippina prese saldamente in mano l'educazione del figlio per il quale nutriva grandi ambizioni. Per l'istruzione primaria affidò Lucio a due liberti greci, Aniceto e Berillo, che gli insegnarono la letteratura, le lingue, cioè il latino e il greco, la matematica e i rudimenti della retorica. Per il livello superiore la scelta cadde su un'eminente personalità del mondo greco-orientale, Cheremone, un sacerdote egiziano convertitosi allo stoicismo, che era stato direttore del museo di Alessandria, aveva scritto opere storiche e astrologiche ed era studioso di archeologia. Cheremone aveva soprattutto il compito di avvicinare Lucio allo studio della «grammatica» vale a dire, per gli antichi, l'interpretazione dei testi letterari, seconda tappa della formazione scolastica di ogni allievo romano di buona famiglia.[7] A Cheremone fu affiancato un secondo precettore, greco, Alessandro di Ege, filosofo peripatetico. Entrambi ebbero su Nerone un'influenza determinante nell'indirizzarlo verso quel filoellenismo che sarà uno dei *leitmotiv* della sua politica. Per le materie scientifiche c'era, oltre a Cheremone, l'astronomo Trasillo.

Ma nel 49, quando Lucio aveva dodici anni, Agrippina tirò fuori dal suo inesauribile scrigno l'ultimo gioiello: Seneca. Lucio Anneo Seneca era il più prestigioso intellettuale del suo tempo. Filosofo della scuola stoica, era diventato popolarissimo fra i romani di ogni ceto grazie al piglio agile, accattivante, si potrebbe dire giornalistico, con cui, nei suoi scritti, trattava problemi di vita quotidiana e di attualità. Era, insomma, un filosofo alla moda. Entrato in Senato nel 39 col rango di questore ne era diventato ben presto il più brillante ed eminente oratore, nonostante l'imperatore Caligola definisse il suo stile, non senza qualche ragione, «pura sabbia senza calce». Con l'avvento di Claudio, Seneca era però caduto in disgrazia per via di una tresca da lui intrecciata con una sorella di Caligola, Claudia Livilla, che piaceva pochissimo, per motivi di pura gelosia femminile, a Messalina, l'intrigante e potentissima moglie dell'imperatore. Fu dapprima condannato addirittura a morte, pena poi commutata con l'esilio in Corsica. Da qui, poco dopo, Seneca scrisse una lettera adulatoria passabilmente abietta a Polibio, ministro di Claudio, perché lo aiutasse a ritornare a Roma. Ma non ci fu niente da fare. Morta Messalina, fu Agrippina a intercedere per Seneca presso Claudio. Non era mossa da motivi umanitari: voleva fare di Seneca il precettore di suo figlio.

Seneca era un senatore e un pedagogo di così alto rango era inusuale anche per una grande famiglia romana. Ma Agrippina sapeva quello che faceva. Seneca doveva insegnare a Nerone la retorica ma, soprattutto, sovrintendere alla sua educazione e alla schiera di maestri del giovane cui, di lì a poco, si sarebbe aggiunto, per le questioni militari e anche finanziarie, Afranio Burro. Seneca, che aveva allora 53 anni, si accinse al compito con molto impegno, anche perché capiva bene dove voleva andare a parare Agrippina e i vantaggi che gliene sarebbero potuti derivare.

Il filosofo ebbe sicuramente una forte presa sul giovane Lucio, ma entro certi limiti perché a sorvegliare tutto e tutti rimaneva sempre Agrippina. Tra l'altro la donna fece chiaramente capire a Seneca di non insistere troppo con la filosofia che riteneva disciplina poco adatta a un futuro imperatore. Per la verità al ragazzo, curioso di tutto, la filosofia piaceva e parecchio (tanto che, da imperatore, si divertiva, dopo cena, a seguire le dispute dei filosofi invitati a corte), ma fu costretto, come sempre, ad abbozzare.

Nel complesso fu una formazione ricca, erudita, raffinata, varia e programmata in modo che fossero comprese tutte le tendenze culturali del tempo,[8] anche se quella ellenizzante, data la preponderanza di pedagoghi greci, finì per prevalere. In quanto a lui era un ottimo allievo e imparava con facilità. Ma quell'educazione severa, pressante, quel superprecettore che gli faceva di continuo la morale, quella madre incombente, finivano per opprimerlo. Appena poteva si rifugiava nel suo mondo: a scrivere poesie, a dipingere, a parlare degli amati «verdi» e degli altrettanto amati cavalli. E quando fu abbastanza grande prese l'abitudine di scappare di nascosto a teatro per assistere alle *pièces* dei suoi autori preferiti.

Nel frattempo Agrippina, nel suo disegno di avvicinare se stessa e il figlio al sommo potere, aveva messo a segno un colpo decisivo: aveva sposato l'imperatore Claudio. Non era stata un'impresa facile. Nel 48 Claudio era rimasto vedovo. Nel modo più semplice: aveva fatto assassinare la moglie, Messalina. Totalmente preso dal fascino di lei, donna bellissima, ninfomane e forse un po' matta, ne aveva sopportato per molto tempo ogni sorta di prepotenze, di dissolutezze e una lunghissima serie di corna, di cui tutta Roma rideva, che, senza distinzione di classe, andavano dall'istrione al più nobile patrizio. Ma alla fine Messalina l'aveva combinata troppo grossa. Innamoratasi pazzamente di Silio, un consolare di straordinaria bellezza e di altrettanta audacia, approfittando di un periodo in cui Claudio era a Ostia, aveva sposatc l'amante, come se non fosse già la moglie dell'imperatore. Scrive uno sbalordito Tacito: «So quanto debba apparire fantastico che in una città che nulla ignora e che nulla tace, alcuni fra i mortali abbiano avuto tanta sfacciata impudenza da far sì che un console designato si sia trovato in un giorno stabilito accanto alla moglie dell'imperatore, alla presenza di testimoni, a celebrare quel rito nuziale che prelude alla legittima procreazione dei figli, e che la donna abbia potuto consultare gli auspici, compiere le formalità necessarie, e sacrificare agli dei; assidersi poi al banchetto, baciare e abbracciare lo sposo, e infine passare la notte nella sfrenata libertà dei rapporti coniugali».[9]

Lo scandalo fu enorme. Eppure Claudio tentennava. Furono i suoi liberti e ministri, Callisto, Pallante e soprattutto Narcisso, a prendere in mano la situazione. Silio non fece storie, lasciò la vita, suicidandosi, con assoluta noncuranza come se la cosa non lo riguardasse. Messalina invece inviò strazianti suppliche a Claudio mettendogli davanti la sorte dei figli che aveva avuto da lui, Britannico e Ottavia, e chiedendogli un incontro. Probabilmente sarebbe riuscita, ancora una volta, a convincere e sopraffare il marito, tuttora innamorato, se Narcisso non avesse prevenuto tutti mandando un tribuno a scannare la donna.

Adesso Claudio cercava moglie. Tre erano le pretendenti: Lollia Paolina, sponsorizzata da Callisto, Elia Petina, che con Claudio era già stata sposata, appoggiata da Narcisso, e Agrippina spinta da Pallante, il potentissimo ministro delle finanze. La spuntò Agrippina sia perché Pallante, di cui sarebbe divenuta di lì a poco l'amante, riuscì a convincere Claudio che era bene portarsi in casa una donna della famiglia Giulia e quel suo figlio che sarebbe altrimenti potuto diventare un pericoloso rivale, sia perché Agrippina, col pretesto di andare a trovare lo zio, tale infatti era per lei Claudio, sedusse facilmente il maturo imperatore. A ostacolare le nozze c'era però ancora proprio la parentela fra i due: non esistevano precedenti di una nipote che sposa lo zio paterno. Sbrogliò la situazione un amico di Claudio, Vitellio, che, ben istruito da Pallante, andò in Senato a dire che un principe, i cui gravissimi compiti riguardavano il mondo intero, doveva essere libero da preoccupazioni domestiche:[10] i senatori benedicessero quindi le giuste nozze. Così fu. E la trentaquattrenne Agrippina sposò il sessantenne zio.

Claudio era stato, ed era, un ottimo imperatore, ma aveva un grave limite: era debolissimo con le donne. Come si era fatto mettere sotto i piedi dalla scatenata Messalina così, e a maggior ragione, subì la più astuta e fredda Agrippina che in breve tempo acquistò un potere quale nessuna donna a Roma aveva mai avuto. Racconta Tacito: «Agrippina impose un rigido servaggio con energia quasi virile; una palese austerità e più spesso un'arrogante superbia; in casa nessuna dissoluta inverecondia se non quanta potesse essere utile a dominare».[11]

Agrippina cominciò col regolare alcuni conti personali. Spinse l'imperatore a esiliare, con un pretesto risibile, Lollia Paolina, la sua rivale, quindi, non paga, le mandò un tribuno perché «la inducesse a morte».[12] Anche Calpurnia, una nobile e bella romana, alle cui grazie pare che Claudio non fosse insensibile, fu costretta a lasciare l'Italia. Infine Agrippina si sbarazzò della cognata, Domizia Lepida, colpevole di avere una certa influenza su Nerone.

Sistemate queste faccende femminili, Agrippina si mise a tessere la sua tela per portare il figlio al trono. Convinse Claudio a perdonare Seneca, a farlo rientrare dalla Corsica e a dargli la carica di pretore. Il filosofo, s'è visto, le serviva per perfezionare l'educazione del figlio, inoltre, con questo atto di liberalità, contava di legare a sé non solo Seneca, ma anche l'ambiente senatorio da cui proveniva. Ancora più importante fu la manovra che le riuscì subito dopo: persuase Claudio a fidanzare la propria figlia, Ottavia, che aveva allora otto anni, a Lucio. Per la verità Ottavia era stata promessa al patrizio Lucio Silano. Ma Agrippina aveva già provveduto, prima ancora di sposare Claudio, a rovinare Silano facendolo accusare di incesto (e Silano si era tolto la vita proprio il giorno delle nozze imperiali).

Il fidanzamento con Ottavia legava ancor più intimamente il giovane Lucio alla famiglia imperiale: sia perché diventava il futuro genero dell'imperatore, sia perché Ottavia discendeva, per parte di madre, dalla sorella di Augusto, della quale portava il nome, e questi intrecci erano molto importanti ai fini della successione.

Il 25 febbraio del 50 Claudio adotta il giovane Lucio e firma così la propria condanna a morte. Era stato ancora una volta Pallante, istruito, beninteso, da Agrippina, a lavorarsi a dovere l'imperatore. Gli aveva detto che il suo unico figlio maschio, Britannico, era troppo cagionevole di salute (era infatti malato di epilessia) per essere lasciato solo. Bisognava affiancargli qualcuno, scegliendolo all'interno della famiglia. Questo qualcuno non poteva essere altri che il giovane Lucio Domizio Enobarbo: il figlio di sua moglie, il futuro sposo di sua figlia. Pallante si premurò anche di ricordare all'imperatore che c'era un precedente e molto illustre: lo stesso Augusto aveva adottato il figliastro Tiberio. Claudio capiva benissimo che adottando Lucio metteva in serio pericolo i diritti dinastici di Britannico. Era un debole, non un cretino. Probabilmente prevalse in lui la preoccupazione di assicurare comunque la successione all'Impero. Divenuto figlio adottivo di Claudio, Lucio Domizio Enobarbo prese quel soprannome di Nerone (classico della *gens* Claudia) con cui sarebbe passato, nel modo sinistro che conosciamo, alla storia.

Fatto il più, rimaneva però ancora da mettere Nerone in una posizione nettamente più favorevole rispetto a Britannico. Non fu difficile. Nerone aveva tre anni più del fratellastro e apparve quindi naturale che nelle cerimonie ufficiali avesse la precedenza. Cominciarono inoltre ad apparire monete che celebravano Nerone, accanto alla madre, mentre non nominavano Britannico.

Il 5 marzo del 51 Nerone indossa la toga virile pur non avendo ancora compiuto i quattordici anni del limite legale. È la fine dell'infanzia. Poco dopo viene nominato «principe della gioventù». Scrive Tacito: «Nei giochi del Circo che erano stati istituiti per conciliare a Nerone i favori della plebe, Britannico e Nerone passarono dinanzi alla folla [...] perché il popolo, vedendo Nerone nella pompa del comando e Britannico nell'abito dei ragazzi, potesse parimenti da ciò prevedere la sorte di ambedue».[13] Sempre nel 51 Claudio, dovendosi assentare da Roma per breve tempo, affida a Nerone, almeno nominalmente, la carica di prefetto della città. In seguito gli viene dato il grado onorario di proconsole fuori Roma.

Intanto Agrippina aveva provveduto a mettere un suo uomo, Afranio Burro, nel ruolo chiave di prefetto del pretorio. Ormai spadroneggiava apertamente, si permetteva anche di entrare in Campidoglio «sopra un cocchio, onore anticamente concesso soltanto ai sacerdoti».[14]

Nel 53 Nerone sposa Ottavia. Lui ha sedici anni, lei dodici. È un matrimonio di interesse, voluto da Agrippina. In quell'anno Nerone pronuncia, in latino e in greco, alcuni discorsi pubblici in favore di Bologna, di Apamea (Siria), di Rodi e di Ilio (l'antica Troia). In questi due ultimi casi chiede esazioni fiscali. Sono apparizioni pubbliche che hanno lo scopo di far guadagnare a Nerone prestigio e favore presso il popolo.

Ormai è il delfino designato. Tutto è pronto. E Agrippina, con la probabilissima connivenza di Seneca,[15] decide di passare all'azione. Anche perché corre voce (messa in giro probabilmente dai partigiani di Britannico) che Claudio non sia più tanto convinto dell'adozione e mediti di rimangiarsela.

Agrippina si incontra in segreto con una famosa avvelenatrice, Locusta, e le commissiona una pozione che abbia effetti né troppo repentini, perché altrimenti il veneficio sarebbe stato palese, né troppo lenti, perché in tal caso Claudio avrebbe potuto intuire che cosa si stava tramando ai suoi danni e da chi veniva il colpo. Con la complicità dell'assaggiatore dell'imperatore, l'eunuco Aloto, il veleno viene versato su un piatto di funghi, di cui Claudio è ghiottissimo. Ma, sia che Locusta avesse sbagliato le dosi, sia che Claudio fosse stato aiutato da una provvidenziale evacuazione intestinale, l'imperatore non muore, accenna anzi a riprendersi. Allora Agrippina chiama il medico di corte, Stertinio Senofonte da Cos, conquistato in precedenza alla sua causa, e costui, fingendo di voler sollecitare i conati di vomito dell'imperatore, gli ficca in gola una penna intinta d'un veleno potentissimo. È il tardo pomeriggio del 12 ottobre 54.

Agrippina, simulando il dolore e l'angoscia, trattiene presso di sé, coprendoli di baci e carezze, Britannico, Ottavia e Antonia, i tre figli di Claudio. Non vuole che la notizia esca ancora da Palazzo. Bisogna guadagnare la notte perché il fedele Burro abbia il tempo di istruire a dovere i soldati della guardia. Il giorno dopo Nerone si presenta ai pretoriani. Cominciano così, con un delitto di cui è ignaro,[16] i quattordici anni del suo regno.

Note

[1] Tacito, *Annali*, XII, 69.

[2] Svetonio, «Nerone», LI.

[3] Che Nerone fosse un bell'uomo lo conferma indirettamente Tacito, il quale, parlando di uno dei falsi Nerone che comparvero dopo la morte dell'imperatore e descrivendone la testa, la definisce «rara per bellezza di occhi e di chioma». Tacito, *Storie*, IX, 9. E Seneca, che peraltro va sempre preso con le molle a causa della sua lascivia laudatoria, scrive di Nerone: «Il suo volto splendente di una dolce luce fiammeggia, così come il suo bel collo sotto i capelli ondeggianti». Seneca, *Apokolokyntosis divi Claudii*, 4.1, 30, 31.

[4] M. Grant, *op. cit.*, p. 20.

[5] Svetonio, «Nerone», XXII.

[6] *Ibidem*, VII.
[7] E. Cizek, *Néron*, Fayard, Parigi 1982, p. 30. S.F. Bonner, *L'educazione nell'antica Roma*, Armando, Roma 1986, pp. 254-312.
[8] M.A. Levi, *L'impero romano*, Il Saggiatore, Milano 1967, p. 253.
[9] Tacito, *Annali*, XI, 27.
[10] *Ibidem*, XII, 6.
[11] *Ibidem*, XII, 7.
[12] *Ibidem*, XII, 27.
[13] *Ibidem*, XII, 41.
[14] *Ibidem*, XII, 42.
[15] Il giorno dopo la morte di Claudio, Seneca fece circolare un libello, l'*Apokolokyntosis divi Claudii* (*La trasformazione in zucca del divino Claudio*), ferocemente sarcastico nei confronti dell'imperatore appena defunto (vedi più avanti, cap. II, p. 44). Per quanto fosse di penna facile non è pensabile che lo abbia scritto in una sola notte (oltretutto doveva già preparare il discorso di investitura del giovane Nerone). Evidentemente ci stava lavorando da un po': da quando Agrippina lo aveva messo a parte del suo progetto o lui l'aveva intuito. Ha notato giustamente Treves che lo stesso Seneca, come filosofo o come ministro, non fece mai dei moralistici *distinguo* fra l'essere a conoscenza della preparazione di un delitto, senza prevenirlo, e il parteciparvi direttamente. P. Treves, *Il giorno della morte di Seneca*, in «Studia florentina Alexandro Ronconi sexagenario oblata», Edizioni dell'Ateneo, Roma 1970, pp. 515-516. In ogni caso Seneca «coprì» il delitto di Agrippina.
[16] Tutte le fonti concordano sul fatto che Nerone fu tenuto all'oscuro dell'assassinio.

II
Nerone uomo di governo

In genere noi tendiamo a rappresentarci la vita degli imperatori romani come una sequela di intrighi di palazzo, di delitti, di orge, di stravizi, di piaceri. Tutte queste cose c'erano - e ne abbiamo avuto un'eloquente rassegna nel capitolo precedente - ma in misura molto minore di quanto comunemente si immagini, complice una tradizione storiografica che, fino a non molto tempo fa, privilegiava gli eventi sui fatti.

In realtà un imperatore doveva innanzitutto lavorare. A metà del I secolo dopo Cristo l'Impero aveva assunto dimensioni enormi: si estendeva dalla Britannia sud-orientale all'Africa magrebina ed egizia (fino ad Assuan), dalla Lusitania alla Cappadocia e alla Siria, al di là delle quali, col fragile cuscinetto dell'Armenia sempre contesa, c'era lo sterminato e misterioso regno dei parti, l'unica potenza ancora in grado di rivaleggiare con Roma. A nord-est i confini erano segnati dal Reno e dal Danubio.

Quasi in parallelo con questo processo di espansione il potere politico, amministrativo, legislativo e, in buona misura, anche giudiziario s'era venuto concentrando nelle mani dell'imperatore. Infatti il Senato, composto per lo più dai rappresentanti delle grandi famiglie latifondiste romane e italiche, aveva perduto ogni funzione attiva e propulsiva. Le stesse leggi erano ormai, in buona parte, di iniziativa del principe: il Senato si limitava a ratificarle, o a bocciarle in quei rari casi in cui toccavano i suoi interessi e privilegi. I senatori facevano delle grandi tirate moralistiche, riallacciandosi ai costumi di una Repubblica che non esisteva più da tempo, ma, come si dice appunto a Roma, «non alzavano paia», non c'era verso di farli lavorare. Lo stesso consolato era diventato una carica quasi esclusivamente onorifica che serviva, più che altro, a mantenere l'illusione che esistesse ancora una Repubblica.

In una situazione del genere l'imperatore aveva estremo bisogno di collaboratori efficienti, che lo aiutassero a sbrigare l'enorme mole di lavoro. Il problema s'era posto fin dai tempi di Augusto, ma fu Claudio il primo ad affrontarlo in modo organico, affidandosi ai liberti. Costoro erano ex schiavi liberati che amministravano, in genere, i beni delle grandi famiglie patrizie romane. Anche la casa dell'imperatore, ovviamente, aveva i suoi liberti. Claudio, con un processo graduale, ne promosse alcuni da segretari privati ad amministratori pubblici, da «domestici» a funzionari imperiali. E ci azzeccò. Questi uomini, quasi sempre di origine greca o comunque orientale, erano colti, intelligenti, abili, duttili, con una gran voglia di lavorare, di emergere, e si dimostrarono, a conti fatti, all'altezza della situazione.

Claudio mise dunque in piedi l'embrione di una burocrazia imperiale. Ma anche qui si scontrò col suo solito limite: la debolezza. Permise che i liberti gli sfuggissero di mano, prendessero decisioni importanti senza consultarlo, sconfinassero dai loro compiti, si intromettessero addirittura nelle più delicate e intime questioni della famiglia imperiale (s'è visto come i tre principali liberti di Claudio avessero creato ognuno un proprio partito per sponsorizzare la nuova moglie dell'imperatore). Lo «strapotere dei liberti», come veniva chiamato, era così diventato uno dei motivi di più grave scandalo e irritazione per l'aristocrazia.

Anche Nerone intendeva servirsi di questo eccellente personale amministrativo, ma senza che si arrivasse agli eccessi raggiunti con Claudio. Per una questione di carattere, innanzi tutto. Nerone, come scrive Tacito, «non era uomo da stare soggetto a dei servi».[1] Così provvide subito, pochi giorni dopo la sua proclamazione, a ridimensionare Pallante, la cui arroganza a corte era diventata proverbiale. E nel 62 non esiterà un istante a liquidare uno dei suoi liberti preferiti, Doriforo, ministro *a libellis* (incaricato cioè di ricevere e vagliare le richieste indirizzate al principe), perché questi s'era immischiato in una questione che non lo riguardava affatto: il matrimonio dell'imperatore con Poppea.

Ma l'atteggiamento del principe nei confronti dei liberti era dettato soprattutto da motivi funzionali e politici. Nerone non voleva che i liberti, pur godendo di ampia autonomia, si sottraessero al suo controllo e alla sua supervisione. Inoltre cercava di venire incontro all'aristocrazia, preoccupata per lo «strapotere dei liberti» e, in particolare, per il fatto che si permettesse loro, com'era avvenuto sotto Claudio, di occupare le magistrature statali (pretura, questura), che erano di competenza esclusiva dei membri della classe senatoria e alle quali erano legati ingenti benefici economici.[2] Nerone escluse quindi i liberti da queste carriere e non nominò più senatori di origine libertina. Non espulse però dal Senato, nonostante le forti pressioni che gli vennero fatte, quei pochi che già vi sedevano.

A questo punto Nerone pensava di aver placato a sufficienza le ansie degli aristocratici e di aver raggiunto un giusto punto di equilibrio fra il potere dei funzionari e quello del Senato. Ma si sbagliava. Incoraggiati dall'atteggiamento del giovane imperatore, sotto la regia di Seneca che era uno dei più convinti fautori della lotta allo «strapotere dei liberti», forse perché, a suo tempo, aveva dovuto umiliarsi, adulandoli, davanti a quelli di Claudio (Polibio, Pallante),[3] i senatori portarono un nuovo attacco. Nel 56 discussero una legge che doveva dare ai padroni la facoltà di revocare la libertà a quei liberti che si fossero resi colpevoli di ingratitudine nei loro confronti. Nerone cercò di dissuadere i senatori sostenendo che non si potevano menomare i diritti di tutti per le scelleratezze di qualcuno. Ma poiché quelli insistevano diede una risposta scritta al Senato bocciando la proposta di legge: i liberti fossero giudicati caso per caso secondo il diritto comune.

Ma poté far poco l'anno dopo per una questione che riguardava gli schiavi, ma indirettamente anche i liberti. Nel 57[4] infatti Lucio Pedanio Secondo, prefetto della capitale, una specie di capo della polizia cittadina, fu assassinato da un suo schiavo per motivi di gelosia: erano innamorati entrambi dello stesso ragazzo. Le conseguenze erano pesantissime: una legge, molto antica, prevedeva che non solo il colpevole ma ogni altro schiavo residente sotto il medesimo tetto fosse giustiziato.[5] E Pedanio possedeva quattrocento schiavi fra cui c'erano, naturalmente, donne e ragazzi.

Nerone era assolutamente contrario a una strage del genere. Anche ammesso che non fosse mosso da pietà aveva buoni motivi per opporsi a una applicazione così rigida della legge. Perché fino ad allora la sua politica era stata improntata alla clemenza. Perché si era già incamminato, sia pure con prudenza, su quella strada di aperta simpatia verso i ceti più deboli, schiavi compresi, che sarà uno dei fili conduttori del suo regno. Perché, infine, i suoi collaboratori più stretti erano degli ex schiavi e l'imperatore non ci teneva certo a inimicarseli.

Scoppiarono anche dei tumulti fra la plebe che premeva sul Senato, cui spettava la decisione, per impedire la carneficina. Nella Curia assediata il giurista Cassio Longino fece un vibrante discorso, in perfetto stile «antica Repubblica», per spiegare il senso della legge: gli schiavi, anche quelli non direttamente colpevoli, dovevano essere puniti perché i loro pari, in futuro, esercitassero un maggior controllo sociale, altrimenti i padroni, che vivevano circondati dalla servitù, non potevano più essere sicuri di nulla, a cominciare dalla propria vita. E aggiunse: «Credete voi, forse, che lo schiavo abbia deciso di uccidere il padrone senza che mai gli sia sfuggita un'espressione di minaccia e senza che nulla inavvertitamente avesse lasciato trapelare? [...] Quanto a noi, che nella nostra servitù abbiamo uomini di diverse nazioni, che praticano costumi e riti religiosi diversi, oppure nessun rito, noi non possiamo tenere a freno questa massa amorfa se non ricorrendo alla paura. Periranno, certo, degli innocenti, ma anche in un esercito che si è volto in fuga, quando un soldato ogni dieci è percosso fino alla morte col bastone, questa stessa sorte può toccare anche a dei valorosi. Ogni punizione esemplare contro i singoli ha in sé qualcosa di ingiusto, che trova il suo compenso nel vantaggio di tutti».[6] Il Senato, inflessibile e compatto, votò il supplizio collettivo.[7] La folla, minacciosa, bloccò la strada per la quale dovevano passare i condannati. Nerone mandò allora i soldati a presidiare il percorso: il Senato aveva deliberato secondo la legge vigente, la sentenza doveva essere eseguita. Ma quando, in Senato, Cingonio Varrone propose che fossero portati fuori d'Italia anche quei liberti che erano appartenuti alla famiglia di Pedanio, Nerone «si oppose perché non fosse inasprito con un atto di crudeltà un costume antico, che la pietà non aveva saputo mitigare».[8]

In quest'ultimo caso Nerone aveva potuto imporre la sua autorità perché non c'era alcuna legge che, per simili evenienze, disponesse qualcosa per i liberti, si trattava solo di una proposta, su un caso concreto, che egli poteva accettare o bocciare. E infatti la bocciò. Ma al Senato lo scacco non andò giù e, approfittando dell'emozione e della paura che avevano suscitato i moti della plebe, approvò subito dopo a grande maggioranza una legge, il cosiddetto *Senatus consultum silanianum*, che disponeva che in futuro «se qualcuno fosse stato ucciso dai suoi schiavi, anche coloro che, pur avendo avuto per testamento la libertà, erano rimasti sotto lo stesso tetto, sarebbero stati costretti a subire la stessa pena degli schiavi».[9] Era una legge in parte peggiorativa della stessa proposta di Varrone per il caso di Pedanio Secondo: perché Varrone aveva chiesto l'esilio dei liberti, qui invece la pena, essendo equiparata a quella degli schiavi, era la morte. A Nerone, disgustato, cascarono le braccia. E, secondo lo storico inglese Michael Grant, l'incidente di Pedanio e tutto ciò che ne seguì fu uno degli avvenimenti che più convinsero l'imperatore a prendere le distanze dal costume romano e a cercare di introdurvi, nonostante l'opposizione dell'aristocrazia, elementi della meno rozza e più civile cultura ellenistica.[10]

In tutto questo primo periodo Nerone cercò quindi di mediare fra liberti e aristocrazia. E poiché per compiacere quest'ultima aveva limitato le prerogative e le funzioni dei liberti imperiali, pensò di far lavorare i senatori associandoli alle cure degli affari di Stato. Dispose, per esempio, che a sovrintendere l'*Aerarium Saturni* (che era la tesoreria del Senato, mentre il *Fiscus* era di competenza dell'imperatore) non fossero più due questori, ma due senatori di rango pretorio nominati da lui. Istituì una supercommissione di controllo delle finanze, erario più fisco, formata da tre senatori e prese altre consimili decisioni tese a far partecipare gli aristocratici all'amministrazione. Ma con scarsi risultati. I senatori recalcitravano. Per vari motivi:

1. Perché temevano, diventando di fatto dei funzionari dell'imperatore, di aumentarne l'autocrazia. E questo, in linea di principio, era giusto, anche se in seguito si

vedrà che il processo di accentramento dei poteri era inevitabile dato che un dominio così vasto aveva bisogno di una politica omogenea e, soprattutto, di un punto di riferimento univoco capace di decisioni rapide.

2. Per questioni di prestigio, poiché, come scrive Warmington, «sino alla fine del secolo continuò a essere considerato socialmente inaccettabile per uomini di nascita libera svolgere incarichi di segreteria, anche quando comportavano mansioni di grande responsabilità».[11]

3. Perché, infine, i senatori volevano soprattutto curare i propri interessi e continuare a fare la bella vita, come gli consentivano le loro cariche istituzionali, onorifiche ma remunerative. Lo stesso Tacito, che pur dell'ordine senatorio è il grande difensore d'ufficio, è costretto ad ammettere che «moltissimi fra i senatori, dopo aver conseguito consolati e sacerdozi, preferivano attendere alle delizie dei loro giardini».[12] Questo atteggiamento mandava su tutte le furie Nerone, che non amando certamente meno i piaceri della vita era però costretto a sgobbare la sua parte. Tanto che nel 66, quando aveva ormai rotto con gli aristocratici, l'imperatore invierà un messaggio durissimo ai senatori, accusandoli di «assenteismo» e di dare un cattivissimo esempio.[13]

Ma a quell'epoca aveva ormai rinunciato da tempo alla collaborazione dei senatori. L'imperatore si era infatti ben presto reso conto che anche quei pochi aristocratici che accettavano di collaborare portavano nell'amministrazione solo il proprio dilettantismo e l'eco dei loro nobili svaghi,[14] mentre i liberti erano di gran lunga più efficienti e affidabili. Come scrive ancora Warmington, furono i senatori, in definitiva, a estraniarsi dal potere perché non volevano, o non sapevano, occuparsi di affari diventati determinanti.[15]

Perciò Nerone, da un certo momento, decise di seguire, senza più tentennamenti, la strada già segnata da Claudio e sviluppò la burocrazia imperiale nel segno dei liberti. Affiancò dei suoi legati, liberti, anche ai governatori delle province e strutturò gli uffici periferici sul modello di quello centrale. È stato Nerone a creare un vero apparato amministrativo statale e a consolidare quell'ossatura burocratica senza la quale l'Impero si sarebbe afflosciato su se stesso come un corpo privo di spina dorsale.

Però, a differenza di quanto era avvenuto con Claudio, sotto Nerone i funzionari imperiali, guidati con polso fermo, rimasero al loro posto e non esorbitarono dai compiti che erano stati loro affidati. Situazioni di «strapotere» non se ne verificarono più.[16]

Nerone organizzò i propri uffici in questo modo. Elio, un liberto di Claudio che era stato amministratore dei beni del principe in Asia, divenne nel corso del tempo una specie di «vice» dell'imperatore, a lui fu affidato il governo di Roma durante l'anno in cui Nerone risiedette in Grecia. Epafrodito era il suo segretario particolare. Domizio Faone, abile e discreto, sostituì nel 55 Pallante nel ruolo di segretario *a rationibus*, cioè di ministro delle finanze.[17] Nerone divise poi in due l'ufficio della corrispondenza imperiale (*ab epistulis*), che era stato di Narcisso, affidando quella latina (*ab epistulis Latinis*) a Policlito e quella greca (*ab epistulis Graecis*) al suo antico insegnante Berillo. Si trattava in realtà di due sottosegretari (nel senso moderno del termine) che, sotto la supervisione dell'imperatore, avevano la responsabilità della politica estera (tenevano i contatti con le varie comunità, ricevevano le ambasciate delle province, venivano inviati, all'occorrenza, in missione).[18] Doriforo fu ministro *a libellis* fino al 62, sostituito in seguito da quel Senofonte da Cos che abbiamo già visto all'opera nell'assassinio di Claudio. Come medico Nerone se ne fidava poco (se aveva partecipato all'omicidio di un imperatore poteva ben provarci con un altro...), però ne stimava le qualità intellettuali e gli trovò un posto nell'amministrazione.

C'era poi il segretario *a cognitionibus*, che predisponeva i documenti necessari per quelle discussioni giudiziarie che si tenevano davanti all'imperatore. Non si sa con certezza chi ricoprisse tale incarico sotto Nerone, anche perché l'imperatore amava occuparsi personalmente, e con molta minuzia, di queste cause ed è quindi probabile che, durante il suo principato, il segretario *a cognitionibus* fosse un semplice passacarte. C'era infine anche il segretario *a studiis*, responsabile degli archivi. Verso la fine del regno, nel 66, il liberto Patrobio assunse la *Cura ludorum* (l'organizzazione dei giochi, di particolare importanza sotto Nerone), incarico che fino ad allora era stato affidato a un cavaliere.[19] Altri liberti che con Nerone ebbero incarichi amministrativi importanti furono Petino, Acrato, Febo e Neofito.[20]

Nel complesso una compagine che lavorò bene, affiatata, compatta e molto legata all'imperatore. Quasi tutti gli rimasero fedeli fino all'ultimo, anche quando ormai la sua sorte era segnata. Elio, Patrobio e Petino furono giustiziati da Galba; Faone ed Epafrodito riuscirono invece a sopravvivergli ed erano ancora attivi sotto Domiziano.[21]

Ma i liberti non erano i soli collaboratori dell'imperatore, accanto al sovrano operava anche il *Consilium principis*. Creato da Augusto, era un organo informale, ma importantissimo, che aveva compiti consultivi in materia di politica generale. Si occupava soprattutto di finanze, dell'esercito, di politica estera, delle proposte di legge, dei problemi dinastici e dei più importanti affari giudiziari. Era formato da una trentina fra senatori e cavalieri scelti fra i più intimi amici dell'imperatore, ma la sua composizione variava a seconda delle questioni che si dovevano discutere, della loro importanza e segretezza. Si può dire che principe, *Consilium*, liberti-funzionari, più il prefetto del pretorio, formassero, in sostanza, il governo dell'Impero.

Dei consiglieri di Nerone noi conosciamo solo Seneca e Burro, che peraltro furono di gran lunga i più importanti. Afranio Burro, prefetto del pretorio, era un provinciale nato a Vasio (Vaison), in Gallia. Come militare non aveva fatto una grande carriera – si era fermato al grado di tribuno – ma del militare aveva la lealtà e il comportamento. Era anche un notevole esperto di cose finanziarie, essendo stato amministratore di alcune grandi famiglie romane e della stessa Agrippina. Quest'uomo già anziano, monco, discreto, silenzioso, fedele, senza grandi ambizioni personali, molto meno intrigante di Seneca, fu un sicuro punto di riferimento per il giovane imperatore nei suoi primi anni di governo. La sua morte, avvenuta nel 62, sarà un duro colpo per Nerone che non saprà sostituirlo adeguatamente in una carica decisiva per la sicurezza dell'imperatore.

Di tutt'altra pasta era Seneca. Nato a Corduba (Cordova) da una famiglia benestante e ultraconservatrice, Lucio Anneo Seneca era un provinciale che, grazie alle sue indubbie doti intellettuali, aveva fatto fortuna nella Roma imperiale e si era inserito nell'élite senatoria e aristocratica. Come spesso avviene per gli uomini che fanno questo tipo di percorso, Seneca era attaccato ai privilegi dello status sociale che aveva raggiunto più di quegli stessi che vi appartenevano da tempo. Ma, essendo due spanne sopra gli altri per intelligenza e cultura, sapeva dissimulare meglio le sue tendenze conservatrici e reazionarie. Egli suggerì e tentò di imporre al suo ex allievo, di cui era diventato il principale consigliere, la politica gattopardesca di Augusto: apparire, a parole, come il rappresentante degli interessi della plebe e il suo nume tutelare, ma non toccare, nel concreto, le posizioni economiche e i privilegi dell'aristocrazia, lasciando tutto come stava. Seneca mascherava la sostanza di questo programma con delle grandi chiacchiere moralistiche: il distacco dai beni materiali, dalle ricchezze, dall'avidità, dall'ambizione, la necessità di darsi una vita parca e frugale.

Di fronte a questi discorsi Nerone era piuttosto perplesso, e non solo perché personalmente era incline a tutt'altro, ma perché era evidente che il principato doveva basarsi su un diverso apprezzamento dei bisogni dei sudditi.[22] Inoltre non poteva sfuggire all'imperatore, come del resto a chiunque, la nessuna autorità morale di una simile predicazione da parte di un uomo come Seneca che in pochi anni aveva accumulato delle ricchezze enormi, che andava a caccia di eredità, che prestava ingenti somme a usura (nel 61 la sua improvvisa pretesa di avere indietro la sbalorditiva somma di dieci milioni di sesterzi prestati ai britanni fu concausa di una delle pochissime guerre combattute sotto Nerone). Insomma il filosofo predicava bene, ma razzolava male, malissimo o, per dirla con Dione Cassio, «fu pescato a compiere l'esatto contrario di quanto, da filosofo, andava predicando».[23]

Voci sulla disinvoltura morale di Seneca correvano per tutta Roma. E, nel 58, Nerone dovette anche intervenire a difesa del suo principale consigliere, quando il vecchio Publio Suillio, che era stato console sotto Claudio, cominciò a dire pubblicamente quello che tutti, o molti, mormoravano. Suillio si chiedeva «con quale saggezza morale, con quali precetti filosofici aveva Seneca saputo accumulare in quattro anni trecento milioni di sesterzi». E aggiungeva che «in Roma erano attratti nelle sue tese di cacciatore i testamenti di vecchi senza figli; l'Italia e le province erano per opera sua esauste da un'immensa usura».[24]

Questi discorsi arrivarono alle orecchie di Seneca che si precipitò da Nerone chiedendogli la testa di Suillio. Fra Seneca e Suillio la scelta per l'imperatore, almeno a quell'epoca, era obbligata: Suillio fu accusato di alcune delazioni di cui si era reso responsabile sotto Claudio e processato. Si difese sostenendo che aveva solo eseguito gli ordini di Claudio. Nerone replicò che dalle carte del suo padre adottivo non gli risultava che avesse mai imposto di accusare alcuno. In breve: Suillio fu relegato nell'esilio, peraltro piuttosto confortevole, delle Baleari. Ma Seneca non era ancora soddisfatto e imbeccò il Senato perché accusasse di concussione anche il figlio di Suillio, Nerullino. Nerone si oppose affermando, nella sostanza, che le colpe dei padri non potevano ricadere sui figli.[25]

Uomo di consumata doppiezza, Seneca sapeva come navigare. Alla morte di Claudio stese l'elogio funebre che doveva pronunciare Nerone e, contemporaneamente, fece circolare un pamphlet, grossolano e volgare, l'*Apokolokyntosis divi Claudii* (*La trasformazione in zucca del divino Claudio*), in cui prendeva ferocemente in giro l'imperatore appena defunto a cominciare dai suoi difetti fisici. Il libello era anche un avvertimento trasversale ai seguaci di Britannico, il figlio di Claudio, e ad Agrippina che, per ironia della sorte, era la custode ufficiale del culto del «divino Claudio». Infatti, benché fosse stato beneficato, e quasi «miracolato», da Agrippina, Seneca non esitò un istante a voltarle le spalle appena Nerone divenne imperatore. Fra i due si scatenò una lotta feroce e spietata per accaparrarsi la tutela del giovanissimo principe, nella convinzione, rivelatasi fallace per entrambi, di poterlo manovrare a proprio piacimento.

Nella stessa *Apokolokyntosis*, Seneca si abbandona a un'adulazione smaccata di Nerone dichiarandolo «poeta eccellente», paragonandolo nientemeno che al Sole e profetandogli una vita più lunga di Nestore.[26]

Figura moralmente ripugnante, Seneca è il prototipo dell'intellettuale al servizio del potere, una maschera che ha attraversato tutti i tempi. Come scriverà l'Alfieri: «Il letterato che proteggere si lascia, o egli propria forza non ha, ed è nato allora per essere letterato di principe;

o l'ha e non l'adopera, e, traditor del vero, dell'arte e di sé, tanto più merita allora vituperio».[27]

Se il personaggio di Seneca ci suona ancor oggi all'orecchio con un'eco favorevole lo si deve una volta di più alla storiografia cristiana che ne ha fatto il più benigno dei ritratti perché la sua filosofia contiene alcune concezioni, relative alla morale e alla divina provvidenza, che si ritrovano nell'etica e nella teologia del cristianesimo. Inoltre, sulla base di un carteggio apocrifo tra il filosofo e l'apostolo Paolo, si è creduto che Seneca sia stato uno dei primi adepti della religione cristiana.

Ma gli storici cristiani nei confronti di Seneca e Nerone si trovano in una ben curiosa situazione. Se i delitti che addebitano a Nerone, nella prima parte del suo regno, sono veri, Seneca non può che esserne stato complice, quando non l'ispiratore, e non si capisce allora perché la condanna morale ricada solo sul giovane imperatore e non anche sul vecchio filosofo. Se quei delitti l'imperatore non li commise allora salta la costruzione del Nerone-mostro.[28]

In ogni modo nei primi anni del governo di Nerone l'influenza di Seneca si manifestò soprattutto nella politica di sostanziale buon accordo col Senato. Peraltro Seneca non dovette durare molta fatica a convincere l'imperatore della necessità di questa convivenza perché Nerone, almeno il giovane Nerone, era politicamente un mediatore, a differenza del più irruente e impetuoso Caligola (tutt'altro che pazzo, anche lui) di cui, pur con più pazienza, con più tempo, con maggior abilità, finirà per seguire l'indirizzo decisamente democratico.[29]

Prima quindi di arrivare ai ferri corti col Senato, il che avverrà a partire dal 58, quando gli verrà bocciata la riforma tributaria, Nerone cercò a lungo di soddisfarne le esigenze nel tentativo di associare l'aristocrazia alla propria politica.

Abbiamo già visto come l'imperatore avesse cercato di

inserire i senatori nei gangli vitali dell'amministrazione ottenendone, di fatto, un rifiuto che spalancò la strada ai liberti. Abbiamo visto la posizione equilibrata che Nerone aveva tenuto proprio sulla questione dello «strapotere dei liberti» che era uno dei problemi più scottanti lasciatogli in eredità da Claudio. Ma numerose altre furono, in quei primi anni, le decisioni a favore dei senatori.

Uno dei primi provvedimenti presi da Nerone fu garantire un reddito fisso di centoventicinquemila sesterzi a quei senatori, per la verità pochi, che si trovavano in difficoltà economiche e avevano perso il censo prescritto. Ristabilì poi la parità fra i due consoli anche nel caso che uno di questi fosse l'imperatore, togliendo a quest'ultimo, cioè a se stesso, tutti i poteri supplementari e, sempre nell'intento di restituire dignità alla Curia, stabilì che coloro che si fossero appellati al Senato contro sentenze di giudici civili facessero lo stesso deposito cauzionale di chi si appellava all'imperatore (prima l'appello al Senato era gratuito).

Con Nerone ricompare sulle monete d'oro e d'argento la sigla EX S.C. (*Ex Senatus Consultu*), non più in uso dai tempi di Augusto. Non che ciò significasse un reale diritto del Senato alla coniazione[30] (perché Nerone mantenne sempre uno stretto controllo sulla zecca, essendo attentissimo alle questioni finanziarie), era solo un gesto di omaggio, ma importante, dal punto di vista del prestigio, in un'epoca in cui le monete erano una delle poche forme possibili di pubblicità e di propaganda, soprattutto nei confronti delle lontane province dell'Impero.[31]

Inoltre Nerone allarga il numero dei consoli con la pratica di nominare sistematicamente dei supplenti (*suffecti*), in modo da aumentare i senatori di rango consolare e concede questa magistratura, che era la più prestigiosa e ambita, anche a personaggi a lui notoriamente ostili.[32]

Oltre che per la politica di *appeasement* col Senato, i primi anni del principato neroniano si caratterizzano per un'ottima ordinaria amministrazione.

Nel suo primo discorso al Senato Nerone aveva promesso che, a differenza di Claudio, non avrebbe avocato a sé tutte le cause giudiziarie, permettendo così alle varie magistrature giudicanti di fare liberamente il proprio lavoro, e che avrebbe abolito tutte le procedure segrete e discrezionali, quelle dette *intra cubiculum principis*, che consentivano, com'è ovvio, ogni sorta di arbitrio. «E – dice Tacito – mantenne la parola.»[33]

Nei casi però in cui spettava a lui giudicare si comportava con grandissimo scrupolo. Innovò rispetto alla prassi che voleva che il verdetto fosse dato il giorno stesso del dibattito e si prese sempre almeno un giorno di tempo per studiare le cause prima di esprimere il suo giudizio, che dava sempre per iscritto. Voleva che le cause, invece di essere trattate globalmente dall'una e dall'altra parte, fossero discusse separatamente su ogni punto, sia per evitare le arringhe troppo lunghe, sia per poter mettere meglio a fuoco i punti principali. I suoi esperti legali non dovevano consultarsi fra di loro, per non influenzarsi a vicenda, ma scrivere ognuno le proprie opinioni che erano poi raccolte in una memoria che veniva consegnata all'imperatore. A questo punto Nerone si ritirava per esaminare la questione e stendeva di suo pugno il verdetto con le relative motivazioni.[34] Questo rispetto della forma giuridica Nerone lo manterrà sempre, anche negli anni burrascosi in cui i ripetuti tentativi degli aristocratici di assassinarlo potevano legittimare procedure molto spicce.

In campo giudiziario prese anche altre importanti decisioni improntate al più classico buon senso. Dispose che nei processi gli avvocati fossero pagati con una giusta mercede (ponendo alcuni tetti), ma che il procedimento in sé fosse a carico dell'erario perché era un servizio che lo Stato doveva ai suoi cittadini.[35] Ridusse in modo rilevante i compensi ai delatori al fisco, che erano stati uno degli strumenti della polizia di Tiberio e dei suoi successori.

Fra il 54 e il 61 furono processati, per malversazioni varie, dodici governatori delle province, un numero assai rilevante rispetto ai periodi precedenti e successivi. Sei vennero assolti e sei condannati e, fra questi, tre erano stati nominati direttamente dall'imperatore. Anche qui non si trattava che di buon senso perché, come scrive Warmington, «un imperatore coscienzioso non aveva interesse a che la sua reputazione fosse macchiata dalle attività di un governatore o di un procuratore tirannici».[36] Fra gli assolti ci fu il proconsole di Creta, Acilio Strabone. La sua causa, che ci è nota nei dettagli, merita di essere riferita perché ci permette di conoscere meglio come si muoveva Nerone. Strabone aveva avuto da Claudio un'autorizzazione speciale per giudicare le controversie relative alle proprietà di Creta, un antico territorio che adesso apparteneva allo Stato romano ma che era occupato da privati. Strabone aveva preso decisioni tutte contrarie a questi ultimi. I cretesi si rivolsero al Senato il quale deferì il caso all'imperatore affermando di non conoscere le istruzioni impartite da Claudio a Strabone. Nerone, scrive Warmington, assolse l'imputato, «ma, con un atto di clemenza, legalizzò le occupazioni private presumibilmente in base alla loro durata».[37]

Nel 56 l'imperatore proibì a tutti i governatori delle province di allestire ludi di gladiatori o di bestie feroci. Questi spettacoli, che non avevano altro scopo che procurare consensi ai governatori e far dimenticare le loro irregolarità, finivano per essere pagati *ad abundantiam* dalle popolazioni locali alle quali, in passato, erano state estorte a tal fine grandi somme di denaro. Nerone mise fine a questo andazzo.[38]

In generale l'imperatore fu attentissimo alla buona

amministrazione delle province, molto più dei suoi predecessori, occupandosi delle piccole cose, tipo la regolamentazione dei diritti di pesca,[39] come delle grandi. Fra queste rientra la proibizione fatta ai non residenti in Egitto, e quindi particolarmente ai romani, di possedervi terre.[40] Fu uno dei tanti tentativi neroniani di limitare il latifondismo dell'aristocrazia.

L'imperatore avviò inoltre, a partire dal 57, una politica di ripopolamento dell'Italia meridionale insediando colonie di veterani a Capua, Nocera, Pozzuoli e Taranto. Ma la cosa gli riuscì solo a metà perché moltissimi coloni preferirono rientrare nelle province dove avevano servito da militari.[41]

Secondo alcuni storici antichi (Dione Cassio in particolare e, sia pure in misura minore, Tacito, mentre Svetonio è di diverso avviso), ma anche qualche moderno,[42] nei primi anni di governo fu Seneca, affiancato da Burro, a reggere di fatto l'Impero. Scrive Dione Cassio: «Seneca e Burro assunsero personalmente la direzione del governo».[43] Di qui gli «atti di buon governo» fra il 54 e il 58.

È il tentativo della storiografia ostile a Nerone di far quadrare i propri conti, di conciliare l'immagine positiva del Nerone dei primi anni con quella caricaturale e mostruosa che gli viene cucita addosso per i successivi. Ma si tratta di una tesi palesemente forzata, la cui validità deve essere confinata ai primissimi mesi del principato neroniano quando il giovanissimo imperatore, stretto fra le pressioni di Agrippina da una parte, e quelle di Seneca dall'altra, scelse Seneca. Ma dopo questo breve intermezzo, necessario al nuovo imperatore per ambientarsi e prendere le misure, cominciano, già dal primo anno, a delinearsi caratteristiche del principato attribuibili direttamente a Nerone.[44]

Non si può non notare come buona parte degli «atti di buon governo» abbiano a che fare con l'amministrazione della giustizia, un settore cui l'imperatore, a detta delle fonti, dedicava una cura particolarissima. E l'indipendenza di Nerone da Seneca è documentata dalla posizione che prese, in netto contrasto col suo consigliere, sulla questione dei liberti, quando il Senato cercò di emanare leggi che ne limitavano i diritti civili.[45] Del resto l'intervento personale di Nerone negli affari dello Stato è attestato in numerosissime occasioni dalle stesse fonti e ci è giunta l'eco delle discussioni da lui sostenute con i suoi consiglieri.[46] Come ha scritto Miriam Griffin, Nerone «was a pupil not a puppet»:[47] era stato educato appositamente per fare l'imperatore, aveva un caratterino niente affatto facile e, non foss'altro che per megalomania, non era il tipo da farsi mettere i piedi in testa da nessuno. Quindi in questi primi anni l'influenza di Seneca ci fu certamente, ma va ricondotta soprattutto, se non esclusivamente, alla politica di buon accordo col Senato.

In ogni caso non sono certo i primi anni, in cui l'imperatore ebbe a fianco Seneca, quelli che danno peso al principato neroniano. Al contrario. Bisogna infatti sfatare un'altra leggenda: quella del *quinquennium Neronis*. Traiano, che regnò dal 98 al 117, aveva parlato del *quinquennium Neronis* come del periodo più prospero e felice dell'Impero (fino a lui, s'intende).[48] Secondo un collaudato e rozzo schema polemico questo *quinquennium* era stato sempre individuato nei primi cinque anni dell'Impero di Nerone, quando governò con i consigli del saggio Seneca.[49] In realtà si è appurato che Traiano intendeva riferirsi agli ultimi cinque anni.[50] E con ragione. Fu infatti dal 64 al 68 che Nerone, liberatosi finalmente da ogni tutela, di Agrippina, di Seneca, del Senato, poté sviluppare appieno la propria politica e lasciare tracce durature in campo amministrativo, culturale, edilizio, finanziario e diplomatico.[51]

In epoca anteriore il primo atto politico di grande respiro di Nerone era stato il progetto di riforma tributaria del 58. In quell'anno l'imperatore propose l'abolizione di tutte le tasse indirette. Non si trattava di una *boutade* né di un colpo di testa, ma di una complessa manovra economica che era stata studiata e preparata a lungo. L'imperatore e i suoi principali consiglieri finanziari, Faone e Burro, vi avevano lavorato durante l'intero 57. Proprio per avere in mano gli strumenti decisionali necessari Nerone aveva tenuto il consolato per tutto l'anno, cosa abbastanza eccezionale. Con questo progetto l'imperatore si proponeva sostanzialmente due obiettivi: sviluppare i commerci, incoraggiando così i ceti più attivi della società, e, soprattutto, alleviare le condizioni della plebe.

Nerone ebbe sempre un singolare *penchant* per la gente più umile. Non si trattava di pura demagogia. Era un sentimento sincero. Ce lo dicono quel suo portare i capelli lunghi come la gente del popolo, quel suo tifare appassionatamente per i «verdi», i colori preferiti dalla plebe, in epoca non sospetta quando era ancora un ragazzo e non immaginava nemmeno lontanamente che sarebbe diventato imperatore. Gli piaceva mischiarsi al popolino, e non solo, com'è d'uso dei dittatori, e non esclusivamente di quelli, per riceverne gli omaggi e fare oceanici «bagni di folla». Nei primi anni del suo Impero, Nerone usava uscire spesso la notte, solo, anonimo, travestito da schiavo, e andarsene per bettole e luoghi più o meno malfamati per ascoltare quello che si diceva in giro, tastare il polso alla gente, fare quattro chiacchiere e, naturalmente, divertirsi a modo suo, libero dagli orpelli imperiali e dalle scorte.

Fra gli umili Nerone prediligeva i più umili. La plebe romana era divisa in due categorie: la *plebs frumentaria*, formata da cittadini romani poveri, che aveva diritto a periodiche distribuzioni gratuite di grano e, *una tantum*, a elargizioni di denaro (*congiaria*), ed era quindi relativamente privilegiata, e la *sordida plebs,* costituita dai non cittadini, che non aveva questi diritti e, in una città di un milione di abitanti, era la maggioranza. Senza ledere la plebe *frumentaria,* Nerone cercò sempre di venire in aiuto della *sordida plebs.* A più riprese gettò sul mercato le riserve di grano accumulate nei magazzini dello Stato per farne scendere il prezzo e agevolare quindi chi non godeva delle distribuzioni.[52] Nel 64 poi, durante una carestia, sospese le distribuzioni di frumento e, sempre allo scopo di farne scendere il prezzo, immise sul mercato tutto il grano disponibile, cosa di cui si avvantaggiò l'intera città di Roma, ma, in particolare, com'è ovvio, i più poveri.[53]

Si sa inoltre che, in un momento imprecisato del suo Impero, Nerone ordinò ai prefetti cittadini di accogliere le denunce presentate da schiavi che si lagnassero dei maltrattamenti e degli arbitrii subiti da parte dei padroni.[54] E questo è abbastanza straordinario se si considera che, per la società del tempo, gli schiavi non erano, almeno dal punto di vista giuridico, degli uomini ma delle cose.

Naturalmente quella che all'inizio era stata solo un'istintiva simpatia per la gente più diseredata divenne, nel tempo, uno strumento e un obiettivo della politica neroniana, almeno dal momento in cui l'imperatore decise di appoggiarsi apertamente alla plebe per sostenere il proprio principato (sostegno, peraltro, assai fragile, come Nerone non poteva non sapere).

Con la plebe gli altri imperatori, da Augusto a Claudio, se l'erano cavata facendo di quando in quando dei donativi (i *congiaria* di cui s'è detto) per tenersela buona. Anche Nerone ricorse a tali mezzi, sia pure in misura minore, per numero e quantità, dei suoi predecessori[55] ma, diversamente da questi, cercò di mettere in piedi qualcosa di meno episodico e assistenziale e di più sistematico, varando una politica economica a favore dei meno abbienti. Il primo tentativo fu, appunto, il progetto di riforma fiscale del 58 nel quale, come scrive Levi, «Nerone vide una nuova via per migliorare la condizione dei suoi sudditi».[56] Esaminiamolo quindi più da vicino.

L'Impero aveva un complicato sistema di tasse indirette (*vectigalia*). Le più importanti erano i *portoria* (dazi doganali così chiamati perché erano pagati innanzitutto nei porti) cui erano sottoposte le merci tanto all'entrata che all'uscita dei dieci distretti in cui era diviso l'Impero fin dai tempi di Tiberio. Il livello del gravame era diverso a seconda della provenienza e del valore delle merci. Mentre quelle che passavano dalle province occidentali all'Italia e viceversa pagavano il due e mezzo per cento, le merci che venivano da altre province pagavano il cinque per cento. E queste percentuali erano pagate a ogni passaggio di distretto, così moltiplicandosi. Questo sistema già pesante era aggravato dal fatto che molte città avevano ottenuto la concessione di stabilire in proprio i dazi doganali anche per merci in transito.[57] Qual era quindi il senso del progetto fiscale di Nerone e quali le conseguenze? Facciamoceli spiegare da Mario Attilio Levi, lo studioso che più ha approfondito questo aspetto. Scrive Levi: «I *portoria* colpivano, attraverso i consumi, tutti i ceti della popolazione, ma ovviamente il gravame colpiva più seriamente i consumatori meno abbienti che non i ricchi. [...] L'abolizione delle tasse indirette avrebbe recato un grande beneficio ai consumatori in genere, a quanti vivevano di redditi fissi, cioè a tutta la burocrazia e alle forze armate, ai commercianti e agli imprenditori economici del ramo dei trasporti. Una liberazione dai gravi sovrapprezzi derivanti dall'onere fiscale avrebbe stimolato gli scambi, migliorato i commerci e fatto diminuire il costo della vita. Probabilmente la porta aperta alle merci provenienti dalle province e dai paesi stranieri avrebbe determinato fughe di mezzi di pagamento e avrebbe recato un danno sensibile all'agricoltura italiana:[58] gli unici a essere realmente danneggiati dalla riforma sarebbero quindi stati i proprietari di beni fondiari della penisola italiana. La proposta di Nerone aveva forse il difetto di cui parlavano i senatori, cioè di togliere all'erario venticinque milioni di denari, la quindicesima parte delle complessive entrate erariali, senza che ci fosse una contropartita di entrate: probabilmente il disavanzo sarebbe stato facilmente pareggiato dal maggior gettito delle imposte sulle transazioni di compravendita, ma a questo modo sarebbero stati colpiti gli interessi dei proprietari immobiliari italiani, da un lato, e quelli degli appaltatori delle tasse indirette, che si sarebbero vista chiusa la loro attività e annullati i loro redditi».[59]

Il progetto quindi, come dice Levi, intaccava gli interessi dei grandi proprietari immobiliari, cioè dei senatori, sterminati latifondisti che spesso possedevano terre grandi come province, e degli appaltatori delle tasse indirette, gli odiati pubblicani, che erano dei cavalieri dietro i quali però, quasi sempre, si nascondevano, usandoli come prestanome, i senatori ai quali questa attività era ufficialmente proibita.

Il Senato perciò disse no al progetto di Nerone. E lo fece nel modo consueto con cui, da che mondo è mondo, le élite ben sistemate sono solite boicottare ogni tentativo riformista: con una «fuga in avanti». I senatori infatti, dopo aver «innalzato grandi lodi alla generosità e liberalità di Nerone»,[60] dissero che se si abolivano le tasse indirette ne veniva di conseguenza che si dovevano sopprimere anche quelle dirette.[61] Questo, naturalmente, non era possibile. Nel progetto di Nerone era anzi previsto un sia pur lieve aumento delle imposte dirette per compensare in certa misura quanto sarebbe venuto a mancare all'erario dall'altra parte.[62]

Davanti al no del Senato Nerone dovette abbozzare e ripiegare su alcuni provvedimenti isolati, meno organici, meno sistematici, e quindi molto meno incisivi anche se *equi* come Tacito si degna di definirli.[63]

L'imperatore dispose infatti che le norme per l'esazione di ciascuna tassa, fino ad allora segrete, fossero rese pubbliche e che le riscossioni trascurate non potessero venire richieste oltre il termine di un anno; che tutte le soprattasse che i pubblicani avevano escogitato e introdotto più o meno legalmente fossero soppresse; che a Roma, come nelle province, i processi contro gli appaltatori avessero la precedenza. A questo «pacchetto», tutto teso a limitare i peggiori abusi dei pubblicani, Nerone aggiunse l'esenzione dalle tasse patrimoniali delle navi mercantili per agevolare il trasporto a Roma del grano d'oltremare che era stato uno degli obiettivi della sua abortita riforma.[64]

È nel 58 che Nerone comincia a prendere le distanze dal Senato, anche se lo «strappo» sarà graduale e diventerà definitivo solo nel 66, dopo le congiure aristocratiche. L'imperatore infatti si rese conto che qualunque politica sociale, come oggi la chiameremmo, era impossibile con un ceto dirigente che non tollerava la benché minima scalfittura dei propri privilegi e delle proprie immense ricchezze.

Comunque ciò che non gli riuscì nel 58 Nerone lo realizzerà, una volta sbarazzatosi di Seneca[65] e indebolito il Senato, nel 63-64, però con uno strumento finanziario diverso, più sofisticato, che poté quindi anche passare più facilmente fra le maglie dell'opposizione aristocratica: la svalutazione monetaria.

Con le coniazioni del periodo 63-64 il governo imperiale abbassa la quantità d'oro contenuta nell'*aureus* da 122,9 punti a 114,1 e la quantità d'argento del *denarius* da 61,46 a 52,68 punti. Già in passato alcuni imperatori avevano abbassato il titolo delle monete preziose (del solo argento però) per rimpinguare le casse dello Stato, ma lo avevano fatto alla chetichella. Nerone invece ufficializza questa misura e riesce a farla accettare, almeno all'interno dell'Impero,[66] cosa non facile per la mentalità dell'epoca secondo la quale il valore nominale deve corrispondere a quello reale. Si tratta quindi di una svalutazione in piena regola, realizzata peraltro con molta abilità tecnica perché fu contenuta in limiti tali da non rendere ancora remunerativa la fusione delle vecchie monete, per recuperarne il valore intrinseco, né la loro tesaurizzazione,[67] cose, entrambe, che avrebbero vanificato la manovra. Scopo di Nerone infatti non era tanto quello di arricchire le casse dello Stato, quanto di reagire a un periodo di depressione economica e di sottoccupazione facendo circolare più denaro. Non per niente c'è una netta differenza fra la svalutazione dell'*aureus* (che è del 7%) e quella del *denarius* d'argento (14%), perché il *denarius* era la moneta realmente usata e circolante, mentre l'*aureus* era quasi sempre tesaurizzato e, comunque, fuori dalla portata dei ceti medi e bassi.[68] (Tra l'altro l'alterazione del rapporto oro/argento a vantaggio di quest'ultimo - da 12/1 a 11/1 - favoriva, già di per sé, i meno abbienti, che possedevano solo argento, nei confronti delle classi alte parassitarie, che detenevano l'oro.)[69]

Nerone immise quindi questa maggiore quantità di denaro sul mercato, ma perché la manovra non si esaurisse in una sterile inflazione la legò a una frenetica attività edilizia in modo da stimolare l'economia nel suo complesso.[70] Aiutato anche dal famoso incendio, diede un nuovo assetto urbanistico alla capitale, ricostruì la via Sacra, il Circo Massimo, il portico Miliario, pose mano a un nuovo anfiteatro in legno e a una nuova *domus* per le Vestali, costruì il Campo Neroniano, l'acquedotto Celimontano, un nuovo ponte sul Tevere, pavimentò il clivio Palatino, eresse il tempio della Fortuna di Seiano. Lo slancio costruttivo determinò un grande sviluppo dell'industria dei laterizi che trainò con sé tutte le altre attività economiche eliminando, o comunque diminuendo in modo drastico, disoccupazione e sottoccupazione. L'inflazione fu contenuta in un 2% annuo (che non toccò comunque il bene primario del grano) e sviluppò ulteriormente produzione, scambi e commerci, anche se, in questo senso, i migliori frutti della manovra si ebbero quando il suo autore era già morto.

Insomma, come scrive la Thornton, Nerone fu, senza saperlo, ma non senza volerlo, un keynesiano *ante litteram*.[71] La svalutazione, il più importante sforzo di sistemazione monetaria del I secolo, fu uno dei successi più duraturi della politica neroniana. I motivi che l'avevano determinata erano troppo «seri, reali e non un capriccio del principe»[72] perché i suoi successori, nonostante la *damnatio memoriae* da cui fu colpito Nerone dopo la morte, se la sentissero di far marcia indietro. L'antico peso delle monete non tornò mai più in vigore.

Nel complesso il regno di Nerone segnò un periodo di generale sviluppo economico e sociale, tanto a Roma che nelle province, soprattutto in Gallia e in Germania dove fu accelerato il processo di romanizzazione. È vero che, anche per la mancanza dei tradizionali bottini di guerra, le casse dell'erario erano cronicamente a secco, tanto che dal 62 in poi l'imperatore dovette sopperire con un versamento annuo di sessanta milioni di sesterzi prelevati direttamente dal suo patrimonio, ma ciò avvenne perché Nerone gettò generosamente e intelligentemente il denaro sul mercato per migliorare la situazione generale.

Con il 58, anno di svolta del suo principato, Nerone comincia anche la lenta marcia verso una monarchia assoluta di tipo ellenistico. Il Senato viene via via svuotato dei suoi già ridotti poteri anche se, per la verità, Nerone cercherà sempre, almeno fino al 66 quando la congiura di Viniciano taglierà drammaticamente ogni residua possibilità di intesa con l'aristocrazia, di mantenere alla Curia una certa autorità e autonomia quantomeno per le questioni che riguardavano direttamente i senatori.

Anche in questo tentativo assolutistico Nerone, sia pur preceduto da Caligola, che di tutti gli imperatori Giulio-Claudii gli è il più vicino e non a caso condivide con lui la fama di pazzo e di mostro,[73] è un anticipatore. La storia dimostrerà che un Impero vasto come quello romano, multinazionale e multietnico, da una parte aveva necessità, pena la disintegrazione, di un polo di decisione unico, dall'altra doveva allargare il proprio angolo di visuale fino a comprendervi anche le culture e le esigenze delle province, soprattutto orientali, e quindi non poteva più essere governato con le tradizionali categorie mentali romane, quirite, buone per una società ristretta e contadina ma del tutto insufficienti a dominare, anche concettualmente, il colosso che si era formato. Ed è proprio questo che i senatori non capirono o non vollero capire (da qui la costante, stizzosa, reazionaria polemica contro i «provinciali», i «graeculi», i liberti).

Bisogna tener conto che l'assolutismo, per quei tempi, non significa affatto una politica conservatrice e antipopolare. Al contrario. Così come la democrazia, per quei tempi (e forse non solo), non significa un reale governo del popolo, come la parola vorrebbe, ma il prepotere di *lobbies* e aristocrazie. È una situazione che si ripeterà altre volte nella storia. Con l'avvento, per esempio, delle monarchie assolute in Europa dove il re si pone, in nome del popolo, come contraltare del potere dei feudatari. O, in Italia, nel passaggio dal Comune al Principato. Emblematico è il caso di Firenze dove esistono delle élite che si richiamano formalmente all'ideologia democratica, ma sono di fatto delle oligarchie oppressive. I Medici le faranno fuori appoggiandosi a una base sociale più ampia.

Diversamente da Caligola, però, Nerone non pensò mai a una monarchia di tipo teocratico (in cui al re è riconosciuta una natura divina), nonostante questa formula fosse espressione di quella cultura ellenistica verso cui egli si indirizzava (per la mentalità orientale la divinizzazione del monarca era necessaria alla legittimazione della sua sovranità che altrimenti sarebbe risultata incomprensibile). Quando nel 65 il console Anicio Ceriale propose di erigere, a spese pubbliche, un tempio al *divo Neroni*, l'imperatore rispose: «Non ci penso neanche. Non si attribuiscono gli onori degli dei a un principe prima che egli abbia cessato di vivere fra gli uomini».[74] Simili onori li aveva rifiutati anche all'inizio del suo principato allorché gli erano stati offerti dalla comunità greca d'Egitto. (Tra l'altro il monarca-dio, proprio perché tale, doveva tenersi il più possibile lontano dal popolo e questo era troppo in contrasto col carattere estroverso ed esuberante di Nerone, cui piaceva sguazzare fra la gente.) Se dunque, qua e là, in Oriente poterono comparire segni d'una divinizzazione dell'imperatore, ciò avvenne perché, come s'è detto, questa era un'esigenza di quelle popolazioni.

Del resto Nerone, per quanto questo possa sembrare incredibile, non era particolarmente avido degli onori che gli venivano tributati in quanto imperatore. Aveva cominciato dichiarando al Senato, che gli rivolgeva un ringraziamento prematuro: «Quando l'avrò meritato».[75] E aveva proseguito respingendo il titolo di «Padre della patria» (lo accettò, tuttavia, più tardi) insieme alla proposta, da lui definita «ridicola», che l'anno iniziasse, invece che a gennaio, a dicembre, mese in cui era nato. Nel 55 si oppose a che gli fossero innalzate statue d'oro e d'argento e nel 58 rifiutò il consolato perpetuo che il Senato servilmente gli offriva e che peraltro gli avrebbe attirato solo antipatie senza nulla aggiungere al suo potere effettivo. Inoltre, come scrive Warmington, mentre Claudio «si era fatto proclamare *imperator* non meno di ventisette volte per celebrare successi per lo più irrilevanti, Nerone, che pure vi avrebbe avuto maggior diritto, ebbe l'acclamazione imperiale soltanto dodici volte».[76] Dopo di lui Vespasiano, i cui successi militari, da imperatore, furono modesti, ricevette l'acclamazione venti volte.[77]

In compenso Nerone fu sempre ghiotto, infantilmente ghiotto, dei riconoscimenti all'artista che egli pensava di essere. Agli onori tributati al personaggio pubblico, all'istituzione che rappresentava, preferì sempre quelli che venivano dati, o che lui, più o meno ingenuamente, si illudeva fossero dati, all'uomo.

Note

[1] Tacito, *Annali*, XIII, 2.
[2] G. Fusar Imperatore, *op. cit.*, p. 39.
[3] L. Herrmann, *La genèse du senatus consultum Silanianum*, in «Archives d'histoires du droit oriental», I, 1952, pp. 495-499; R. Waltz, *La vie politique de Seneca*, Parigi 1909, pp. 300 e sgg.
[4] Tacito colloca l'omicidio di Pedanio nel 61 (*Annali*, XIV, 42), ma L. Herrmann ha dimostrato, con una serie di argomenti che non è il caso di riportare qui, che avvenne nel 57. L. Herrmann, *op. cit.*, pp. 495-505.
[5] M. Grant, *op. cit.*, p. 109.
[6] Tacito, *Annali*, XIV, 44.
[7] Anche qui c'è lo zampino di Seneca che di Pedanio, di origine spagnola come lui, era grande amico.
[8] Tacito, *Annali*, XIV, 45.
[9] *Ibidem*, XIII, 32.
[10] M. Grant, *op. cit.*, p. 111.
[11] B.H. Warmington, *Nerone realtà e leggenda*, Laterza, Bari 1973, pp. 38-39.
[12] Tacito, *Annali*, XVI, 27.
[13] *Ibidem*.
[14] B.H. Warmington, *op. cit.*, p. 40.
[15] *Ibidem*, p. 38.
[16] G. Fusar Imperatore, *op. cit.*, p. 96.
[17] Un sigillo trovato su un'anfora di Carnatum si riferisce a Faone come «liberto dell'imperatore e dirigente delle finanze»: CIL, 111, 14; 112, 2.
[18] E. Cizek, *op. cit.*, pp. 206-207.
[19] I cavalieri rappresentavano la classe media, fra senatori e plebe. Era cavaliere chiunque possedesse beni pari a quattrocentomila sesterzi. In genere erano uomini d'affari, mercanti, usurai, pubblicani (appaltatori delle tasse), ma anche militari di carriera e funzionari imperiali. Era un ceto molto attivo che possiamo considerare, con qualche approssimazio-

ne, la borghesia dell'epoca. Per il loro dinamismo Nerone li vedeva di buon occhio e li favorì, tranne i pubblicani contro i cui abusi, come vedremo, prese misure severissime. E. Cizek, *op. cit.*, p. 284.

[20] Per i liberti di Nerone e, in generale, l'organizzazione dell'amministrazione sotto il suo principato, vedi soprattutto E. Cizek, *op. cit.*, pp. 201-210 e M. Grant, *op. cit.*, pp. 52-55.

[21] E. Cizek, *op. cit.*, p. 210. Secondo alcuni autori il fatto che Faone ed Epafrodito siano sopravvissuti è segno sicuro che tradirono Nerone. Pur essendo stati vicini all'imperatore nelle sue ultime ore, avrebbero indicato al prefetto del pretorio, Ninfidio Sabino, passato a Galba, il luogo dove si era rifugiato.

[22] M.A. Levi, *L'Impero romano, op. cit.*, p. 278.

[23] Dione Cassio, *Storia romana*, 61, 92.

[24] Tacito, *Annali*, XIII, 42.

[25] *Ibidem*, XIII, 43.

[26] Seneca, *Apokolokyntosis divi Claudii*, 4, 1, 13; 14, 17-25.

[27] V. Alfieri, *Del principe e delle lettere*, a cura di L. Russo, Le Monnier, Firenze 1943, p. 417.

[28] In una contraddizione come questa cade anche un uomo del livello di Diderot il quale idoleggia Seneca a spese di Nerone. D. Diderot, *Saggio sui regni di Claudio e Nerone e sui costumi e gli scritti di Seneca*, Sellerio, Palermo 1987.

[29] La politica democratica, nel senso di filopopolare, di Nerone segue una linea, sempre presente nella storia romana, che parte da Catilina, passa per Cesare e Marco Antonio, per giungere a Caligola e, appunto, a Nerone.

[30] Di questa opinione sono, fra gli altri, M.A. Levi, *Nerone e i suoi tempi, op. cit.*, pp. 119-120; G.G. Belloni, *Monete da Augusto a Traiano*, in «Aufstieg und Niedergang der Römischen Welt», Berlino-New York 1974, 11, 1, pp. 1048-1052.

[31] Secondo la spiritosa definizione di Mary Thornton, le monete avevano nell'Impero la funzione che hanno oggi i giornali e le televisioni. M. Thornton, *Nero's New Deal*, in «Transactions and Proceedings of the American Philological Association», 102, 1971, p. 623.

[32] M.A. Levi, *L'Impero romano, op. cit.*, p. 265.

[33] Tacito, *Annali*, XIII, 5.

[34] Svetonio, «Nerone», XV.

[35] Tacito, *Annali*, XIII, 5.

[36] B.H. Warmington, *op. cit.*, p. 84.

[37] *Ibidem*, p. 85.

[38] Tacito, *Annali*, XIII, 31.

[39] *Orientis Graecis Inscriptiones Selectae* (OGIS), 538, a cura di W. Dittemberger, 1903-1905.

[40] E. Cizek, *op. cit.*, pp. 294-295.

[41] Tacito, *Annali*, XIV, 27.

[42] A. Garzetti, *L'Impero da Tiberio agli Antonini*, Cappelli, Bologna 1960, p. 159. A. Momigliano, *Nerone*, in «Cambridge ancient History», X, 1934, cap. XXII, pp. 709 e sgg. Sono stati soprattutto gli studi di Levi e di Cizek a ridimensionare drasticamente il ruolo di Seneca. Cfr. M.A.

Levi, *Nerone e i suoi tempi, op. cit.* e *L'Impero romano, op. cit.*; E. Cizek, *op. cit.*.
[43] Dione Cassio, 61, 4, 1.
[44] M.A. Levi, *L'Impero romano, op. cit.*, p. 258.
[45] Vedi sopra pp. 35-38.
[46] B.H. Warmington, *op. cit.*, p. 43.
[47] M. Griffin, *Seneca. A Philosopher in Politics*, Oxford 1976, p. 87.
[48] Aurelio Vittore, *Liber de Caesaribus*, 5, 2; Pseudo Aurelio Vittore, *Epitome de Caesaribus*, 5, 1-5.
[49] M.A. Levi, *L'Impero romano, op. cit.*, p. 265.
[50] O. Murray, *The «Quinquennium Neronis» and the stoics*, in «Historia», 14, 1965; A. Momigliano, *Nerone, op. cit.*, p. 706; M.A. Levi, *L'Impero romano, op. cit.*, p. 265. Tutti questi autori si rifanno alla classica opera di S.C. Anderson, *Traian on the Quinquennium Neronis*, in «Journal of Roman Studies», 1, 1911, pp. 173 e sgg.
[51] M.A. Levi, *L'Impero romano, op. cit.*, p. 265.
[52] E. Cizek, *op. cit.*, p. 281.
[53] *Ibidem*, p. 299.
[54] P. Vandenberg, *Nerone*, Rusconi, Milano 1984, p. 168; M. Grant, *op. cit.*, p. 110. Fonte comune ai due autori è Giustiniano, *Digesto*, 1, 12.
[55] M. Sadek, *On the billow output of the Alexandrian Mint under Nero*, in «Phoenix», 20, 1966, pp. 131-147. Dagli studi di questo autore si ricava che la quantità di monete emessa dalla zecca di Alessandria, la più importante dell'Impero, durante i primi otto anni del regno di Nerone fu limitata. Invece dal 63 in poi Nerone, come vedremo, varò una politica moderatamente inflazionistica, legata alla massiccia attività edilizia che aveva intrapreso per riassorbire disoccupazione e sottoccupazione.
[56] M.A. Levi, *L'Impero romano, op. cit.*, p. 270.
[57] *Ibidem*, pp. 270-271.
[58] Che avrebbero subìto la più forte concorrenza dei prodotti agricoli extra-italici.
[59] M.A. Levi, *L'Impero romano, op. cit.*, pp. 271-272.
[60] Tacito, *Annali*, XIII, 50.
[61] *Ibidem*.
[62] G. Fusar Imperatore, *op. cit.*, p. 101.
[63] Tacito, *Annali*, XIII, 51. Secondo Clementina Gatti questi provvedimenti sarebbero stati il vero obiettivo di Nerone. L'imperatore, proponendo l'abolizione delle tasse indirette, avrebbe «bluffato» per rendere i senatori più morbidi di fronte a provvedimenti altrettanto sgraditi, ma di minore portata. C. Gatti, *Nerone e il progetto di riforma tributaria del 58 d.C.*, in «La parola al passato», XXX, 1975, pp. 41-47.
[64] Tacito, *Annali*, XIII, 51.
[65] Il filosofo, anche se non si espose apertamente, era contrario all'abolizione delle tasse indirette. C. Gatti, *op. cit.*, p. 47.
[66] Fuori dell'Impero la svalutazione fu accettata solo parzialmente. In India, per esempio, furono, da allora, rifiutate le monete romane d'argento a favore di quelle d'oro, la cui svalutazione era stata inferiore. M. Thornton, *op. cit.*, p. 625; S. Bolin, *State and Currency in the Roman Empire to 300 A.D.*, Stoccolma 1958, p. 78.

[67] *Ibidem*, pp. 59-62, 183-184, 197-198.
[68] M. Thornton, *op. cit.*, p. 634.
[69] G. Giannelli, S. Mazarino, *Trattato di Storia Romana*, II, Tumminelli, Roma 1956, pp. 146-148.
[70] Com'è noto, secondo la teoria di Keynes, in un periodo di stagnazione i grandi lavori pubblici, occupando i disoccupati, creano nuove distribuzioni di reddito, fanno apparire nuove domande e riattivano così il meccanismo economico.
[71] M. Thornton, *op. cit.*, p. 629.
[72] G. Fusar Imperatore, *op. cit.*, p. 105.
[73] M. Cazenave, R. Auguet, *op. cit.*
[74] Tacito, *Annali*, XV, 74.
[75] Svetonio, «Nerone», X.
[76] B.H. Warmington, *op. cit.*, p. 100.
[77] *Ibidem*.

III
Pacifista e non violento

«Nerone» scrive Svetonio «non fu mai mosso da desiderio alcuno di aumentare o di estendere l'Impero.»[1] Non amava la guerra né le cose militari. Non prese mai direttamente il comando dell'esercito e non fece neanche le tradizionali visite alle truppe. Se i soldati ebbero da lui un trattamento economico favorevole ciò avvenne solo nel quadro della più generale politica neroniana tesa a garantire i redditi fissi e a migliorare le condizioni del proletariato. Conservò alla truppa l'esenzione dalle tasse, ma solo nel caso che i soldati non avessero un doppio lavoro (accadeva anche allora).[2]

Ciò non significa che Nerone non si interessasse della politica estera e che non abbia saputo affrontare i problemi più propriamente militari che si posero durante il suo Impero. Semplicemente seguì, in questo caso, la linea difensiva tracciata da Augusto, basata sulla dissuasione e la deterrenza più che sulla conquista e l'aggressione militare. Di suo Nerone aggiunse la creazione di vaste zone di influenza, una soluzione originale per i tempi.[3] All'occorrenza seppe comunque scegliersi ottimi generali. Con questa politica moderata e prudente, che privilegiava l'attività diplomatica e la trattativa sull'opzione militare, pur senza escluderla, Nerone finì per ottenere quei successi duraturi che erano mancati ai suoi predecessori.

Due erano le questioni aperte al momento in cui salì al trono: gli incerti e fragili confini della Britannia e l'eterna *querelle* con i parti. Le risolse entrambe brillantemente.

Le invasioni della Britannia da parte di Giulio Cesare quasi cent'anni prima erano state fra le imprese meno riuscite del grande generale. A conti fatti si erano rivelate nulla più che delle ricognizioni abbastanza estese.[4] Fu Claudio a conquistare la parte sud-orientale dell'isola secondo una linea che, seguendo i fiumi Severn e Trent, saliva diagonalmente da Seaton (odierno Devonshire) a Lindum (Lincoln). All'interno di questi confini erano stati lasciati due Stati formalmente indipendenti, ma tributari di Roma, il cosiddetto «Regnum»[5] e lo stato degli iceni nell'Anglia orientale. Si trattava però di una sistemazione estremamente fluida, perché i britanni, semicivilizzati e non ancora romanizzati, mal sopportavano la perdita dell'indipendenza. Inoltre, al di là dei già fragili confini, nel Galles premevano tribù ancora più barbare e battagliere, come i siluri e altre bande al cui comando c'erano dei sacerdoti fanatici, i druidi.

Si sa che fra il 54 e il 56 Nerone meditò di abbandonare l'isola,[6] perché era poco difendibile, le truppe scarse, la gente bellicosa, e temeva di andare incontro a qualcuno di quei disastri in cui era incappato Augusto con la rivolta pannonica del 6 e soprattutto con la disfatta della selva di Teutoburgo del 9 («Varo, Varo, rendimi le mie legioni!»). Ma rinunciò al progetto perché sarebbe stato incomprensibile per la mentalità romana, militarista e imperialista. Pensò quindi di trasformare la Britannia da provincia a Stato cuscinetto sotto il controllo romano come voleva fare, a oriente, con l'Armenia. A questo scopo aveva già individuato il suo uomo: il sovrano del Regnum, Cogidubno. Ma mentre al di là dell'Armenia c'era uno Stato «forte» come quello dei parti con cui si potevano stringere patti solidi e duraturi, qui, al contrario, c'erano tribù totalmente inaffidabili. A Roma, dove accanto alla corrente pacifista, impersonata da Nerone, Seneca e, probabilmente, Burro, ne esisteva anche una fortemente bellicista, che faceva capo agli ambienti militari e al Senato col quale, all'epoca, l'imperatore doveva fare i conti, si decise quindi che prima di tutto andava «bonificato» il Galles dove i druidi e i siluri costituivano una continua minaccia e impedivano un reale consolidamento dei confini. L'operazione fu affidata, nel 58, al governatore Quinto Veranio considerato un grande stratega.[7] Sfortunatamente Veranio morì di lì a poco. Aveva però avuto il tempo di stendere una relazione nella quale giudicava la conquista del Galles fattibile. Fu sostituito col generale Svetonio Paolino che aveva fama di «duro» per certe operazioni, fin troppo disinvolte, che aveva condotto negli anni 40 in Mauritania. Paolino capì subito che qualsiasi sforzo per sottomettere il Galles sarebbe stato inutile e presto vanificato se non avesse conquistato Mona (Anglesey), un'isola quasi inespugnabile che serviva da base ai guerriglieri druidi e siluri. Puntò quindi sull'isola e, dopo vicende drammatiche, riuscì alla fine a occuparla. Ma, proprio mentre Paolino era impegnato in questa operazione a ovest, scoppiò la rivolta degli iceni a est.

Questa rivolta aveva avuto come motivo scatenante la morte del re Prasutago, che per anni aveva governato gli iceni sotto la *longa manus* romana.[8] Nel testamento, Prasutago aveva nominato erede al trono Nerone insieme con le sue due figlie. Era evidente l'intento del re, una volta reso omaggio all'imperatore, di conservare l'indipendenza almeno formale del suo Stato. Ma a Roma si decise diversamente. Il Regno degli iceni fu incamerato nella provincia. Una delle figlie di Prasutago, Budicca, si ribellò. Era costei una virago temibile che Tacito così descrive: «Donna di statura molto elevata, di aspetto assai truce e ferocissima di volto, di voce aspra, i capelli foltissimi e di color giallo intenso le scendevano fino alle natiche».[9] Dell'imperatore romano e padrone del mondo non aveva molta considerazione, lo chiamava «la signorina Domizia Nerone». Ma, oltre che fiera, Budicca, per dirla con Dione Cassio, era «più intelligente di quanto solitamente siano le donne». Sapeva che il momento era favorevole: le truppe di Paolino erano lontane, le rare piazzeforti romane sguarnite, il malcontento diffuso anche fra altre tribù fra cui quella dei vicini trinobanti.

Le ragioni di questo malcontento erano varie e giustificate. Il procuratore romano Cato Deciano si era comportato con spirito di rapina nei confronti degli iceni, espropriando le terre che Claudio aveva lasciato loro. Nell'inchiesta che - ad avvenimenti conclusi - Nerone fece condurre sull'operato del procuratore, Deciano si giustificò dicendo che con gli espropri aveva voluto semplicemente recuperare i prestiti fatti da Claudio. Una scusa che non fu creduta e che mascherava solo l'avidità e la prepotenza del procuratore. Ad aggravare la situazione c'erano le speculazioni degli usurai romani, Seneca in testa.[10] Inoltre i britanni erano psicologicamente impreparati a versare regolari tributi al fisco romano, preferendo di gran lunga prelievi sporadici, per pesanti che fossero.[11]

In quanto ai trinobanti, accanto a questi, avevano altri e particolari motivi di risentimento. Sul luogo della loro antica capitale, Camulodunum (Colchester), l'imperatore Claudio aveva imposto una colonia di veterani romani che, a loro volta, avevano strappato molte terre ai locali. Infine il processo di romanizzazione, anche culturale, era stato portato avanti con molta lentezza o, meglio, non era stato mai veramente avviato. Insomma la Britannia era stata governata decisamente male e adesso se ne pagavano le conseguenze.

Camulodunum fu attaccata per prima. L'inetto procuratore Deciano, che si trovava a Londinium (Londra), mandò duecento uomini di rinforzo che furono massacrati insieme all'esigua guarnigione della città e a migliaia di coloni. Deciano fuggì in Gallia. Il comandante della IX legione Hispana, Petilio Ceriale, che si era messo in marcia verso Camulodunum, fu bloccato e riuscì a stento a mettersi in salvo con la cavalleria dopo aver perso la fanteria. I britanni si riversarono allora su Londinium e Verulamium (St. Albans), gli altri centri della regione. Paolino, che era riuscito a portarsi sul luogo delle operazioni, rinunciò a difendere le due città giudicando, a ragione, le sue forze troppo inferiori numericamente. Londinium e Verulamium furono distrutte, settantamila romani e indigeni filoromani massacrati. I peggiori timori di Nerone si stavano avverando.

Paolino riuscì però a recuperare la situazione. Dopo aver riunito la XIV Gemina, la XX Valeria Victrix e le truppe ausiliarie, in tutto diecimila uomini, attirò i britanni, resi forse troppo baldanzosi dai successi, su un terreno a lui favorevole, in una gola montana dove, avendo le spalle coperte, poté distruggere, con un attacco ben congegnato, i più numerosi ma meno organizzati avversari.[12] Budicca si suicidò. Il movimento di indipendenza era stroncato.

Vinta la partita, si trattava ora di scegliere fra una politica di ritorsione e una di conciliazione. Per la prima premeva, e anzi già operava, Paolino; favorevole alla seconda era invece il nuovo procuratore Giulio Classiciano. La rivalità fra i due rischiava di creare nuovi guai. Per rendersi conto della situazione Nerone inviò sul posto il suo ministro degli esteri, il liberto Policlito. Policlito riuscì innanzi tutto a comporre, con molta abilità, il dissidio fra il generale e il procuratore, quindi, tornato a Roma, fece a Nerone una relazione nella quale lodava il comportamento militare di Paolino, ma diceva che la sua durezza non era più necessaria, rischiava anzi di diventare controproducente. Nerone, per non umiliare il suo generale, lasciò passare un po' di tempo poi, alla prima buona occasione, lo sostituì. Paolino fu peraltro premiato, qualche anno dopo, con l'onore, inusitato, di un secondo consolato. Al suo posto arrivò, nel 61, il senatore e console Petronio Turpilliano in cui Nerone aveva grande fiducia. Su precisa disposizione dell'imperatore, Turpilliano (così come il suo successore Trebellio Massimo) attuò una politica di pacificazione, di ricostruzione e di silenziosa, prudente, ma efficace romanizzazione dei riottosi britanni. Londinium e Verulamium, prima semplici agglomerati di case, botteghe e magazzini, furono riorganizzate urbanisticamente secondo gli schemi romani. Londinium divenne, per la prima volta nella storia, la capitale del paese e tale doveva restare.

Scrive Mario Attilio Levi: «Nel conflitto fra Giulio Classiciano e Svetonio Paolino, nell'inchiesta di Policlito e nell'operato dei due governatori che tennero la provincia dopo Paolino, era evidente la volontà dell'imperatore di attuare in Britannia una politica più conciliativa e più adatta al mantenimento della normalità in questo territorio, poiché gli avvenimenti avevano dimostrato che i sistemi di spoliazione e di repressione violenta non servivano a intimorire una popolazione come quella britannica. [...] Nerone comprese che, per conservare la provincia ed evitare nuovi pericoli per vite e averi romani, occorreva cambiare linea di condotta, iniziare una collaborazione con le popolazioni locali e creare condizioni di vita tollerabili nella provincia. Nell'amministrazione britannica Nerone impose una direttiva misurata ed equilibrata».[13]

La crisi causata dalla rivolta di Budicca annullò, di fatto, la conquista del Galles, che fu ripresa soltanto sotto Vespasiano, ma nel 67 la situazione militare in Britannia era così tranquilla che Nerone poté ritirare la XIV Gemina e destinarla all'Oriente.

Ancora meglio andarono le cose nel conflitto con i parti. Anche se ci volle molto più tempo. La Partia, che tra le regioni che fronteggiavano l'Impero comprendeva gli attuali Iran e Iraq, ma si stendeva poi verso oriente per i territori sconfinati e sconosciuti dell'Asia, era l'unica potenza in grado di rivaleggiare con Roma. Crasso, che nel 53 avanti Cristo aveva tentato di invaderla, ci aveva lasciato la pelle (a Carre) insieme a sette legioni, e Marco Antonio, che nel 37-36 avanti Cristo ci aveva riprovato con centomila uomini, era stato costretto a ritirarsi dopo aver subìto gravissime perdite. La Partia si era rivelata inespugnabile. Ma gli stessi problemi che i romani avevano con i parti, i parti li avevano con i romani. Infatti anche le loro spedizioni offensive si erano risolte in un disastro. La situazione era quindi di stallo. In mezzo ai due colossi, come la Polonia fra la Germania e la Russia nella storia moderna, stava l'infelice Armenia. Nessuna delle due superpotenze poteva permettere che l'Armenia appartenesse definitivamente all'altra poiché entrambe la consideravano una pericolosa spina nel fianco,[14] soprattutto i romani dato che apriva la via verso la Siria, una delle province più ricche dell'Impero. L'Armenia era quindi perennemente contesa. Né la Partia né Roma, per la verità, ci provavano ad annettersela, perché questo avrebbe provocato una «guerra totale» che nessuna delle due potenze voleva; cercavano piuttosto di insediarvi re che fossero loro fedeli vassalli. Un tira e molla che faceva dell'Armenia una terra di continui colpi di Stato.

Proprio nel momento in cui Nerone succedeva a Claudio il re parto Vologese, della stirpe degli Arsacidi che da sempre governava quell'immenso paese per diritto divino, era riuscito a mettere sul trono d'Armenia, dopo che era stato occupato per anni da sovrani filoromani, un suo fratello, Tiridate. Una soluzione che, così com'era, non poteva star bene a Roma, tanto meno a un principato agli esordi che aveva bisogno di consolidare il suo prestigio.

Iniziò perciò un conflitto che doveva durare nove anni. Il paradosso di questa guerra fu che la situazione che si ebbe alla fine era la stessa che già c'era all'inizio: Tiridate rimase re d'Armenia. Ma con un'importante variazione di segno: la sua sovranità non discendeva più dai parti, ma da Roma. Era un fatto più che altro simbolico, di prestigio, ma importante, allora come lo sarebbe oggi, nei rapporti fra due superpotenze. Peraltro questa era la strada che Nerone aveva tentato di battere fin dall'inizio consigliando Tiridate, attraverso canali diplomatici, di rivolgergli una supplica: in tal modo avrebbe potuto restare sul trono anche col consenso di Roma. Evidentemente Nerone e i suoi consiglieri ritenevano che una sottomissione *pro forma* da parte di Tiridate, che in quanto Arsacide era un parto, sarebbe stata sufficiente a persuadere i romani (che avevano ancora il dente avvelenato per Carre) di aver ottenuto una grande vittoria. Nel contempo avrebbe posto fine alla catena di inutili guerre che avevano avvicendato sul trono d'Armenia, per brevi e precari periodi, fantocci romani e fantocci parti. Ma l'abboccamento fallì per l'opposizione di Vologese.

La prima mossa militare di Nerone fu nominare comandante in capo del fronte partico Cneo Domizio Corbulone, «uno dei migliori generali di cui Roma disponesse».[15] In verità, che Corbulone fosse un grande generale lo si sarebbe saputo solo dopo il conflitto con i parti e non tanto per le battaglie che combatté (di cui quella guerra fu assai avara), quanto perché ebbe il tempo di scrivere le sue memorie dove, com'è umano, esaltava la propria figura e la propria azione. In realtà Corbulone, uomo di grande prestanza fisica e dotato di fascino personale, che già sotto Claudio aveva avuto un comando in Germania ed era stato governatore della Cappadocia e della Galatia, era abile soprattutto nel mantenere la disciplina fra i soldati, dando egli stesso per primo l'esempio, nel non far cadere la tensione fra le truppe, nell'addestrarle, nel preparare manovre, nel fare pressioni e dimostrazioni di forza. Insomma, per dirla ellitticamente con Tacito, «egli preferiva organizzare una guerra piuttosto che combatterla».[16] Ed era quindi l'uomo giusto per un conflitto che, secondo il governo di Roma, non doveva essere spinto alle estreme conseguenze. In ciò Corbulone fu aiutato dallo stesso re dei parti, il prudente Vologese, che aveva più o meno le medesime intenzioni. La guerra partica si risolse quindi in una serie infinita di scaramucce, di attacchi appena accennati, di rinculi, di trattative, di passi diplomatici, di abboccamenti, di cui, per intelligenza del lettore, daremo solo l'essenziale.

Per la verità la prima questione che Nerone fu chiamato a risolvere personalmente fu il conflitto che era sorto, per motivi di gelosia, fra Corbulone e il governatore della Siria, Ummidio Quadrato. Fra i due non correva buon sangue, anche perché a Quadrato erano state tolte due legioni, la III Gallica e la IV Ferrata, per darle a Corbulone. Il caso volle che, durante una delle tante trattative intavolate con Vologese, fosse Quadrato a prendere in consegna gli ostaggi che il re dei parti aveva inviato come pegno della tregua. Corbulone se ne adontò. Nerone fu abile: appianò i contrasti fra i due personaggi facendo sapere che entrambi avrebbero ricevuto onori per quel successo, peraltro insignificante.[17]

Rassicurato, Corbulone poté iniziare la campagna. Se la prese abbastanza comoda. Mandò in congedo tutti quegli elementi che, a causa della lunga inattività, non erano recuperabili, arruolò reclute sul posto e si fece dare dall'imperatore una terza legione, la IV Scitica, che era di stanza in Germania. Per rinsaldare la disciplina e la resistenza dei reparti Corbulone obbligò le truppe a passare un inverno durissimo sotto la tenda, tanto che vi furono alcuni casi mortali di assideramento. Chi tentava la diserzione veniva immediatamente passato per le armi.

Finalmente, nella primavera del 58, iniziarono le operazioni militari vere e proprie. Corbulone affrontò Tiridate ad Artaxata, la capitale dell'Armenia. Ma Tiridate si disimpegnò lasciando libero il campo. Artaxata fu distrutta. L'anno seguente Corbulone intraprese una lunga e difficile marcia per raggiungere Tigranocerta, seconda città del Regno, che venne occupata. Questa volta però, probabilmente per ordini giunti da Roma, la città fu risparmiata. Corbulone, visto che di resistenza ce n'era poca, avrebbe voluto proseguire la sua marcia verso est e fare dell'Armenia una provincia romana. Ma Nerone gli impose l'alt. Un ulteriore avanzamento a est avrebbe messo i romani in conflitto diretto con i parti e questo l'imperatore non lo voleva. Né intendeva trasformare l'Armenia in provincia (cosa che, tra l'altro, lo avrebbe costretto a immobilizzare sul posto almeno due legioni), ma farne semplicemente un protettorato. Corbulone ricevette quindi l'ordine di insediare sul trono un principe cappadocico che era vissuto lungamente a Roma e che prese il nome di Tigrane V (anno 60). Questa volta era ai parti che la situazione non andava bene. Tanto più che nel 61 Tigrane commise l'imprudenza di attaccare di testa sua[18] l'attiguo Regno di Adiabene (Assiria), che dipendeva dai parti. Probabilmente era stato spinto dalla necessità di acquistare un po' di prestigio presso la popolazione locale, che lo conosceva poco e che, per le sue origini cappadociche, lo sentiva estraneo.

Vologese ordinò la mobilitazione e incaricò uno dei nobili del suo Regno, Monese, e un principe dell'Adiabene, Monobazo, di cacciare Tigrane. Bastò questo perché, dopo alcune scaramucce, si arrivasse a un compromesso: sia i romani che i parti si sarebbero ritirati dall'Armenia. Tigrane, lasciato solo, fece la fine di tutti i servi: fu immediatamente rovesciato e cacciato dal paese. Di lui non si seppe più nulla.

Intanto Corbulone, rinunciando al comando unico,

chiese per lettera, a Nerone, l'invio di un altro generale che avrebbe dovuto attestarsi sul fronte armeno mentre lui si sarebbe ritirato a protezione della Siria.

Il nuovo comandante raggiunse la zona delle operazioni solo nell'inverno del 62. Era il consolare Cesennio Peto che portava con sé una nuova legione, la V Macedonica, prelevata dalla Media. Adesso i due generali avevano tre legioni a testa. Peto, più impetuoso del collega, volle subito ingaggiare battaglia con i parti, non senza aver però sollecitato Corbulone a unirsi a lui. Corbulone, non si sa se intenzionalmente o no, non lo raggiunse in tempo. Così Vologese, nella primavera del 62, affrontò Peto a Randeia, nella Taurontide, e lo vinse. Il comandante romano capitolò con la sola condizione di potersi ritirare dall'Armenia con le truppe superstiti. Condizione subito concessa perché nemmeno Vologese voleva spingere le cose fino in fondo.

Per i romani si trattava di una sconfitta umiliante, anche perché i soldati nel lasciare Randeia furono sottoposti a vari svillaneggiamenti che, pur di tagliare la corda, subirono senza reagire.

Tutti pensavano che un comandante come Peto, che aveva gravemente screditato l'imperatore e le insegne romane, avrebbe passato un brutto quarto d'ora. Ma non andò così. Al generale sconfitto, che era tornato a Roma preparato al peggio, non fu inflitta alcuna punizione. Nerone, come scrive Tacito, «si contentò di punzecchiarlo con arguzie come questa: "Ti perdono subito perché, così pronto a spaventarti come sei, tu non ti debba ammalare per l'affanno dell'attesa"».[19] Peto sopravvisse a Nerone e, sotto un suo successore, ebbe un altro comando in Oriente.[20]

Intanto Vologese, ora in posizione di forza, aveva nuovamente chiesto di trattare: i parti avrebbero lasciato l'Armenia se Tiridate fosse stato riconosciuto re. Poiché Corbulone era d'accordo[21] le trattative furono trasferite a

Roma e demandate allo stesso imperatore. Dopo alcuni mesi, nella primavera del 62, arrivò la risposta negativa. Nerone riaffidò a Corbulone il comando unico, gli fece arrivare dalla Pannonia una nuova legione, la XV Apollinare, e inviò complementi perché potesse ricostruire quelle di Peto. A questo punto l'esercito di Corbulone arrivava a sessantamila uomini, più o meno gli effettivi che aveva avuto Crasso. Era una forza militare imponente. Fu sufficiente questa esibizione di muscoli per convincere Vologese ad accogliere la soluzione che Nerone aveva prospettato fin dall'inizio: i romani avrebbero accettato Tiridate sul trono armeno, ma la sua sovranità sarebbe stata posta sotto il protettorato di Roma. Perché la cosa fosse chiara *urbi et orbi* l'incoronazione di Tiridate sarebbe avvenuta a Roma per mano di Nerone stesso e secondo un complicato cerimoniale che doveva indicare in modo inequivocabile la sudditanza del re armeno all'imperatore romano. I primi atti della procedura concordata furono compiuti sul posto, nell'accampamento di Corbulone: Tiridate depose la corona d'Armenia ai piedi di un'effigie di Nerone, impegnandosi a non riassumerla se non a Roma dalle mani dell'imperatore. Era il 63.

Il viaggio di Tiridate poté essere effettuato solo nel 66. E fu un evento memorabile, una delle tante bizzarre meraviglie che caratterizzano il regno neroniano. Intanto durò nove mesi, anche perché Tiridate, nella sua qualità di sacerdote della religione di Zoroastro (che era il culto degli Arsacidi), non poteva viaggiare per mare, in quanto ne avrebbe contaminato la superficie con la sua sola presenza.[22] Si dovette quindi scegliere un itinerario tutto via terra. Accanto al re, a cavallo, viaggiavano la moglie, che portava a mo' di velo una maschera d'oro, e il dinasta dell'Adiabene, Monobazo, seguivano vari principi e potentati, ciascuno con seguito e doni, scortati da tremila cavalieri parti e armeni oltre che da soldati romani. Si trattava di un convoglio di uomini, carri e animali quale non si era mai visto nel mondo antico.[23]

Il viaggio, che era pagato da Roma, costava ottocentomila sesterzi al giorno, cui si dovettero aggiungere altri duecento milioni sotto forma di donativi, come era stato pattuito al momento dell'accordo. Il costo totale del viaggio e della cerimonia che ne seguì equivaleva alle entrate dello Stato romano per un anno. Ma, probabilmente, ne valeva la pena. Il fatto che il fratello del re dei parti, discendente di quegli Arsacidi in perenne conflitto con Roma, attraversasse metà del mondo conosciuto per fare atto di omaggio e di sottomissione all'imperatore romano era un colpo propagandistico di eccezionale portata.[24]

L'immensa carovana, partita da Artaxata, attraversò tutta l'Asia Minore, varcò il Bosforo, percorse i Balcani, giunse in Italia settentrionale e, da qui, discese fino ad Ancona dove era attesa da Nerone.[25] L'imperatore, vestito con le insegne trionfali, si mise alla testa del convoglio guidando un cocchio a due cavalli, e, fra due ali di folla in delirio, lo portò fino a Roma. La capitale dell'Impero, da poco ricostruita dopo l'incendio del 64, era tutta pavesata a festa e decorata d'oro nei punti strategici. La cerimonia dell'incoronazione si svolse nel Foro. Nerone, sempre in abito trionfale, era affiancato dal Senato al completo e dai pretoriani. Tiridate pronunciò la sua dichiarazione di obbedienza all'imperatore che fu tradotta, in simultanea, in latino a uso della folla. Suonava così: «Signore, io sono il discendente di Arsace, fratello dei re Vologese e Pacoto, e tuo schiavo. Sono venuto a te, mio dio, per adorarti come adoro Mitra».[26] Nerone rispose nello stile barocco e magniloquente che usava nelle allocuzioni ufficiali davanti agli stranieri: «Hai agito bene venendo fino a me, così da sperimentare di persona la mia benevolenza. Ora io ti concedo ciò che tuo padre non ti lasciò in eredità e i tuoi fratelli non ti aiutarono a mantenere dopo avertelo dato: ti affido la corona d'Armenia, ché tu e loro sappiate che è in mio potere prendere e donare reami».[27] Pose quindi sul capo chinato di Tiridate la sospirata corona. Poi, per sdrammatizzare e allentare la tensione, prese la cetra e improvvisò una canzone per l'ospite, che rimase, a quanto si dice, sbalordito.

Nerone volle che l'intera cerimonia avesse il carattere del trionfo militare. La cosa aveva uno scopo politico preciso: stava a significare che le vittorie pacifiche avevano altrettanto valore, se non più, di quelle ottenute con le battaglie. Da questo punto di vista il «trionfo» del 66 fa *pendant* con quello del 68, quando Nerone, reduce dai giochi greci e dai successi che vi aveva mietuto, volle sottolineare la parità dell'*agon* artistico e sportivo col *certamen* bellico. I «trionfi» del 66 e del 68 furono il suggello di una linea, politica e culturale, che l'imperatore aveva perseguito durante tutto l'arco del suo principato.[28]

Nerone pose fine alla cerimonia chiudendo le doppie porte del tempio di Giano: voleva dire che la pace regnava lungo i confini di tutto l'Impero. Furono solo tre gli imperatori che riuscirono a tenere chiuse queste porte per qualche tempo: Augusto, Vespasiano e Nerone. Ma, nel caso di quest'ultimo, la cosa non dovette essere particolarmente apprezzata dagli ambienti aristocratici, tradizionalmente bellicisti, se Tacito, che molto degnamente li rappresenta, lascia trasparire una punta di malcelato disprezzo quando scrive: «In nessun momento come quello v'era stata una così imperturbata pace».[29]

La pace con i parti, insieme con la riforma monetaria e la strutturazione della burocrazia imperiale, fu uno dei risultati più duraturi del principato neroniano: resse mezzo secolo, un periodo lunghissimo per quei tempi. Scrive Cizek: «In questa occasione Nerone si era rivelato ispirato e abile. Rinunciando eccezionalmente al monopolio della dominazione romana sul "mondo abitato" aveva sostituito a un'antica e spietata rivalità una solida alleanza».[30] I parti rimasero a lungo fedeli a Roma, non approfittarono né della rivolta giudaica né della crisi che sconvolse l'Impero nel 68-69 dopo la morte di Nerone, e si sforzarono di intrattenere buoni rapporti con la dinastia che succedette ai Giulio-Claudi. Le ostilità ripresero solo con la politica di espansione di Traiano, appunto cinquant'anni dopo.

Le altre conquiste di Nerone, vale a dire le Alpi Cozie e il Ponto Polemoniaco, furono ben poca cosa, soprattutto se rapportate a un regno che durò quattordici anni. Oltretutto furono ottenute senza colpo ferire: le Alpi Cozie, un piccolo Stato con capitale a Segusio (Susa), passarono pacificamente a Roma quando il vecchio re Cottio morì senza eredi; in quanto al Ponto, altro piccolo regno sul mar Nero, però importante strategicamente, il re Polemone accettò graziosamente di farsi da parte e di andare a vivere un po' più in là.

Se non amava la guerra Nerone fu, in compenso, sempre molto interessato, per motivi commerciali, geografici, scientifici e anche di pura curiosità, alle esplorazioni. In questa inclinazione l'imperatore fu sicuramente influenzato, oltre che dal suo antico maestro Cheremone, da Seneca che era appassionato di *Questioni naturali* per dirla col titolo di uno dei suoi tanti fortunati libri.[31]

Nel 61 (ma la data non è certa) l'imperatore organizzò una spedizione per scoprire le sorgenti del Nilo.[32] Gli esploratori, dopo aver raggiunto l'Egitto via mare, attraversarono la frontiera meridionale dell'Impero presso la prima cateratta del Nilo, dove oggi c'è la diga di Assuan, oltrepassarono la confluenza con l'Atbara e raggiunsero Meroe (Bakarwiga) la capitale del Regno di Napata col quale i romani già intrattenevano rapporti commerciali. Da qui ripartirono verso sud, ma dovettero arrestarsi davanti a delle immense paludi. Avevano raggiunto il Sudd, regione meridionale dell'odierno Sudan. In linea d'aria avevano percorso millecinquecento chilometri oltre i confini imperiali. Ritornarono carichi di ebano e di racconti di straordinari animali: rinoceronti, pappagalli, babbuini col viso di cane. La zona fu riesplorata solo nel 1839.[33] Navi imperiali, sotto Nerone, si spinsero ancora più a sud, fino a Zanzibar.

A nord emissari romani raggiunsero il Baltico, che interessava particolarmente Nerone perché da lì proveniva l'ambra che utilizzava per i suoi spettacoli. Durante il viaggio in Grecia l'imperatore fece scandagliare il lago Ausonio di cui si diceva che non avesse fondo. Inoltre finanziò a lungo degli scavi presso Cartagine nel tentativo di trovare il tesoro della regina Didone.

Nel 66 distaccamenti dei reparti di Corbulone furono mandati in ricognizione nel Caucaso. Sulla base di questa esplorazione Nerone studiò la possibilità di una spedizione che, questa volta, non avrebbe avuto scopi puramente geografici e scientifici perché prevedeva l'occupazione della Russia meridionale che si sapeva ricca di cereali (l'approvvigionamento regolare di grano era uno dei grandi problemi di Roma e Nerone se ne preoccupò sempre moltissimo). A questo scopo era stata creata una nuova legione, la I Italica, formata da reclute sceltissime che, fra le altre cose, dovevano essere alte almeno un metro e settantotto.[34] Ma la morte dell'imperatore interruppe il progetto. Si sa inoltre che, nel suo ultimo anno di regno, Nerone meditava una spedizione in Cina sulle orme di Alessandro Magno.[35]

La trattativa diplomatica al posto della guerra, tranne per quanto era strettamente necessario al prestigio dell'Impero e a garantire la sicurezza dei suoi confini; esplorazioni al posto di conquiste, a meno che non si potessero ottenere senza spargimento di sangue. Nerone aveva voluto affermare, anche culturalmente, queste tendenze pacifiste fin dall'inizio del suo principato. Come culto imperiale aveva scelto quello di Apollo. Solo in apparenza religiosa questa indicazione aveva in realtà un profondo significato politico e culturale. Innanzi tutto Apollo (Febo) era una divinità comune al mondo romano e a quello ellenistico. Con tale sincretismo Nerone voleva sottolineare che intendeva essere l'imperatore di tutti e non solo della comunità romano-italica. Roma rimaneva *caput mundi*, ma le province avevano diritto a essere governate con altrettanta attenzione. Inoltre Apollo era il dio delle arti, della medicina, della salute, dell'armonia e, quindi, della pace.

Nerone incoraggiò la mentalità pacifista sia attraverso gli scrittori di corte, come Calpurnio Siculo, sia con quella forma di propaganda che, nell'antichità, era rappresentata dalle monete, dalle iscrizioni, dalle statue. Un'iscrizione posta alla base di una statua votiva di Ercole (che si trova oggi nel museo di Aquileia) ci dà un'idea del messaggio che, nei modi consentiti dai tempi, Nerone voleva far passare: la statua di Ercole, simbolo della forza bruta, viene offerta ad Apollo proprio per mettere in evidenza la maggiore importanza che si attribuisce ai benefici della pace su quelli della guerra, ancorché vittoriosa. Questa concezione rientrava in una politica più generale, anzi in un'autentica rivoluzione culturale che, come vedremo, passava anche attraverso la supremazia del cimento artistico e sportivo su quello cruento (come le lotte dei gladiatori) e militare. Naturalmente tutto ciò non poteva essere visto di buon occhio dalle classi dirigenti romane che proprio sul militarismo, l'imperialismo, la politica di conquista avevano costruito le proprie fortune e fu una delle cause principali, se non la principale, della caduta dell'imperatore «folle».

L'amore per la pace in politica non è che il riflesso esterno del carattere di Nerone. Per quanto possa sembrare incredibile, colui che è stato considerato il più crudele tiranno della storia, il principe di uno dei più efferati regni del terrore, non era affatto un sanguinario: detestava la guerra, gli spettacoli cruenti, la violenza, le esecuzioni capitali. Nerone poteva mutare atteggiamento solo se minacciato e spaventato, anche se, forse, è vero

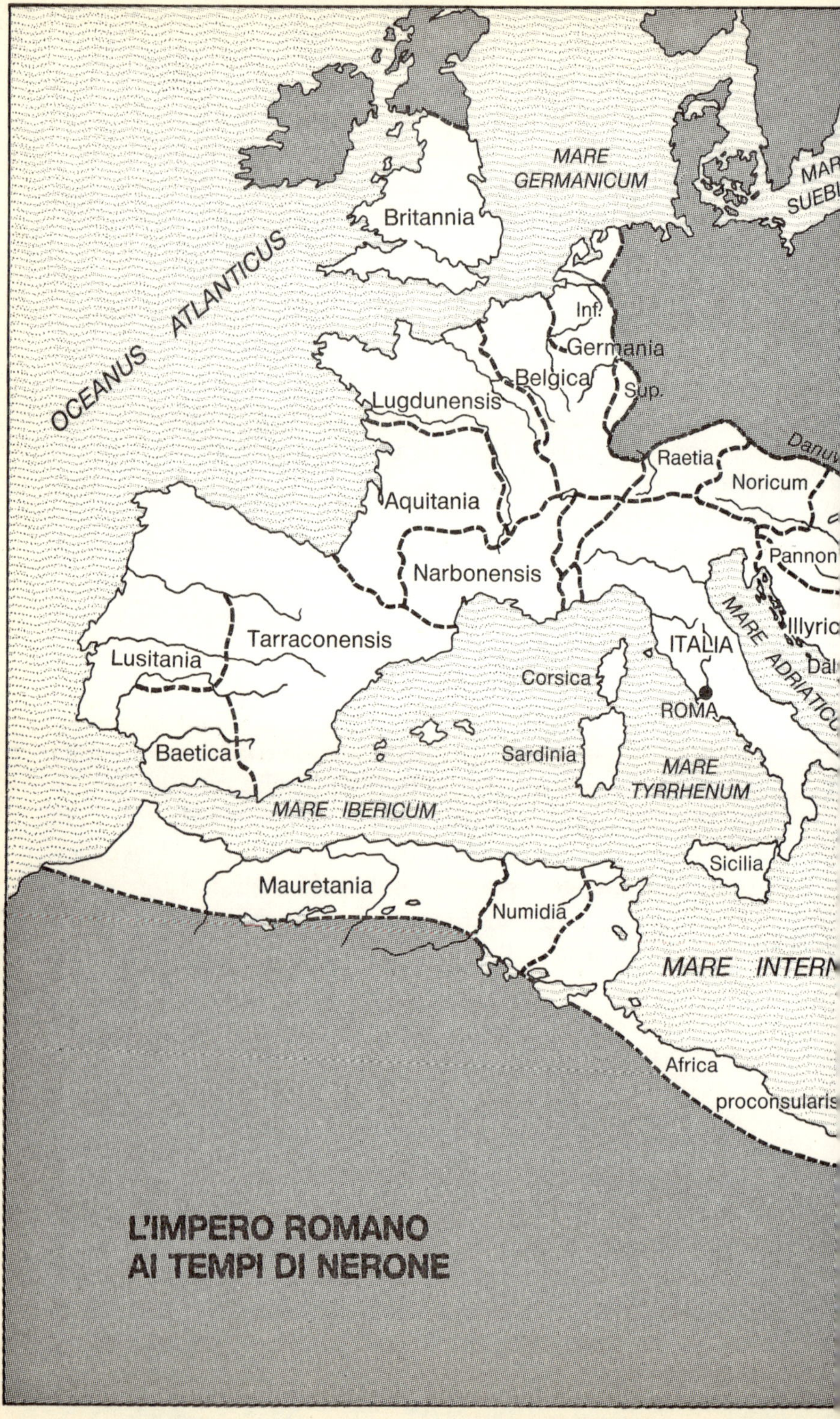
MARE
GERMANICUM
MAR
SUEBI
Britannia
OCEANUS ATLANTICUS
Inf.
Germania
Belgica
Sup.
Lugdunensis
Danuv
Raetia
Noricum
Aquitania
Pannon
Narbonensis
Illyric
Dal
Tarraconensis
ITALIA
MARE ADRIATICU
Lusitania
Corsica
ROMA
Baetica
Sardinia
MARE
TYRRHENUM
MARE IBERICUM
Sicilia
Mauretania
Numidia
MARE INTERN
Africa
proconsularis
L'IMPERO ROMANO
AI TEMPI DI NERONE

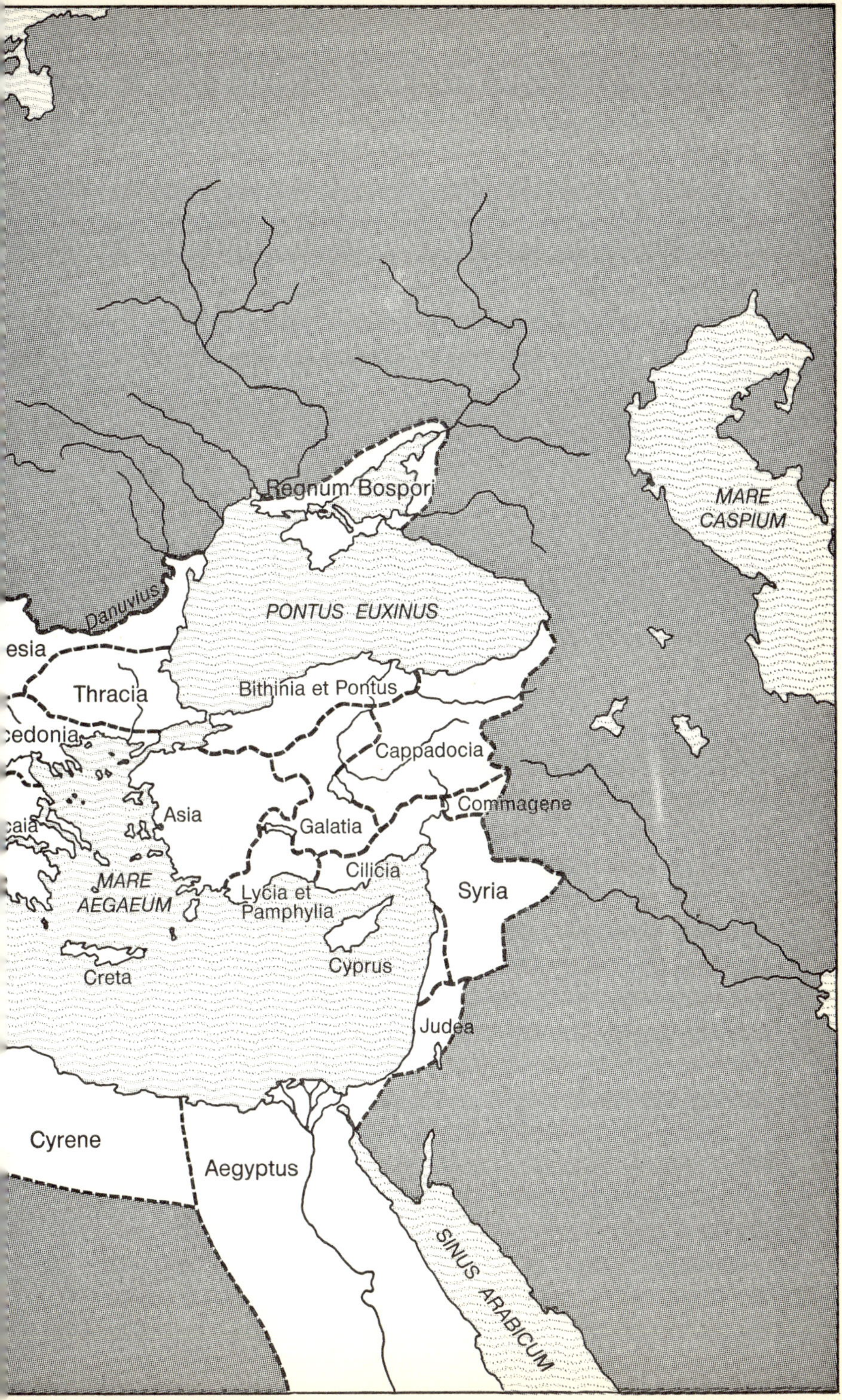
Regnum Bospori
MARE
CASPIUM
Danuvius
PONTUS EUXINUS
esia
Thracia
Bithinia et Pontus
cedonia
Cappadocia
Commagene
Asia
caia
Galatia
Cilicia
MARE
AEGAEUM
Lycia et
Pamphylia
Syria
Creta
Cyprus
Judea
Cyrene
Aegyptus
SINUS ARABICUM

che, come scrive Michael Grant, «si spaventava troppo facilmente».[36] Ma anche in questi casi non dimostrò mai una particolare crudeltà. Come nota Warmington non apparteneva certamente a quella categoria di uomini che «gioiscono sadicamente delle sofferenze fisiche e spirituali delle loro vittime».[37] In situazioni di normalità Nerone era un uomo molto tollerante, in un modo un po' sornione e paternalistico. E come detestava il bellicismo avventuroso così aveva un'autentica repulsione per lo spreco inutile di vite umane. Fu Nerone a proibire che i combattimenti dei gladiatori fossero portati all'ultimo sangue, anche quando si trattava di condannati a morte.[38] Tanto che durante il suo principato questi spettacoli, ridotti in pratica a innocui incontri di scherma, persero interesse (perché, naturalmente, la gente voleva il morto) e furono gradualmente abbandonati. L'imperatore, che non poteva andare completamente contro i gusti della plebe, li sostituì con combattimenti fra belve, ma anche con spettacoli fantasiosi in cui dominavano i giochi d'acqua e gli artifici tecnici. In una di queste occasioni il suolo dell'arena si aprì facendo apparire un magico bosco di cespugli scintillanti e di fontane odorose, popolato da bestie esotiche. Un'altra volta si vide un elefante che, montato da un cavaliere romano, se ne stava sospeso a mezz'aria sopra un congegno fatto di corde.[39] Spesso era lo stesso Nerone, molto interessato alle innovazioni tecniche, a escogitare le soluzioni più ardite.

Se si fa conto che sotto il pio Augusto furono almeno diecimila i gladiatori che dovettero darsi vicendevolmente la morte, o mutilarsi orrendamente, per il piacere delle folle,[40] si può valutare appieno come anche in questo campo Nerone cercasse di modificare la mentalità e il costume dei romani.

Scrive Svetonio: «Ciò che suscita maggior stupore è il fatto che nulla egli sopportasse con maggior pazienza degli improperi e degli insulti della gente e che verso nessuno sia stato tanto indulgente quanto nei riguardi di chi lo dilaniava con parole o con versi».[41] Soprattutto dopo l'assassinio di Agrippina, nel 59, apparvero sui muri di Roma delle pesantissime «pasquinate»: «Ultima novità: Nerone ha ucciso sua madre!»; «Nerone, Oreste, Alcmeone, matricidi!»; «Chi dice che Nerone non discende dalla gran stirpe di Enea? Quegli portò via suo padre; questi sua madre!».[42] Ma Nerone, ci informa Svetonio, «non fece nemmeno ricercare gli autori di questi epigrammi e vietò che fossero puniti con una pena troppo forte alcuni già denunciati al Senato».[43] Con la stessa clemenza si comportò con il filosofo Isidoro il Cinico che, incontrandolo per strada, gli fece una solenne ramanzina per il modo in cui amministrava il denaro pubblico, e con l'attore Dato che in una *pièce* lo accusava di aver ucciso non solo Agrippina, ma anche Claudio e faceva capire che avrebbe fatto fare la stessa fine all'intero Senato.[44]

In un'altra occasione, nel 62, il pretore Antistio lesse pubblicamente dei suoi versi estremamente oltraggiosi nei confronti dell'imperatore. La faccenda, in questo caso, era diversa perché l'offesa veniva da un personaggio con incarichi pubblici e acquistava quindi un rilievo istituzionale. Fin dai tempi di Augusto un attacco del genere contro l'imperatore poteva essere considerato reato di alto tradimento. Antistio fu denunciato, processato dal Senato e riconosciuto colpevole. Il console designato, interpretando gli umori dell'assemblea, propose la sentenza di morte per flagellazione. Ma Trasea Peto, il più autorevole membro della Curia, vi si oppose affermando che per un senatore, quale era Antistio, una simile pena era ormai obsoleta, e propose l'esilio. I senatori, non sapendo risolversi, come di consueto quando non erano in gioco i loro interessi concreti, in un eccesso di piaggeria nei confronti dell'imperatore si rivolsero, attraverso il console, a Nerone perché li autorizzasse a prendere l'una o l'altra decisione. Nerone rispose, per iscritto, che non capiva assolutamente le ragioni di quell'attacco forsennato perché lui non aveva minimamente provocato né offeso Antistio. Ma era d'accordo con Trasea: la flagellazione era un rito barbaro e, in ogni caso, se il Senato avesse optato per la pena di morte lui l'avrebbe comunque commutata in una misura più blanda. Precisato questo, aggiunse che i senatori erano liberi di decidere come volevano e che, per quanto lo riguardava, potevano anche assolvere l'incauto pretore. Antistio se la cavò con l'esilio.[45]

Svetonio sostiene che Nerone era indotto a questi atteggiamenti «per disprezzo dell'opinione pubblica».[46] Ma il motivo non poteva certamente essere questo: all'opinione pubblica Nerone teneva enormemente perché, soprattutto da quando i suoi rapporti col Senato e gli intellettuali si erano fatti tesi (e nel 59, e ancor più nel 62, lo erano), l'unico sostegno gli veniva proprio dal favore popolare. La verità è che Nerone era restio a punire quei reati che oggi chiameremmo di opinione. Almeno quando era lui il bersaglio. Se ne erano vittime altri l'imperatore doveva tener conto di motivi di opportunità politica. Quando lo scrittore Fabrizio Veientone, che era suo buon amico e intimo a corte, fu denunciato per dei libelli che contenevano pesanti e gratuite ingiurie contro senatori e sacerdoti, Nerone avocò a sé il giudizio[47] e, dopo che il processo ebbe accertato le responsabilità dello scrittore, bandì Veientone dall'Italia ordinando che quei libelli fossero bruciati.[48]

È di Nerone la famosa frase «*quam vellem nescire literas!*» («come vorrei non saper scrivere!»), pronunciata quando gli fu presentato alla firma il primo ordine di esecuzione capitale. L'aneddoto, riportato da Seneca nel *De clementia*, è, con tutta probabilità, autentico. Nerone se poteva lasciava perdere, se non poteva si indirizzava verso le misure più miti, fra condanna a morte ed esilio sceglieva immancabilmente quest'ultimo, alla pena capitale arrivava solo se proprio non poteva farne a meno, o per l'enormità del reato o perché si era attentato alla sua vita come nel caso delle congiure aristocratiche. Ma ai nobili romani concesse sempre la scelta del suicidio evitando loro l'onta di una pubblica esecuzione. A noi può sembrare un particolare irrilevante (si trattava, in un modo o nell'altro, di morire), ma non lo era nella mentalità degli antichi per i quali era la morte a dare il significato definitivo a un'esistenza. Una morte dignitosa suggellava o riscattava un'intera vita e permetteva di ambire a quella *gloria*, proiettata nel futuro, verso i posteri, alla quale gli antichi aspiravano più che al *successo*, circoscritto al presente. La *gloria* era il loro modo di sentirsi immortali. Ma per passare dalla stretta porta dell'immortalità era indispensabile una morte degna. E la morte degna per eccellenza era, insieme a quella in battaglia, la morte che ci si dava di propria mano, in piena coscienza e con serenità. Socrate era un esempio che faceva scuola.

In ogni caso se Nerone mandò a morte, per motivi politici, parecchi aristocratici, ebbe sempre un'estrema ripugnanza a far giustiziare gli umili, i poveracci, i criminali di diritto comune: preferiva mandarli ai lavori forzati piuttosto che infliggere loro la pena capitale.[49] Ma spesso li graziava o li lasciava perdere. La storia di Basso è significativa. Nel 65, subito dopo la congiura di Pisone, un cartaginese, Cesellio Basso, arrivato appositamente a Roma, fece fuoco e fiamme per ottenere udienza dall'imperatore. Avutala, raccontò a Nerone di aver scoperto sul suo campo, nei pressi di Cartagine, una grotta profondissima sul cui fondo giaceva un'enorme quantità d'oro. Si trattava, secondo Basso, del tesoro della fenicia Didone che, dopo aver fondato Cartagine, lo aveva nascosto per non suscitare la cupidigia dei popoli vicini. Nerone, che quando sentiva parlare di scoperte e di tesori, in particolare di quello di Didone (come si ricorderà finanziava da tempo delle ricerche in proposito), diventava parecchio credulone, senza aver ben valutato l'affidabilità del Basso, armò subito una spedizione. Mentre le triremi erano in rotta verso Cartagine, a Roma non si parlava d'altro. I soliti adulatori elevarono peana al principe dicendo che adesso la terra non produceva più solo le consuete messi, ma oro, oro puro. Quando la spedizione fu sul posto, Basso, seguito dai soldati e dai contadini che erano stati ingaggiati per saggiare il terreno, girò e rigirò alla ricerca della fantomatica grotta. Alla fine si scosse, come risvegliandosi, e confessò che la grotta e il tesoro se li era sognati, ma poiché, fino ad allora, i suoi sogni non si erano mai rivelati falsi aveva creduto vero anche quello. Il mitomane fu immediatamente arrestato dalle autorità locali. Nerone era stato preso in giro e si era coperto di ridicolo. Sotto qualsiasi altro imperatore, anche con una fama molto meno sinistra di quella che circonda Nerone, Cesellio Basso non ne sarebbe uscito vivo, magari dopo qualche opportuna tortura. Nerone ordinò che lo squilibrato fosse lasciato andare.[50]

La predisposizione alla clemenza non è quindi una caratteristica solo dei primi anni di Nerone quando, secondo il consueto schema, l'imperatore è sotto la benigna influenza di Seneca, ma si manifesta, sia pur rivolta per lo più alla «gente comune», anche durante gli anni duri delle congiure aristocratiche.

Anche per questo non è sostenibile la tesi, avvalorata fra gli altri da Diderot,[51] che Seneca abbia composto il suo *De clementia* perché aveva intuito la belva che sonnecchiava in Nerone e cercava, in questo modo, di correre ai ripari proponendo al suo ex discepolo l'archetipo del principe illuminato e indulgente. È vero, caso mai, il contrario. Fu Seneca a modellare opportunamente la sua opera, scritta quando Nerone regnava da oltre un anno nel più tollerante dei modi, sulla naturale indole del ragazzo. Del resto, su questo punto, i due si trovavano in sintonia. Per spontanea inclinazione il giovane imperatore, per prudenza e calcolo politico l'anziano filosofo.

Note

[1] Svetonio, «Nerone», XVIII.
[2] Tacito, *Annali*, XIII, 51.
[3] E. Cizek, *op. cit.*, p. 321.
[4] M. Grant, *op. cit.*, p. 111.
[5] Corrispondeva, all'incirca, all'odierno Sussex.
[6] E. Stevens, *The Will of Q. Veranius*, in «Classical Review», I, 1951, pp. 4-7.
[7] Il trattatista greco Onasandro gli aveva dedicato un poderoso saggio sull'arte militare. M. Grant, *op. cit.*, p. 113.
[8] *Ibidem*, p. 116.
[9] Tacito, *Storie*, IV, 54.
[10] Dione Cassio, 52, 2, 1.
[11] M. Grant, *op. cit.*, p. 117.
[12] Il luogo della battaglia è incerto. Grant indica, presumibilmente, Atherstone nello Warwickshire. M. Grant, *op. cit.*, p. 118.
[13] M. A. Levi, *Nerone e i suoi tempi*, *op. cit.*, pp. 190-191.
[14] M. Grant, *op. cit.*, p. 70.
[15] M. A. Levi, *L'Impero romano*, *op. cit.*, p. 286.
[16] Tacito, *Annali*, XV, 3.
[17] *Ibidem*, XIII, 9.
[18] B. H. Warmington, *op. cit.*, p. 127.
[19] Tacito, *Annali*, XV, 25.
[20] M. Grant, *op. cit.*, p. 126.
[21] M. A. Levi, *L'Impero romano*, *op. cit.*, p. 296.
[22] Un sacerdote di Zoroastro poteva rimanere sul mare per non più di ventiquattro ore.
[23] M. A. Levi, *L'Impero romano*, *op. cit.*, p. 298.
[24] *Ibidem*.
[25] Secondo alcuni autori l'incontro sarebbe invece avvenuto a Napoli: M. Grant, *op. cit.*, p. 227; B. H. Warmington, *op. cit.*, p. 131.
[26] Dione Cassio, 63, 5.
[27] *Ibidem*.
[28] Svetonio, «Nerone», XV.
[29] Tacito, *Annali*, XV, 46.
[30] E. Cizek, *op. cit.*, p. 329.
[31] M. Grant, *op. cit.*, p. 135; B. H. Warmington, *op. cit.*, p. 42.

[32] Seneca, *Questioni naturali*, VI, 8; Plinio il Vecchio, *Storia naturale*, VI, 181 e sgg.
[33] M. Grant, *op. cit.*, p. 133.
[34] M. A. Levi, *L'Impero romano, op. cit.*, p. 301. Sulla progettata campagna nel Caucaso e i suoi obiettivi, vedi B. W. Henderson, *The Life and Principate of Emperor Nero*, Londra 1905, pp. 226 e sgg.
[35] A. Bruhl, *Le souvenir d'Alexandre le Grand et les Romains*, in «Melanges d'Archeologie et d'Histoire de l'École Française de Rome», 48, 1930, pp. 207-211.
[36] M. Grant, *op. cit.*, p. 15.
[37] B. H. Warmington, *op. cit.*, p. 217.
[38] Svetonio, «Nerone», XII; A. Maiuri, *Dell'opposizione ai ludi gladiatori*, in «Atene e Roma», 2, 1952, pp. 45-48.
[39] M. Grant, *op. cit.*, p. 69; Calpurnio Siculo, *Bucoliche*, VII, 66; III, 57; VII, 135 e sgg.
[40] P. Vandenberg, *op. cit.*, p. 131.
[41] Svetonio, «Nerone», XXXIV.
[42] *Ibidem*.
[43] *Ibidem*.
[44] Anche lo scrittore cattolico Emilio Radius, per niente tenero con Nerone, nota: «In fatto di satira popolare, di "pasquinate", era più tollerante dei suoi predecessori; lasciava correre, si divertiva persino a farsi raccontare le storielle antineroniane». E. Radius, *L'incendio di Roma*, Rizzoli, Milano 1962, p. 162.
[45] Tacito, *Annali*, XIV, 49; B. H. Warmington, *op. cit.*, p. 182.
[46] Svetonio, «Nerone», XXXIX.
[47] Il Senato non poteva giudicare il caso per, noi diremmo, «legittima suspicione», dato che offesi erano proprio i membri della Curia.
[48] Tacito, *Annali*, XIV, 50.
[49] E. Cizek, *op. cit.*, p. 49; Svetonio, «Nerone», XXXI.
[50] Tacito, *Annali*, XVI, 1, 2, 3.
[51] D. Diderot, *op. cit.*, pp. 298-300.

IV

Un imperatore chitarrista, cantautore, attore e driver

Poche cose sono state oggetto di tanto sarcasmo e scherno quanto le esibizioni pubbliche di Nerone come suonatore di cetra (l'equivalente antico della chitarra), cantante, musicista, poeta, attore, danzatore, auriga. Eppure dietro l'indubbio narcisismo del giovane imperatore c'era, oltre a un'autentica passione per le arti, un progetto politico ed educativo lucidamente perseguito durante l'intero arco del suo regno. Quella che Nerone tenta è una *rivoluzione culturale* che costituisce, a detta di alcuni, l'apporto più originale del suo principato[1] (non per nulla prenderà il nome di «neronismo» e ispirerà alcuni dei suoi successori), anche se, per essere troppo in anticipo sui tempi, sarà destinata a un naufragio nel quale verrà travolto, alla fine, lo stesso imperatore.

Nerone cercò di dirozzare e migliorare la mentalità della società romana, indirizzandola verso i costumi e gli stili di vita di quella ellenistica, molto più civilizzata e colta. Erano due concezioni diverse dell'uomo che si confrontavano. L'antica virtù romana si esprimeva nella severità, la parsimonia, la decenza e nel *certamen*, il combattimento. I romani non concepivano l'attività ginnica e sportiva se non finalizzata all'addestramento militare. C'era una sorta di dissociazione fra corpo e spirito: il primo, di rango inferiore, era nettamente separato dal secondo e le sue qualità acquistavano valore solo nella battaglia. Per i romani l'esercizio del corpo fine a se stesso, lo sport, la ginnastica, erano un segno di mollezza e di effeminatezza. Lo stesso valeva per le manifestazioni artistiche, ritenute attività indegne di un autentico romano le cui virtù, pubbliche e private, dovevano esercitarsi altrove. Tacito lo dice con estrema chiarezza. Egli considera in modo sprezzante «l'addestrarsi in quelle battaglie di ginnasti in luogo di fare il soldato e di maneggiare le armi».[2] E aggiunge: «Forse sarebbe accresciuto il prestigio della giustizia e meglio le decurie dei cavalieri avrebbero assolto l'alto ufficio del giudicare, se avessero ascoltato con competenza musiche effeminate e molli canti?».[3]

Al centro della cultura e del costume greci c'era invece l'*agon*, il gioco, il concorso, la gara, sia atletica che artistica, dove vince chi è più completo. L'intera concezione greca è alla ricerca di un tipo umano nel quale la prestanza atletica e la bellezza fisica si fondano armonicamente con la sensibilità, l'intelligenza e le qualità spirituali, facendo tutt'uno. Non è certamente un caso, come ricorda Levi, che «nella statuaria romana e italica non si trovino quei tipi idealizzati di atleti che costituiscono una delle caratteristiche della concezione dell'uomo nell'arte ellenica».[4]

Questa diversa visione dell'uomo si riflette nella concezione dello spettacolo e finisce per coinvolgere anche l'arte. I romani amavano gli spettacoli violenti, di tipo gladiatorio e cruento, affidati a professionisti e mestieranti di umili origini quando non a prigionieri e a schiavi, perché lo spettacolo in sé era considerato un genere per individui di condizione inferiore. E le manifestazioni artistiche, si trattasse di poesia, di teatro, di musica, di danza, erano cosa per cortigiani, per giullari, per buffoni. Il nobile romano, se proprio voleva, poteva coltivare queste inclinazioni in privato (non comunque la pantomima e la danza ritenute particolarmente degenerate), ma mai e poi mai farne oggetto di esibizione pubblica. L'unica forma letteraria socialmente consentita agli aristocratici romani fu, per lungo tempo, l'oratoria, destinata peraltro a fini politici e non certamente artistici.

Nerone ruppe queste collaudate tradizioni. Il fatto che l'imperatore si esibisse personalmente sulle scene, come cantante, come citaredo, come musicista, come attore, come pantomimo, come auriga, voleva significare che l'arte, nelle sue multiformi espressioni, è una cosa nobile in sé, degna di una partecipazione collettiva e non conosce quindi confini di classe, è per tutti ed è di tutti, ricchi e poveri, aristocratici e plebei.

Del resto la partecipazione personale dell'imperatore alle manifestazioni artistiche fu solo il momento conclusivo di un lungo cammino, perché Nerone arrivò a esibirsi in pubblico tardi, nel 64, a Napoli, dieci anni dopo essere salito al trono. Quei dieci anni li aveva impiegati a mettere in piedi le strutture organizzative, culturali, propagandistiche, necessarie per ellenizzare lo stile di vita dei romani, a dimostrazione che in questa faccenda non era spinto solo da smanie esibizionistiche ma da motivazioni assai più ampie. Nerone seppe aspettare dieci anni, e, conoscendo il tipo, dovette costargli non poco («non si ha alcun rispetto per una musica nascosta», si lamentava),[5] pur di dare credibilità alla propria riforma e impedire, senza peraltro riuscirvi, che fosse scambiata per un semplice capriccio personale. Da questo punto di vista il suo calcare le scene fu semplicemente la consacrazione definitiva di una politica culturale alla quale aveva dedicato tanto tempo e tante energie.

Cominciò col costruire ginnasi e palestre e creare delle scuole imperiali dove coloro che desideravano prendere parte ai concorsi ginnici e musicali,[6] che veniva intanto organizzando, potessero ricevere l'addestramento necessario.[7] Istituì il corpo degli Augustani, giovani nobili, prestanti e di bell'aspetto, il cui compito era sostanzialmente quello di fare propaganda alla rivoluzione culturale neroniana. Erano, diciamo pure, la gioventù del regime, una gioventù dedita alla cultura e non allo squadrismo. Sul finire del regno, quando Nerone prese a esibirsi pubblicamente e a partecipare ai concorsi ufficiali, gli Augustani, rinforzati da altri robusti giovanotti reclutati, questa volta, fra la plebe (i cosiddetti «neroniani»), divennero la *claque* personale del principe. Attraverso la monetazione Nerone provvide infine a divulgare abbondantemente il nuovo corso.

I primi giochi organizzati sotto Nerone, nel 57, sono ancora di tipo tradizionale, con i classici combattimenti di gladiatori privati però dell'ebbrezza del sangue. La sola novità fu una spettacolare battaglia navale che si svolse su un lago artificiale appositamente approntato. Anche i giochi del 59 conservano l'impianto tradizionale. Ma furono inframmezzati da *pièces* teatrali e, soprattutto, si videro per la prima volta senatori e cavalieri esibirsi accanto ai professionisti. Li aveva convinti Nerone con robusti ingaggi.

Sempre nel 59 si celebrarono gli *Juvenalia* (giochi della Gioventù). L'occasione fu data dal primo taglio della barba di Nerone. Il primo taglio della barba era infatti una tradizionale festività familiare dei romani e in tal modo l'imperatore intese accentuare l'impronta intima e domestica di questi giochi.[8] Gli *Juvenalia* ebbero infatti carattere strettamente privato, si svolsero nel teatro dell'imperatore, ai giardini Vaticani, davanti a un pubblico di invitati. Vi furono competizioni di musica, di teatro, di danza alle quali parteciparono numerosi aristocratici dei due sessi. Per l'occasione danzò l'ottuagenaria Elia Catella, ottenendo un grande, affettuoso successo. Alla fine anche Nerone prese la cetra e cantò qualche canzone da lui composta. A rigore non si può parlare di esibizione pubblica, perché l'imperatore cantò per i suoi invitati come già soleva fare da tempo fra le mura del Palazzo. Questo basta però a scatenare Tacito sia contro l'imperatore («come ultimo obbrobrio Nerone stesso si presentò sulla scena»)[9] che contro quegli aristocratici che si erano prestati, «ai quali la nobiltà, l'età o la dignità delle cariche assunte non furono di ostacolo a esercitare l'arte degli istrioni greci e romani, fino a compiere gesti o a tenere atteggiamenti indegni di uomini».[10] Inoltre, a sentir Tacito, gli *Juvenalia* si svolsero in un'atmosfera di orgia collettiva.

Ma è nel 60 che Nerone organizza i primi giochi veramente «suoi», i *Neronia*, che dovevano avere cadenza quinquennale. I *Neronia*, a parte un omaggio all'oratoria, di romano conservavano ben poco. Si modellavano sui giochi greci, in particolare le gare Pitiche di Delfi, pur non rifiutando apporti di altre culture dell'Impero. I concorsi erano divisi in tre sezioni: musica, poesia ed eloquenza; atletica e ginnastica; corse di cocchi. Per i suoi giochi Nerone fece costruire un teatro permanente in muratura che doveva diventare la sede fissa di questo tipo di manifestazioni e porre fine alla diseconomica e pericolosa consuetudine di erigere, ogni volta, scene e gradinate provvisorie. Inaugurò anche una magnifica palestra nel Campo Marzio, «la più splendida di tutta Roma».[11]

I giochi si svolsero in grande allegria, ma, questa volta, senza scandali e senza incidenti, anche perché i pantomimi, che in precedenza avevano causato frequenti disordini, ne erano stati esclusi. Anche l'ipermoralista Tacito è costretto a concludere che «alla gioia più che alla sfrenata licenza si erano consacrate, per un intero spazio di cinque anni, poche notti, durante le quali, in mezzo a tanto bagliore di luci, non era certo possibile nascondere qualche cosa di illecito».[12]

Per il suo esordio pubblico Nerone aspettò ancora quattro anni e scelse Napoli, città di cultura greca che si riteneva avrebbe accolto più favorevolmente il singolare evento («solo i greci» soleva dire Nerone «sanno ascoltare la musica»).[13] Il successo popolare dell'imperatore, richiamato più volte sulla scena, fu enorme, quasi quanto lo scandalo.

Ora non rimaneva che abbattere il tabù anche a Roma. L'anno successivo i senatori, temendo che l'imperatore volesse presentarsi ai *Neronia*, nel tentativo di evitare quello che essi ritenevano l'estremo oltraggio alle tradizioni romane, gli offrirono preventivamente la vittoria nella gara di canto.[14] Nerone rispose che, nel caso avesse partecipato, non aveva bisogno né delle brighe né dell'appoggio del Senato e che voleva gareggiare alla pari con gli altri concorrenti.[15] Però esitava. Si rendeva perfettamente conto che toccare ulteriormente la suscettibilità dell'aristocrazia era molto rischioso, la congiura di Pisone di pochi mesi prima era stata un avvertimento preciso. Per fuggire la tentazione uscì da teatro, ma fu richiamato a gran voce dagli spettatori che gli chiesero di cantare. Rispose che li avrebbe accontentati, ma più tardi, nei suoi giardini. «Ma poiché alle preghiere del popolo si erano aggiunte anche quelle dei soldati della guardia, si lasciò ben volentieri strappare la promessa di esibirsi immediatamente e, senza frapporre tempo in mezzo, dato ordine di iscrivere il suo nome fra quelli dei citaredi che partecipavano al concorso, depositò la propria scheda nell'urna come gli altri.»[16] Cantò la *Niobe*, ma non volle che, in quell'occasione, fossero distribuiti premi rimandando tutto all'anno successivo.

Nonostante l'infatuazione per gli spettacoli e tutto il mondo che girava loro attorno, Nerone non perdeva però il senso dei suoi doveri di principe. Nei primi anni del suo regno adottò provvedimenti severi nei confronti degli aurighi. Questi, per un'antica e tollerata consuetudine, avevano l'abitudine di lanciarsi tutti insieme con i loro cocchi, urlando e gridando, per le strade della città travolgendo uomini e cose. Nerone pose fine a questa selvaggia usanza.

Nel 56 intervenne anche nei confronti dei pur prediletti pantomimi. Costoro, veri idoli delle folle, erano oggetto di passioni isteriche da parte dei loro *fans* (fra cui si contavano anche irreprensibili senatori) e ciò causava continui disordini che gli stessi pantomimi godevano a fomentare. Nerone non ebbe esitazioni: li espulse dall'Italia insieme ai loro più accesi sostenitori.[17] Solo nel 60 fu loro permesso di rientrare a Roma e di riprendere la professione, non però di partecipare a quei giochi che avevano un carattere sacro. Sempre nei primi anni (nel 55 per l'esattezza) l'imperatore ritirò il corpo di guardia che era solito assistere agli spettacoli, perché, come spiega Tacito, «i soldati, non mescolati alla baraonda del teatro, si mantenessero più irreprensibili e la plebe desse prova di saper conservare moderazione anche quando le guardie erano state allontanate».[18] Ma questo provvedimento, che intendeva, forse troppo illuministicamente, educare il popolo all'autodisciplina, dovette presto essere revocato.

Nonostante Nerone avesse portato avanti la propria rivoluzione culturale con molta gradualità, le novità provocarono una crisi di rigetto in buona parte dell'aristocrazia e anche fra gli intellettuali romani. Ne fa fede non solo l'opera di Tacito che, a ogni piè sospinto, bolla le nuove costumanze come «spregevoli», «disonoranti», «ignominiose», «degenerate», ma anche un poeta come Giovenale il quale in una sua satira rimprovera, sarcasticamente, a Nerone non tanto di aver ucciso sua madre quanto di aver scritto poesie e tragedie e di aver cantato sulla scena.[19] Gli intellettuali, quasi compatti, si schierarono a difesa della cultura romana contro quella ellenistica.

Eppure Nerone aveva visto giusto: lo spostamento verso oriente del baricentro culturale dell'Impero era inevitabile. Non avendolo accettato nel I secolo, da una posizione di forza, i romani lo dovettero subire nel III e IV, quando ormai non potevano più governarlo.

Ma anche in un altro senso Nerone guardava lontano. Aveva capito che, per quanto ne dicessero i moralisti e i parrucconi, i valori tradizionali della *civitas* erano ormai tramontati e in ogni caso non riuscivano più a fare da elemento unificante di un Impero esteso come quello romano. Con la sua rivoluzione culturale Nerone non voleva solo ellenizzare il costume, lo stile di vita e il modo di pensare dei romani, ma regolarli sulla scala dell'Impero nutrendoli non solo d'ellenismo, ma anche delle esperienze di tutte le province dello Stato, così da adeguarli a quelle esigenze cosmopolite che le ristrette vedute del cittadino romano classico, capitolino, non riuscivano più a soddisfare.[20]

E anche di questo, infatti, Tacito si lamenta parlando delle «dissolutezze venute dagli altri paesi, in modo tale che si poteva vedere in Roma tutto quanto in altri luoghi aveva la possibilità di corrompere e di essere corrotto».[21] Eppure quel processo di internazionalizzazione dei costumi e dei valori che Nerone aveva iniziato giungerà a compimento proprio poco dopo la morte di Tacito, sotto il regno di Adriano (117-138).[22]

Ma com'era Nerone cantante e citaredo? Era un professionista o, quantomeno, si comportava come tale. Alla musica era stato educato fin da bambino avendo dimostrato, in proposito, una predisposizione precoce. E una volta salito al trono, chiamò presso di sé, per perfezionarsi, Terpno, il più grande citaredo del suo tempo.

Aveva una rauca e gradevole voce da basso che mancava però di potenza e di estensione, almeno a detta del filosofo Musonio che ne parlava, da competente, qualche anno dopo la morte dell'imperatore.[23] Nerone spese molte energie per rafforzarla e si sottopose a un severo addestramento. Giaceva supino, per ore, con una lastra di piombo sul torace e seguiva scrupolosamente la dieta che, secondo gli esperti del tempo, era la più adatta a un cantante: niente mele e fichi freschi, che erano ritenuti nocivi alle corde vocali, poco pane, sì invece ai fichi secchi e agli agliacei. Per mantenere la linea faceva uso, come tutti i romani, di emetici e clisteri.

Quando si presentava ai concorsi osservava le regole con uno scrupolo quasi maniacale: non si sedeva, non si detergeva il sudore, era estremamente ossequioso nei confronti dei giudici. Evidentemente voleva essere considerato un concorrente come tutti gli altri. Ma ciò, naturalmente, era impossibile. Per quanto fosse innamorato di se stesso e della sua arte, in modo tale da far spesso velo alla sua riconosciuta intelligenza, Nerone non poteva non sapere che il successo gli era assicurato dal suo ruolo e non dalle sue doti, autentiche o meno che fossero. Eppure tale era la passione che ogni volta che saliva alla ribalta era preso dall'angoscia di non farcela. Il panico lo assaliva soprattutto, come accade a tutti coloro che calcano il palcoscenico, negli istanti immediatamente precedenti all'entrata in scena. «Le sue ansiose trepidazioni,» scrive Grant «il suo comportamento competitivo verso i rivali, il suo timore dei giudici sembrano a malapena credibili.»[24]

Nei confronti dei colleghi era pettegolo, come ogni buon artista. Però non se la prendeva troppo se quelli, a loro volta, lo criticavano.[25] Nerone, lo abbiamo già visto, era estremamente tollerante riguardo agli attacchi personali.[26] Del resto, in queste cose, le dava e le prendeva, alla pari. Scrisse epigrammi feroci contro Afranio Quinziano e Claudio Pollione, così come fu sbeffeggiato da Persio[27] e da altri.

I citaredi, oltre che testi classici, cantavano spesso versi composti e musicati da loro. E così faceva anche Nerone. Era, si direbbe oggi, un cantautore. Le sue canzoni, al pari di quelle delle altre star musicali dell'epoca, si cantavano per le strade e nelle case di Roma. I ragazzi, le ragazze, le dame romane le sapevano a memoria.

Quella messa in musica era solo una parte della vastissima produzione poetica di Nerone. La sua curiosità di poeta era onnivora: compose versi d'occasione, poemi religiosi, poesie liriche, erotiche, satiriche, scrisse drammi e tragedie (*Attis* e *Le baccanti*) per le quali la sua voce da basso era particolarmente adatta. Ma era soprattutto l'epica ad appassionarlo. Scrisse, in diversi libri, col titolo di *Troica*, un poema sulla guerra di Troia di cui la caduta della città (*Troiae halosis*) era il pezzo forte. Lo cominciò a ventidue anni e lo finì a ventisette. La struttura era quella tradizionale del poema epico, ispirato a Omero e Virgilio, autori classici dei quali Nerone, in parziale contrasto con il suo ellenismo, caldeggiava il recupero. Ma lo stile, erudito, sofisticato, manierista, quasi barocco, era ben lontano dalla sobrietà classica e più in linea con i gusti estetizzanti dell'imperatore.

Verso la fine del suo regno meditò anche di scrivere l'epopea della storia romana e si consultò con qualche amico. Un giorno, alla presenza di alcuni cortigiani, chiese ad Anneo Cornuto, uno studioso africano, un'opinione sulla lunghezza più appropriata per un'opera del genere. I cortigiani squittirono che quattrocento libri non sarebbero stati troppi per un simile capolavoro, ma Cornuto replicò che quella lunghezza era spropositata e che, anzi, l'intera opera gli pareva improponibile. Nerone, quella volta, se ne ebbe a male e Cornuto non mise più piede a corte, ma l'imperatore abbandonò il progetto.

Tacito insinua che Nerone si facesse correggere e rimaneggiare le poesie da «verseggiatori di qualche abilità, ma non ancora famosi»,[28] che si servisse insomma di *ghost writers*. Ma Svetonio lo smentisce in modo così circostanziato che non è possibile dubitare della sua versione. Scrive infatti: «Ho avuto fra le mani le brutte copie e le annotazioni di suo pugno riguardo ad alcuni suoi versi molto conosciuti: appare chiaramente che non sono né copiati né scritti sotto dettatura, ma certamente meditati e scritti da chi li stava pensando, tanto sono numerose le cancellature, le annotazioni, le aggiunte».[29]

Nerone fu un buon poeta? Conosciamo troppo poco della sua opera per poter dire qualcosa di sicuro, anche se storici, filologi e letterati moderni si sono cimentati in quest'impresa traendone giudizi abbastanza lusinghieri per l'imperatore.[30] In seguito infatti alla *damnatio memoriae* da cui fu colpito dopo la morte, l'intera produzione di Nerone fu distrutta.[31] Di sicuramente suo ci rimane un verso lirico, per la verità piuttosto bello (*«colla Cythericae splendent agitata columbae»*, «il collo della colomba di Venere brilla a ogni movimento»), e altri tre tratti dalla *Troica*.[32] Quelli citati da Persio in una delle sue satire sembrano piuttosto una parodia dello stile neroniano che versi attribuibili all'imperatore.[33]

Secondo Seneca Nerone era un poeta «eccellente».[34] Ma è un apprezzamento di cui si può tenere un conto relativo, date le abitudini sfacciatamente adulatorie del filosofo. Più attendibile è Marziale che, morto l'imperatore, giudica Nerone un collega erudito, colto.[35] Ed è probabilmente la definizione più azzeccata. A quanto ci è dato di sapere, infatti, Nerone prediligeva i vocaboli rari, preziosi, raffinati e, nello stesso tempo, precisi, indulgendo a volte al pittoresco, all'esotico, al sensazionale, al patetico secondo quella che era una delle mode del tempo.[36] L'andamento ritmico era sensuale, armonioso, delicato e pare che egli si preoccupasse più della sonorità del verso che del suo contenuto, cosa comprensibile perché molte delle sue poesie erano destinate a essere musicate e cantate con l'accompagnamento della cetra ed è quindi ovvio che Nerone facesse innanzi tutto attenzione alla fonetica.[37]

Insomma, un ottimo mestierante, ma senza lampi di genio. C'era passione, c'era, qua e là, del talento, ma l'arte, l'arte vera, rimaneva lontana, inarrivabile. Perché Nerone apparteneva a quella sfortunata categoria di uomini di cultura e di gusto cui manca però il soffio divino dell'ispirazione che, peraltro, è cosa per pochissimi.

In ogni caso si può dire che Nerone poeta e citaredo non avrebbe certamente avuto, in vita, il grande successo che ebbe se non fosse stato imperatore, ma è anche vero che se non fosse stato imperatore la sua attività artistica non sarebbe stata, poi, coperta da un ridicolo che, altrettanto certamente, non meritava.

Nerone fu anche attore. Interpretò, fra gli altri, *Edipo cieco, Ercole furioso, Il parto di Canace* e, con una scelta di gusto assai dubbio, dati i suoi precedenti, *Oreste matricida* (ma si sa che a Nerone piaceva scandalizzare). Fu, sulla scena, Alcmeone, Tieste, Creonte, Atti. Prediligeva i ruoli tragici e disperati. Aveva indubbiamente il gusto del melodramma, anche se nella vita quotidiana non era privo né di ironia né di autoironia. Gli piaceva anche recitare parti femminili, come Antigone, come Niobe, impietrita dal dolore per il massacro dei suoi figli, come Canace, il cui figlio, nato dall'incesto col fratello, viene gettato ai cani. Da qui nacque, negli ambienti aristocratici, la battuta: «Che fa l'imperatore? Partorisce».[38] Quando interpretava qualche eroina faceva uso di una maschera che riproduceva il volto della donna a cui in quel momento era legato.

Dalla pantomima, che amava moltissimo (nella sua memoria danzava sempre il ballerino che gli aveva fatto da maestro nella primissima infanzia), ebbe invece una cocente delusione. Del suo *entourage* faceva parte Paride, il Nurejev di quei tempi, un danzatore che alla straordinaria bellezza univa grazia, agilità, intensità espressiva. Paride era talmente grande che «la sua interpretazione degli amori di Marte con Venere, dove sosteneva alternativamente entrambi i ruoli, convinse persino un santone ascetico come Apollonio di Tiana che, effettivamente, c'era qualcosa di buono in spettacoli del genere».[39] Paride divenne ovviamente l'insegnante di danza di Nerone. Ma non ci fu nulla da fare: l'imperatore era di struttura troppo pesante per questa disciplina. Così, molto a malincuore, dopo qualche tentativo vi rinunciò.

Come auriga, altra antica passione infantile, se la cavava invece davvero bene. Si era fatto costruire nella valle del Vaticano un piccolo ippodromo dove, quando gli impegni glielo consentivano,[40] si allenava «sotto gli occhi dei servi e del popolaccio».[41] Con un tiro a quattro ottenne delle belle vittorie nel Circo Massimo, un enorme anfiteatro da centoventimila posti. Ai giochi Olimpici volle invece strafare guidando un carro con dieci cavalli. E gli andò male: sbalzato dal cocchio se la vide brutta e fu costretto a lasciar perdere. *Fan* sfegatato dei «verdi», al punto di vestirsi con quei colori tutte le volte che andava alle corse, si mischiava volentieri alle interminabili discussioni dei tifosi, concionando e litigando come un plebeo. Del resto quello delle corse dei cocchi era in assoluto lo sport più popolare fra i romani. Anche i bambini sapevano a memoria la genealogia dei cavalli più forti e il nome, le qualità, i difetti di ogni fantino,[42] così come oggi, da noi, si sa tutto delle squadre di calcio.

Nondimeno, anche in questo settore Nerone volle portare uno spirito nuovo, più «greco», più civile. Non solo mise fine agli eccessi degli aurighi, ma condannò il principio della vittoria a ogni costo e con ogni mezzo, punendo le scorrettezze e favorendo una competizione leale e più autenticamente sportiva. Per far posto ai giovani assegnò un sussidio a quegli aurighi che erano ormai alla fine della carriera; inoltre, già nel 54, aveva promosso una riforma dei premi per renderne più equa la distribuzione.[43]

Se le *performances* di Nerone erano fortemente osteggiate da molti senatori e dagli intellettuali, mandavano però letteralmente in delirio la folla. Anche Tacito, sia pur con estrema ripugnanza, deve ammetterlo: «Il volgo di Roma, solito ad assecondare incoraggiando anche i gesti degli istrioni, faceva allora risuonare tutto il teatro con applausi combinati e con studiate cadenze; avresti potuto credere che quella gente fosse in preda alla gioia, e forse lo era, nella obliosa trascuratezza di tanta pubblica vergogna».[44]

È stato scritto che durante le esibizioni dell'imperatore era proibito allontanarsi dal teatro e che nugoli di agenti segreti controllavano gli spettatori per punire quelli che dimostravano scarso entusiasmo. Ma Vespasiano, al quale, da bravo militare, l'arte interessava poco o nulla, si addormentò platealmente proprio mentre cantava Nerone.[45] Eppure, poco dopo, l'imperatore gli affidò l'importantissimo incarico di domare la rivolta in Giudea. A Nerone non importava proprio nulla che Vespasiano non apprezzasse le sue esibizioni canore, gli premeva che fosse quel bravo generale che era.[46]

Nessuno veniva quindi coartato ad assistere alle esibizioni di Nerone. La verità è un'altra ed è che la folla amava questo imperatore che si metteva sul suo stesso piano, che si mischiava a essa, che partecipava ai suoi divertimenti con sincero entusiasmo e che si dimostrava disponibile, tollerante, permissivo. E Nerone ci sapeva fare. Era cordiale, salutava tutti, ricordava il nome di ciascuno, anche delle persone più umili,[47] quelle che un aristocratico non si sarebbe degnato di toccare se non col bastone. E si spendeva generosamente. Una volta, a Napoli, dopo aver cantato a lungo, era uscito dal teatro per andare a rilassarsi nelle vicine terme. Rientrato, si era messo a banchettare in mezzo all'orchestra. La folla chiedeva a gran voce il bis. Nerone, stanco morto, rispose dolcemente: «Quando avrò un po' bevuto vi farò sentire qualcosa di bello».[48]

Secondo Cazenave e Auguet l'anfiteatro è il luogo in cui, in quella Roma, «si attualizza il rapporto di identità fra imperatore e popolo».[49] È nell'anfiteatro che, da una serie di gesti e di segnali, il popolo riconosce il «suo» imperatore. E Nerone fu un maestro nel creare questa simbiosi con la folla. Era un «grande comunicatore»,[50] uno straordinario *showman*. Aveva scoperto, con quasi venti secoli di anticipo, la politica-spettacolo, senza peraltro dimenticarne, a differenza di certi leader moderni, la sostanza. Ma certo, se solo avesse potuto, avrebbe trasformato il mondo intero in un unico, grande, continuo, pirotecnico *show*.

Va da sé che l'esibizionismo artistico di Nerone non aveva solo fini culturali, pedagogici, politici, rispondeva alla sua natura, al bisogno narcisistico di ostentazione e a motivazioni ancor più profonde. Nerone aveva cominciato a scrivere poesie per la ragione che è comune a tutti quelli che lo fanno: cercare un'evasione. Da quando la madre lo aveva messo a «studiare da imperatore» si sentiva oppresso da un destino che non era il suo: la poesia, il teatro, i cavalli erano stati la sua difesa, il suo rifugio, la sua vita «vera». Il suo mondo interiore, che era, e rimarrà sempre, fanciullesco, con un sottofondo di allegria, di scanzonatura, di gioco, di *joie de vivre*, si era scontrato fin da ragazzo con l'atmosfera cupa, torbida, carica di minacce, di paure, di sospetti, di intrighi e di delitti, della corte imperiale romana.[51] Nerone non era nato per essere un uomo di potere. Quando ne assunse le responsabilità le onorò, fin quasi all'epilogo della sua vita, con scrupolo, con intelligenza, con fantasia, con lungimiranza, mettendoci una buona parte della sua enorme energia, ma ne soffrì sempre il peso. Non che non fosse all'altezza del ruolo – lo era, eccome, e lo dimostrò – ma lo pativa profondamente perché lo imprigionava in una parte che non era la sua. In questa *impasse* sta il suo dramma d'uomo. Nerone quindi aveva un assoluto bisogno di sottrarsi, in qualche modo, alla morsa che lo stringeva. Lo faceva, fisicamente, rifugiandosi, appena poteva, nelle case e nelle ville degli amici «libero da scorte e dall'ingombro della sua stessa posizione» come scrive splendidamente Tacito,[52] e lo faceva nell'immaginario calandosi come attore nei panni dei vari personaggi che di volta in volta interpretava sulla scena.

Ma negli ultimi tempi del suo regno Nerone va sicuramente oltre. È evidente, da un certo momento in poi, il suo tentativo di crearsi un'identità alternativa. Di cantante, di attore, di artista professionista. Non si tratta più di recitare una parte, ma di essere davvero un'altra cosa. Ne è tanto convinto che, quando ormai tutto gli sta crollando addosso, dichiara che se anche perderà il potere potrà pur sempre vivere con la sua arte. Senza più rendersi conto che, a quel punto, egli poteva esistere solo come imperatore. O come cadavere.

Dal punto di vista esistenziale il Nerone degli ultimi tempi tenta di staccare le proprie esigenze megalomani da quel potere che era in grado di soddisfarle così facilmente, per indirizzarle nel campo libero dell'arte dove non vince il ruolo ma le capacità dell'individuo. Insomma Nerone vuole essere apprezzato perché uomo e non perché imperatore. Ma non sarà possibile. Agli occhi dei sudditi imperatore e uomo coincidono e la sua frustrazione sarà di non poter sapere, fino all'ultimo, se i suoi trionfi artistici sono dovuti al suo talento o alla sua carica. In questo tentativo schizofrenico di scindersi in due, o paranoico di conciliare l'inconciliabile, Nerone ci lascerà la vita. Ed è probabile che la sua atonia, altrimenti inspiegabile, di fronte al precipitare degli avvenimenti del 68 sia dovuta, almeno in parte, al bisogno inconscio di liberarsi di una situazione che era diventata anche per lui insostenibile.

Se si va poi a ben guardare, il paradosso della singolare vicenda umana di Nerone è che, per parafrasare in parte Oscar Wilde, egli fu artista nella vita e nell'attività di governo, mentre nella sua arte riuscì a mettere solo del buon mestiere. Il contrario, probabilmente, di quello che avrebbe voluto.

Ma nella complessa e contradditoria personalità di questo imperatore, oltre alla frustrazione di non poter essere liberamente giudicato come artista, affiora anche l'angoscia per un'altra impossibilità, pur essa legata al suo ruolo: l'impossibilità di essere normale. Infatti in questo grande aristocratico c'è, al fondo, il desiderio plebeo di essere come tutti gli altri e di fare la vita di tutti. Per questo si mischia così volentieri alla gente qualsiasi arrivando a confondersi con essa.

Nei primi anni di regno Nerone era solito uscire la sera, travestito da schiavo o col viso nascosto da un capace berretto di feltro, e andarsene, più spesso tutto solo, a volte con dei compagni, al ponte Milvio, il luogo più malfamato di Roma, e passare la notte fra bettole, taverne e lupanari. Gli piaceva stare anonimo fra gente anonima. Quasi sempre scoppiavano delle risse, quando non era lui stesso a provocarle. Più spesso le dava, perché era robusto e, coltivando anche ambizioni da atleta, si allenava quotidianamente alla lotta, ma qualche volta le prendeva. Gli capitò di rientrare a Palazzo con i segni di queste scazzottature notturne. Una volta per un pelo non ci rimise un occhio, un'altra fu pestato a sangue dal senatore Giulio Montano, alla moglie del quale aveva rivolto un complimento audace. Tacito narra che quando Montano riconobbe l'imperatore si affrettò a scusarsi e che ciò gli fu fatale perché fu costretto a darsi la morte.[53] Ma questo stesso Giulio Montano lo ritroviamo qualche anno dopo, vivo e nell'importante carica di questore.[54] Questo episodio tuttavia lo rese più prudente e lo convinse a farsi accompagnare, a distanza, dalle guardie del corpo. Ma così la cosa non gli piaceva più e finì per abbandonare completamente questa pericolosa abitudine, anche se non rinunciò mai a mescolarsi alla folla, a cenare spesso in pubblico e a fermarsi per strada a parlare con questo o con quello.

Le scorribande notturne e solitarie dell'imperatore fanno anche giustizia della diffusa opinione che Nerone mancasse di coraggio. Ne aveva. Durante la sua prima esibizione pubblica, a Napoli, il teatro traballò per una forte scossa di terremoto, ma Nerone, imperturbabile, non smise di cantare finché non ebbe concluso il suo pezzo.[55] Poi sacrificò agli dei ritenendo di buon auspicio che la scossa non avesse causato né morti né feriti.

Nerone amava le cause perse. Gli piacevano le figure dei vilipesi, dei dileggiati, degli incompresi. C'è un'evidente identificazione. L'eroe della sua guerra di Troia non è né il Pelide Achille, né il prode Ettore, né il muscoloso Aiace, né l'astuto Ulisse: è il disprezzatissimo Paride. In Paride, sportivo ma non guerresco, bello, solare, amante dei piaceri della vita, artista, e quindi spregiato dai «veri uomini», Nerone, oltre che un modello da proporre ai romani nell'ambito della sua rivoluzione culturale, vede se stesso.[56] E, nell'immaginario, si prende una bella rivincita perché, nella sua versione, Paride, senza svelare la propria identità, batte in una serie di incontri di lotta tutti i conclamati eroi greci e troiani.[57] A questo *penchant* per i «diversi» appartiene anche la predilezione del Nerone attore per i ruoli di mendicante, di schiavo, di pazzo.[58]

In tutto ciò c'era naturalmente anche il gusto di stupire, di scandalizzare. Gli piaceva un sacco provocare. C'era in lui, nonostante la severa educazione che aveva ricevuto o, forse, proprio per questo, l'istinto irresistibile del ragazzaccio impenitente. Come racconta Svetonio, una volta che i pantomimi e i loro *fans* erano venuti come al solito alle mani e si stavano battendo a colpi di sassi e di sgabelli rotti, si mise anche lui, divertendosi un mondo, a lanciare sassi sulla folla ferendo, per soprammercato, un pretore.[59] Eppure è lo stesso uomo che, per motivi di ordine pubblico, prenderà l'impopolarissima decisione di espellere dall'Italia proprio i pantomimi e i loro *fans*.

Quando, verso la fine del suo regno, gli aristocratici cominciarono a chiamarlo Enobarbo, usando il nome di suo padre come un insulto per sottolinearne le origini plebee, Nerone dichiarò spavaldamente che, proprio per questo, avrebbe ripreso ufficialmente quel nome abbandonando l'adottivo.[60]

Anche il suo modo di comportarsi nella vita quotidiana era estremamente disinvolto, privo di inibizioni e lontanissimo da una concezione ieratica della sua carica. Un giorno l'austero filosofo cinico Demetrio volle visitare le Nuove Terme di Nerone, un edificio splendido per eleganza, funzionalità e soluzioni architettoniche avanzatissime, come le slanciate volte a crociera che verranno adottate solo molti decenni dopo. Erano così belle queste terme da far dire a Marziale: «Chi peggio di Nerone? Che cosa meglio dei bagni di Nerone?».[61] Ma a Demetrio naturalmente non piacquero e le bollò come inutili, giudicando l'uso di prendere i bagni snervante e immorale.[62] Ma, fatti pochi passi, al filosofo venne un mezzo collasso quando, nell'attigua palestra, vide l'imperatore in persona, tutto nudo tranne un minuscolo perizoma, che canterellava allegramente durante i suoi esercizi di ginnastica.[63]

L'antipatia degli uomini della specie di Demetrio per l'imperatore era abbondantemente ricambiata, perché Nerone era un uomo estroverso, vitale, esuberante e non amava i musoni. Ma, su tutto, detestava gli ipocriti. Svetonio racconta che l'imperatore era convinto che tutti gli uomini hanno i loro bravi vizi sessuali, ma che parecchi li nascondono dietro la parvenza di costumi severi e integerrimi. Era quindi particolarmente indulgente verso quelli che gli confessavano apertamente le proprie debolezze.[64] Petronio, amico di Nerone e vicinissimo al suo modo di pensare, canta: «Chi non conosce i venerei trastulli? Chi vieta di scaldarsi con una donna a letto? Fin il dotto Epicuro, padre del vero, addita nel bel gioco lo scopo della vita».[65]

Questo disprezzo per l'ipocrisia non si limitava, ovviamente, al campo della morale sessuale. Nerone diffidava profondamente del vizio che si maschera da virtù. Preferiva il vizio *tout court*. Forse perché aveva avuto in casa un maestro di doppiezza come Seneca. Proprio per questo ammirava però moltissimo le poche persone che sanno condurre una vita coerente con i princìpi che professano. Una delle rare volte che fu malato, ma in modo piuttosto grave (aveva voluto a tutti i costi fare il bagno, d'inverno, nelle sorgenti dell'acqua Marcia),[66] i cortigiani, per adularlo, gli dissero che se il destino avesse voluto farlo morire ciò avrebbe significato la fine dell'Impero. «No,» disse Nerone «un uomo in grado di reggere l'Impero più che degnamente c'è.» «E chi è?» chiesero, un po' stupiti, i cortigiani. «Memmio Regolo» rispose Nerone.[67] E Publio Memmio Regolo era proprio un uomo di questo tipo. Godeva d'un prestigio e di una pubblica stima del tutto meritati.[68] Provinciale, *homo novus*, era stato nominato senatore da Tiberio. Aveva percorso tutto il *cursus honorum* (questore, pretore, console, governatore) dimostrando in ogni occasione una notevole fermezza di carattere e un'assoluta lealtà allo Stato. Non aveva approfittato della sua posizione per arricchirsi: possedeva, in tutto, dei modesti terreni ad Ariccia. Era insomma una persona perbene oltre che un abile e sperimentato uomo di governo. Se Nerone fosse stato quell'incosciente e inconsistente vanesio che viene dipinto avrebbe indicato come successore qualche scavezzacollo della sua corte (e non ne mancavano di certo), a lui più vicino per inclinazioni e gusti. Invece, responsabilmente, segnalò Regolo.[69] Tacito, con la consueta malignità, fa mostra di meravigliarsi che Regolo sia sopravvissuto a questa *nomination* divenuta, secondo lui, estremamente pericolosa dopo che Nerone era guarito.[70] Ma così fu: Regolo, dopo essere stato nominato di nuovo console, nel 63, morì nel suo letto.

Quella di Nerone era una «gaia corte», nel senso rinascimentale del termine. Il tono era raffinato, estetizzante, elegante, ironico, scanzonato, scettico, sensuale, amorale più che immorale. Nulla era dato per scontato, si dubitava di tutto e di tutto si discuteva.[71] C'erano filosofi, poeti, scrittori, pittori, architetti, musicisti, ma anche attori, danzatori, atleti, gladiatori[72] e perfino un calzolaio di Benevento, un certo Vatinio, che Nerone aveva preso a benvolere e che lo divertiva molto perché, conoscendo l'ostilità dell'imperatore per gli aristocratici, gli diceva: «Ti odio Nerone, perché sei un senatore!».[73]

Molti erano i filosofi assidui a Palazzo nonostante l'antico divieto di Agrippina: oltre a Seneca e Cheremone, che erano stati suoi maestri, si conoscono i nomi di Cornuto e di Telesino. Per i musicisti c'era il meglio del meglio: Terpno e Menecrate. Fra i danzatori il divino Paride. Numerosissimi i poeti: da Lucano a Petronio, a Calpurnio Siculo, a Fabrizio Veientone, a Cocceio Nerva, il futuro imperatore, chiamato «il Tibullo dell'epoca» dallo stesso Nerone.[74] Si sa che l'imperatore amava sostenere i poeti poveri e ancora poco conosciuti accreditandoli a Palazzo e rifornendoli generosamente di denaro. Il greco Lucilio[75] e Bebio Italico, il probabile autore dell'*Iliade latina,* furono fra questi. Ai filosofi, fossero o no della sua cerchia, aveva concesso particolari esenzioni fiscali. Aiuti andavano anche agli attori e agli atleti in male arnese.

Con gli amici Nerone era generosissimo.[76] Non si trattava però solo di una questione di denaro (di cui usufruirono un po' tutti: da Terpno a Menecrate, a Paride, per non parlare di Seneca che da Nerone ricevette immense ricchezze, una parte delle quali però costituiva il compenso per il suo lavoro di «primo ministro ombra»), era qualcosa di più e di diverso: era disponibilità. Una volta che un suo caro amico era caduto gravemente malato Nerone fece fuoco e fiamme, impegnando tutto il suo prestigio, per far venire dall'Egitto il più grande medico di quei tempi. Allo stesso modo soccorse Lucilio in una circostanza particolarmente delicata.

Svetonio scrive che aveva le mani bucate e che «stimava che non vi fosse nessun altro modo di usare il denaro e la ricchezza se non dilapidandoli».[77] Ma non è del tutto vero. Gli piaceva spendere, e anche spandere, perché amava le cose belle, ma sempre con un certo criterio. Tanto che il suo amico Salvio Otone riuscì a scandalizzarlo. Racconta Plutarco che un giorno Nerone usò un costosissimo profumo e ne offrì uno spruzzo a Otone; allora «questi, avendo invitato l'imperatore il giorno dopo, dispose condutture d'oro e d'argento che improvvisamente facessero correre per la sala, come acqua, quel medesimo profumo».[78]

In ogni caso, se era generoso col denaro suo Nerone era molto oculato con quello dello Stato. Fin dall'inizio volle che il suo patrimonio fosse ben distinto dal fisco e dall'erario e se ci furono spostamenti di denaro avvennero dalle casse private dell'imperatore a quelle dello Stato. Nel 62 Nerone criticò duramente i suoi predecessori per la cattiva abitudine di autorizzare la spesa di redditi non ancora riscossi.[79] E gli studi sulla zecca di Alessandria, la più importante dell'Impero, documentano che nei primi otto anni di regno Nerone fu molto prudente in campo monetario.[80] Quando, a partire dal 64, varò una politica di grande spesa lo fece a ragion veduta per reagire a un periodo di depressione economica.[81]

Ragazzo, Nerone amava circondarsi di ragazzi. Era da poco salito al trono che irruppero a corte Anneo Lucano,

Anneo Sereno, Claudio Senecione e Marco Salvio Otone. Lucano, il poeta, nipote di Seneca, era di due anni più giovane di Nerone; Sereno, figlio di un console, e Senecione, figlio di un liberto della casa imperiale, erano suoi coetanei, ma il più notevole della compagnia, quello che influenzò di più il giovane imperatore, fu sicuramente Otone, di cinque anni più anziano.

Rampollo di una nobilissima famiglia imparentata con Livia, la moglie di Augusto, Otone era stato turbolento fin dall'infanzia, tanto che il padre doveva spesso correggerlo a nerbate.[82] Che però non erano servite a nulla. Anche a Otone, come a Nerone, piaceva uscire la notte e vagare per le strade all'avventura. Quando incontrava un passante sufficientemente ubriaco si divertiva a farlo «saltare in aria sul suo mantello disteso».[83] Era certamente uno di quelli che accompagnavano Nerone nelle sue scorrerie notturne per Roma. Piccolo, mingherlino, stortignaccolo, semicalvo, con i piedi piatti, Otone era un grande *tombeur de femmes*. Se erano giovani le seduceva per il suo piacere, se vecchie per il loro denaro. Un libertino, un Valmont del I secolo. Come tutti i playboy, Otone dedicava molta cura al proprio corpo: si ammorbidiva la barba con fregagioni di pane ammollato nell'acqua, si depilava, si vestiva con ricercata eleganza e fu lui a introdurre il costume di inzuppare di profumo i propri piedi e quelli degli ospiti nella sala del banchetto. Naturalmente i soldi non gli bastavano mai e, a un certo punto della sua vita, si trovò sotto di duecento milioni di sesterzi. Fu salvato, in un certo senso, da Nerone che, per i motivi che vedremo, lo mandò a governare la Lusitania dove si comportò con equilibrio e capacità, così come seppe morire con dignità dopo i tre mesi del suo breve Impero durante i quali cercò di propugnare un blando «neronismo» e di riabilitare l'amico morto («Nerone-Otone» lo chiamava la truppa).

Fu Otone a coprire i primi incontri di Nerone con

Claudia Atte, una liberta, originaria della Siria, di cui l'imperatore si era perdutamente innamorato. Siamo all'inizio del 55, Nerone era salito al trono da pochissimi mesi. Aveva diciassette anni, Atte non si sa, ma certamente qualcuno di più.

Agrippina scoprì la tresca e andò su tutte le furie. Non certo per ragioni morali, ma di immagine: non era opportuno che l'imperatore, appena insediato, si facesse scoprire fra le braccia di una liberta. Inoltre, con un'altra donna di mezzo, Agrippina temeva di perdere la propria influenza sul figlio.[84] Nerone scioccò completamente la madre dichiarandole che voleva sposare Atte e divorziare da Ottavia. Agrippina, sempre più furiosa, replicò che mai e poi mai avrebbe accettato di avere come nuora una liberta, inoltre chiese al figlio se si rendeva conto dei rischi che comportava un divorzio da Ottavia. Per tutta risposta Nerone si mise a fabbricare, con l'aiuto di due consolari compiacenti disposti a testimoniare, un falso albero genealogico della bella siriana facendola discendere nientemeno che dagli Attalidi, gli antichi sovrani di Pergamo.

I rapporti fra madre e figlio si fecero tesissimi. Era lo scontro fra due caratteri: altrettanto eccitabili, altrettanto orgogliosi, altrettanto testardi. Non passava ormai giorno che Agrippina non interrogasse e non rimproverasse il figlio per quella relazione. Ma più la madre si opponeva, più Nerone si incaponiva. Arrivò al punto di minacciare di abdicare e di ritirarsi a Rodi se non gli si permetteva di sposare Atte.[85]

Agrippina schiumava rabbia e la si poteva anche capire: tutto il suo lungo, faticoso, delittuoso lavoro stava per essere polverizzato per una sciocchezza, un'infatuazione, una bagattella. Ma quella che per Agrippina era una bagattella, per Nerone era amore, il suo primo amore. Fu Seneca, che vedeva con favore la relazione con Atte in funzione anti-Agrippina,[86] a sbrogliare la situazione: Nerone avrebbe potuto continuare liberamente la sua relazione con Atte, Sereno lo avrebbe coperto fingendosi l'amante della liberta in modo da velare agli occhi del mondo la realtà, ma di matrimonio non si sarebbe parlato più.

Nerone si rassegnò. Coprì Atte di regali (ville a Pozzuoli e a Velletri, fabbriche di vasellame in Sardegna, domestici a volontà, due maggiordomi, un messo, un fornaio, un eunuco e un cantore greco) e si sottomise al gioco della clandestinità e degli incontri notturni.

A questo punto Agrippina mutò radicalmente tattica: ammise che la sua severità era stata eccessiva e intempestiva e arrivò a offrire le proprie stanze per gli amori del figlio. Cercava di recuperare su Nerone quell'influenza che era passata a Seneca. O così, almeno, si illudeva. Perché, scrive Tacito, «questo cambiamento non trasse in inganno Nerone».[87] La rottura con la sua formidabile, temibile e temutissima madre era cominciata. E Seneca fece di tutto per approfondirla nella convinzione che, tolta di mezzo Agrippina, sarebbe stato lui, attraverso il giovane principe, il padrone del mondo.

L'amore con Atte durò parecchi anni, fino a quando nell'orizzonte dell'imperatore non comparve Poppea Sabina. Ma Atte rimase fedele a Nerone fino all'ultimo. Fu lei, insieme alle nutrici Egloge e Alessandra, a pagare i duecentomila sesterzi necessari per le esequie dell'imperatore morto e dannato.[88]

Il dossier degli amori e delle sregolatezze sessuali di Nerone è impressionante. Però se si va a ben guardare, a parte lo stupro della vestale Rubria la cui autenticità è molto dubbia,[89] sia perché l'episodio è riferito dal solo Svetonio, sia perché il biografo, come ritengono quasi tutti gli storici moderni, avrebbe fatto confusione con lo «scandalo delle vestali» che scoppiò molto più tardi, sotto Domiziano,[90] Nerone ebbe quattro donne certe: tre, Ottavia, Poppea e Statilia Messalina, le sposò, la quarta,

Atte, la voleva sposare. Come carriera di un libertino non è davvero un granché.

Però, come scrive Grant, «le dicerie sulla vita erotica di Nerone furono tali e tante che ci deve ben essere stato qualcosa di vero».[91] Petronio, quando fu costretto a suicidarsi perché coinvolto nella congiura di Pisone, come ultimo atto inviò a Nerone un resoconto circostanziato di tutte le stravaganti attività erotiche dell'imperatore facendo i nomi delle persone coinvolte.[92] Peraltro Petronio parlava per sentito dire, perché non era mai stato ammesso alle orge, vere o presunte, dell'imperatore,[93] tanto che Nerone, ricevuto il messaggio, si diede da fare per scoprire chi, nel suo *entourage*, potesse aver propalato quelle notizie. Credette di trovarlo in Silia, la moglie di un senatore che frequentava la corte ed era grande amica di Petronio, e la esiliò.[94] In ogni caso non è assolutamente pensabile che Nerone si spingesse agli eccessi di cui parla Svetonio quando scrive che «rivestito di una pelle di belva, si faceva spingere fuori da una gabbia e assaliva all'inguine uomini e donne legati a un palo».[95] Mica per altro, ma nessun imperatore, nemmeno Nerone, sarebbe stato così folle da farsi rinchiudere in una gabbia che, con i chiari di luna della corte romana, poteva facilmente diventare una tomba.

Quel che invece è certo è che Nerone era bisessuale. Attivo e passivo. Come scrive, senza perifrasi, Svetonio, «si faceva infilzare dal liberto Doriforo»[96] (che poi, in realtà, era il doriforo Pitagora).[97] Questo Pitagora lo «sposò» pure, con una cerimonia nuziale in cui lui, Nerone, faceva la parte della moglie. Racconta Tacito: «Giunse a celebrare, con solenne rito, le sue nozze con un certo Pitagora, uno di quel branco di bagascioni. Sul capo dell'imperatore fu imposto il velo color fiamma e vennero i paraninfi: ognuno poté vedere la dote, il talamo nuziale, tutto insomma, anche ciò che la notte vela per una donna».[98] E Svetonio rincara la dose aggiungendo che in quella occasione Nerone «imitò le grida e i gemiti di una vergine deflorata».[99]

«Sposò» anche, come marito questa volta, l'eunuco Sporo, un bellissimo ragazzo che, si dice, assomigliava molto, nel viso, a Poppea la quale, a quel tempo, era già morta. Da questa storia nacque, fra gli avversari dell'imperatore, la battuta: «Oh, che bene sarebbe stato per l'umanità se anche il padre di Nerone avesse avuto una moglie come Sporo!».[100]

Alcuni autori moderni, e in particolare Cizek, ritengono che queste singolari cerimonie nuziali fossero dei riti mistici di iniziazione ai culti orientali di Mitra e di Ma-Bellone.[101] A noi pare poco credibile, perché Nerone, dopo qualche iniziale tentativo di uscire dalla povertà del culto tradizionale romano indirizzandosi verso quelli orientali, dimostrò sempre uno scarso interesse per la religione (il «matrimonio» con Sporo, tra l'altro, avvenne nel 67, quando l'imperatore era ormai lontanissimo da ogni tentazione religiosa).

La verità, più semplicemente, è che Nerone amava *anche* i ragazzi. Cosa che, peraltro, rientrava pienamente nei costumi romani e greci dell'epoca.[102] Anche l'austero Seneca se la faceva con i ragazzini e Dione Cassio insinua addirittura che sia stato il filosofo a iniziare il suo allievo agli amori pederasti.[103] Lo scandalo semmai stava nel rendere pubblici questi rapporti che altri tenevano gelosamente nascosti. Ma questo è in perfetto «stile Nerone».

Nerone non era un crapulone. Gli piaceva mangiare e bere, ma non nella maniera smodata del suo predecessore, Claudio, che spesso finiva sotto il tavolo e si addormentava durante il consiglio dei ministri. Le fonti non riportano alcun episodio del genere: non c'è occasione pubblica in cui Nerone non sia *compos sui*. Le sue sbronze, quando c'erano, le prendeva di notte e in privato, ma la mattina era già perfettamente in forma, pronto per gli impegni di governo. Né bisogna dimenticare che l'imperatore si sottoponeva a diete per poter cantare e danzare, e faceva molta ginnastica secondo quei costumi greci che voleva introdurre in Roma. Insomma non fu mai un alcolizzato.[104] Del resto proprio a lui si deve l'invenzione di una bevanda analcolica, *decocta Neronis* (il decotto di Nerone), che altro non era che acqua, prima bollita e poi raffreddata in un recipiente di vetro immerso nella neve.[105] Una vera ignominia per un *bon vivant*.

In ogni caso ebbe sempre un'ottima salute. In quattordici anni di governo fu malato tre volte e una sola in modo grave, a causa di un'imprudente smargiassata. Poco, se si considera la vita stressante che conduceva, fra impegni di governo, attività di scrittore, esibizioni artistiche, allenamenti, corse di cavalli, scorribande notturne, amori e, se quel che si dice è vero anche solo in minima parte, orge e festini.

Note

1 Così la pensa E. Cizek, *op. cit.*, p. 362. Per una disamina esauriente del «neronismo» vedi lo stesso autore alle pp. 121-172.

2 Tacito, *Annali*, XIV, 20.

3 *Ibidem*.

4 M.A. Levi, *Nerone e i suoi tempi, op. cit.*, pp. 125-126.

5 Svetonio, «Nerone», XX.

6 L'interesse per la musica è di pretta derivazione greca. Fu Pitagora, tra l'altro, a studiare per primo scientificamente il suono e a dargli una valenza matematica. Nella cultura ellenica la musica aveva un'importanza determinante al punto che Nietzsche afferma che i greci «hanno fatto dipendere la loro cultura dalla musica». F. Nietzsche, *Frammenti postumi, 1869-74*, III, III, 2, Adelphi, Milano 1992, p. I; e, più in generale, *La nascita della tragedia dallo spirito della musica*, Adelphi, Milano 1972, pp. 19-163. L'attività di Nerone, come cantante, citaredo e musicista, va inquadrata in questa concezione. Per i conservatori romani invece la musica è, più o meno, «arte degenerata». Si veda quel che ne dice Tacito (sopra, p. 92).

7 Dione Cassio, 61, 19, 2-3.

8 M. Grant, *op. cit.*, p. 96.

[9] Tacito, *Annali*, XIV, 15.
[10] *Ibidem*.
[11] M. Grant, *op. cit.*, p. 106.
[12] Tacito, *Annali*, XIV, 21.
[13] Svetonio, «Nerone», XXII.
[14] Tacito, *Annali*, XVI, 4.
[15] *Ibidem*.
[16] Svetonio, «Nerone», XXVI.
[17] *Ibidem*, XVI.
[18] Tacito, *Annali*, XIII, 24.
[19] «Canterino puttana su scene straniere», lo definisce, fra l'altro, Giovenale, *Satire*, VII, vv. 222 e sgg.
[20] E. Cizek, *op. cit.*, p. 361.
[21] Tacito, *Annali*, XIV, 20.
[22] E. Cizek, *op. cit.*, p. 361.
[23] Il giudizio di Musonio si trova nell'operetta *Nerone, o dello scavo dell'istmo*, inserita nel «Corpus Lucianeum» (Luciano di Samosata), ma generalmente attribuita al secondo Filostrato (o Filostrato di Lemno).
[24] M. Grant, *op. cit.*, p. 101.
[25] C. Morelli, *Nerone poeta e i poeti attorno a Nerone*, in «Athenaeum», 1914, p. 147.
[26] Vedi anche H. Bardon, *Les poésies de Néron*, in «Revue des études latines», XIV, 1963, p. 341.
[27] Persio, *Satire*, I, vv. 93-102.
[28] Tacito, *Annali*, XIV, 16.
[29] Svetonio, «Nerone», LII.
[30] Ritengono buone le poesie di Nerone, tra gli altri, H. Bardon, *op. cit.*, pp. 337-349; M.P. Charlesworth, *Nero: some aspects*, in «Journal of Roman Studies», 40, 1950, pp. 69-70; G. Ch. Picard, *Auguste et Néron*, Parigi 1962, pp. 145-151.
[31] Esisteva una raccolta dell'opera omnia di Nerone chiamata *Dominicus*.
[32] H. Bardon, *op. cit.*, p. 347.
[33] Di parere contrario è Bardon, che li giudica autentici e ne dà un giudizio positivo. H. Bardon, *op. cit.*, pp. 341-343.
[34] Seneca, *Questioni naturali*, I, 5, 6; 6, 8, 3.
[35] Marziale, *Epigrammi*, VIII, 70.
[36] M. Grant, *op. cit.*, p. 93.
[37] H. Bardon, *op. cit.*, pp. 343-349.
[38] M. Grant, *op. cit.*, p. 90.
[39] *Ibidem*, p. 89.
[40] Tacito, *Annali*, XIV, 14.
[41] Svetonio, «Nerone», XXII.
[42] P. Vandenberg, *op. cit.*, p. 124.
[43] *Ibidem*, pp. 124-125.
[44] Tacito, *Annali*, XVI, 4.
[45] *Ibidem*, XVI, 5; Svetonio, «Vespasiano», IV.
[46] Si veda il commento di G. Vitucci a Flavio Giuseppe, *La guerra giudaica*, Mondadori, Milano 1991, p. 553.
[47] Svetonio, «Nerone», X.

[48] *Ibidem*, XX.
[49] M. Cazenave, R. Auguet, *op. cit.*, p. 131.
[50] Così lo interpreta E. Radius, *op. cit.*, p. 91. La facilità di comunicare col popolo gli veniva, con tutta probabilità, dal nonno Germanico, gran trascinatore di folle dalle quali era amatissimo. Ma le affinità con Germanico non si fermano qui: anche il grande generale di Tiberio era scrittore di commedie e buon poeta.
[51] G. Ch. Picard, *op. cit.*, pp. 145-151.
[52] Tacito, *Annali*, XV, 52.
[53] *Ibidem*, XII, 25.
[54] E. Cizek, *op. cit.*, p. 33; Dione Cassio, 61, 9, 3.
[55] Svetonio, «Nerone», XX.
[56] E. Cizek, *op. cit.*, p. 45.
[57] Servio, *Commento a Virgilio, Eneide*, V, 770.
[58] M. Grant, *op. cit.*, p. 90.
[59] Svetonio, «Nerone», XXVI.
[60] *Ibidem*, XLI.
[61] Marziale, *Epigrammi*, VII, 34.
[62] Flavio Filostrato, *Vita di Apollonio*, IV, 42.
[63] *Ibidem*.
[64] Svetonio, «Nerone», XXIX.
[65] Petronio, *Satyricon*, 132.
[66] Tacito, *Annali*, XIV, 22.
[67] *Ibidem*, XIV, 47.
[68] *Ibidem*.
[69] R.S. Rogers, *Heirs and Rivals to Nero*, in «Transactions and Proceedings of the American Philological Association», 86, 1955, pp. 193-195.
[70] Tacito, *Annali*, XIV, 47.
[71] H. Bardon, *op. cit.*, pp. 22-23.
[72] Tiberio Claudio Spiculo, il più famoso gladiatore di quei tempi, era intimo di Nerone e sua guardia del corpo. CIL, X, 6690.
[73] Dione Cassio, 43, 15.
[74] Marziale, *Epigrammi*, VIII, 70.
[75] *Antologia Palatina*, 9, 572.
[76] Secondo Tacito le donazioni di Nerone ai privati ammontarono a due miliardi e duecento milioni di sesterzi. Tacito, *Storie*, I, 20.
[77] Svetonio, «Nerone», XXX.
[78] Plutarco, *Vita di Galba e Otone*, 9.
[79] M. Grant, *op. cit.*, p. 198.
[80] Vedi sopra: cap. II, p. 62, nota 55.
[81] Vedi sopra: cap. II, pp. 55-57.
[82] Svetonio, «Otone», II.
[83] *Ibidem*.
[84] B.H. Warmington, *op. cit.*, p. 65.
[85] Svetonio, «Nerone», XXXIV.
[86] F. Giancotti, *Seneca antagonista di Agrippina*, in «Rendiconti dell'Accademia dei Lincei», VIII, serie 8, 1953, pp. 252-253.
[87] Tacito, *Annali*, XIII, 13.
[88] Svetonio, «Nerone», L.

[89] R. Verdière, *A verser au dossier sexuel de Néron*, in «La parola al passato», XXX, 1975, p. 7.
[90] Oltre al succitato Verdière, E. Cizek, *op. cit.*, pp. 40 e 66; K.R. Bradley, *Svetonius' Life of Nero, an Historical Commentary*, Bruxelles 1978, pp. 160-164. In ogni caso nessuno, nemmeno l'imperatore, poteva permettersi lo stupro di una vestale senza andare incontro a un gravissimo scandalo, mentre Svetonio cita l'episodio di Rubria di sfuggita, come cosa che non ebbe alcuna conseguenza.
[91] M. Grant, *op. cit.*, p. 42.
[92] Tacito, *Annali*, XVI, 19, 20.
[93] Ciò si evince chiaramente dal passo di Tacito in cui dice che Nerone, dopo aver ricevuto il dossier, «non riusciva a comprendere in che modo si fossero venute a conoscere le follie delle sue notti», cosa che non avrebbe senso se Petronio fosse stato uno dei partecipanti a quelle «follie». *Ibidem*, XVI, 20.
[94] *Ibidem*.
[95] Svetonio, «Nerone», XXIX.
[96] *Ibidem*.
[97] Cfr. J. Colin, *Juvénal et le marriage mystique de Gracchus (Juv., Sat., II, 117-142)*, in «Atti dell'Accademia delle Scienze di Torino, classe di Scienze Morali, Storiche e Filologiche», 90, 1955-6, pp. 72-79.
[98] Tacito, *Annali*, XV, 37.
[99] Svetonio, «Nerone», XXIX.
[100] *Ibidem*, XXVIII.
[101] E. Cizek, *op. cit.*, pp. 41-42.
[102] «Amore alla greca» si dice ancor oggi per indicare i rapporti sessuali pederasti.
[103] Dione Cassio, 61, 10, 4-5.
[104] E. Cizek, *op. cit.*, p. 34.
[105] Plinio il Vecchio, *Storia naturale*, XXXI, 40.

V
I delitti

Di tutti i delitti che sono stati caricati sulle robuste spalle di Nerone solo due possono essere considerati tali: l'omicidio della madre Agrippina e quello della moglie Ottavia. Ma il primo fu un delitto politico, inevitabile, necessario, molto vicino alla legittima difesa.[1] Perché Agrippina voleva far lei l'imperatore e, nonostante tutti i tentativi di mediazione del figlio, non intese mai ragioni, costituendo un pericolo costante per Nerone. Uno dei due doveva morire. E quando Nerone era posto davanti a simili alternative non c'erano dubbi su dove sarebbe andato a parare. L'assassinio di Ottavia, la moglie-bambina, è invece infame, soprattutto per i modi in cui ci si arrivò, e appartiene alla peggior leggenda di Nerone, anche se non è privo di qualche giustificazione.

Ma andiamo con ordine. Non fu Nerone a uccidere il fratellastro Britannico. Tacito afferma che i motivi che spinsero Nerone ad assassinare il fratellastro furono essenzialmente due. Primo: Britannico stava per compiere quattordici anni e poteva quindi diventare un rivale pericoloso poiché era il discendente vero, di sangue, di Claudio, e Nerone, in fondo, solo un usurpatore. Secondo: Agrippina, ormai allontanata dal potere da Nerone, minacciava di allearsi col figliastro, per riportarlo su quel trono che lei stessa gli aveva sottratto, in odio al figlio che l'aveva così presto delusa. E aveva fatto sapere a destra e a manca che, pur di delegittimare Nerone, avrebbe rivelato i misfatti con cui l'aveva portato al potere, compreso l'avvelenamento di Claudio.[2] Nerone, impressionato da queste minacce e dalla possibilità concreta d'essere scalzato dal trono, avrebbe allora commissionato a Locusta, l'avvelenatrice di cui si era già servita Agrippina per eliminare Claudio, una potentissima pozione. Fatte queste premesse, Tacito passa alla plastica descrizione del torbido delitto: «Era costume che i figli dei principi sedessero a mensa con i coetanei delle famiglie nobili, sotto gli occhi dei genitori, a una tavola separata e imbandita con maggiore sobrietà. Qui sedeva Britannico e poiché v'era costume che un servo assaggiasse in precedenza cibi e bevande, per non sospendere tale consuetudine e per non rivelare con la morte di ambedue il delitto, si ricorse a un trucco. Si fece portare a Britannico una bevanda innocua ma caldissima e già in precedenza assaggiata; avendola egli respinta per l'eccessivo calore, si versò allora in quella insieme a dell'acqua ghiacciata il veleno che si diffuse per tutte le membra così rapidamente che in uno stesso momento vennero meno a Britannico la parola e la vita. I circostanti furono presi da spavento; coloro che non sapevano nulla si dileguarono, coloro, invece, che vedevano più chiaro rimasero immobili, guardando fissi Nerone. Questi, standosene sdraiato con l'aria di nulla sapere, andava dicendo che si trattava del solito attacco di epilessia di cui fin da bambino Britannico soffriva e che a poco a poco la vista e i sensi sarebbero ritornati. In Agrippina, invece, il terrore e la costernazione si dipinsero con tale violenza sul volto, per quanto essa si sforzasse di dissimularli, che fu chiaro che ella ignorava ogni cosa, quanto Ottavia, sorella di Britannico. Con quel delitto Agrippina si vedeva strappare l'ultima carta del gioco, e in esso vedeva un presagio del matricidio. Anche Ottavia, per quanto ancora inesperta per l'età, aveva imparato a dissimulare il dolore, l'affettuosa pietà, ogni sentimento dell'anima. Così, interrotta da un breve silenzio, continuò la gioia del convito».[3]

È una scena di grande suggestione.[4] Ma, nella sostanza, è un falso, uno dei tanti che, come dimostra Ettore Paratore nella sua monumentale biografia dello storico latino,[5] l'autore degli *Annali* amava fabbricare o a cui dava volentieri credito quando gli faceva comodo.

Nerone e Britannico non si amavano e non potevano amarsi. Britannico, ragazzino sveglio, aveva sofferto il fatto che il padre gli avesse portato in casa quell'intruso, per di più adottandolo e in parte sostituendolo a lui nel suo affetto. Nerone sentiva indubbiamente su di sé l'antipatia del fratellastro. I due avevano avuto anche qualche screzio. Britannico era stato roso dall'invidia quando, partecipando entrambi, giovanissimi, a una parata militare, la folla aveva mostrato chiaramente di preferire il più aitante e solare Nerone. Questi si era risentito una volta che, già adottato da Claudio, Britannico lo aveva chiamato col suo vecchio nome, Enobarbo, volendo probabilmente sottolineare che non riconosceva la validità di quell'adozione. Gelosie da ragazzini comunque, nulla di serio. Nulla da giustificare un delitto che Nerone non commise. Per i seguenti motivi.

1. Nerone non era, e non poteva essere considerato, un usurpatore. Ai suoi tempi infatti non esisteva alcuna norma che fissasse legalmente i criteri della successione. Per tradizione si era solo affermato il principio che il successore dell'imperatore dovesse essere scelto all'interno della sua famiglia, ma su chi dovesse essere nulla era detto.[6] Nerone quindi, in quanto figlio adottivo di Claudio, marito di Ottavia, imparentato con l'imperatore anche per altre vie e, a sua volta, discendente in linea diretta da Augusto, cui risaliva ogni legittimità imperiale, aveva tutte le carte in regola. Naturalmente una norma

dinastica così vaga e imprecisa faceva sì che tutti coloro in cui scorreva sangue imperiale fossero dei potenziali rivali per il sovrano regnante. E Britannico era sicuramente uno di questi. Ma non nell'immediato. È vero che a quattordici anni i maschi romani raggiungevano la maggiore età, indossavano la toga virile e diventavano soggetti di diritto, anche se non a pieno titolo perché per molti rapporti civili il responsabile rimaneva il *pater familias*[7] (e il *pater familias* di Britannico era proprio Nerone). Ma quattordici anni, nella Roma del I secolo, erano davvero troppo pochi per salire al trono. Nei quattrocento anni dell'Impero ciò accadrà una sola volta, con Eliogabalo, ma quando ormai l'Impero si stava modellando sulle monarchie ellenistiche dove il ferreo e preciso principio dinastico, legato alla natura divina del monarca, faceva sì che al trono potessero salire anche dei re-bambini. Insomma Britannico non era un pericolo imminente per Nerone.

2. Tutta la ricostruzione del ruolo di Agrippina è inverosimile e si basa su dati falsi. Un'Agrippina che, pur di danneggiare Nerone e favorire Britannico, confessa di aver avvelenato Claudio non è immaginabile. Donna fredda, lucida, calcolatrice, l'imperatrice non poteva non sapere che in questo modo si sarebbe condannata con le sue stesse mani. Inoltre Agrippina, se voleva scalzare Nerone, poteva allearsi con chiunque tranne che con Britannico. Per la ragione che lei stessa dirà più tardi, quando fu sottoposta a interrogatorio perché sospettata di congiurare con Rubellio Plauto contro Nerone: «Avrei potuto forse vivere io essendo Britannico al potere?».[8] Infine, e soprattutto, in quel periodo Agrippina non era affatto fuori gioco, come sostiene Tacito, tanto da dover ridursi ad allearsi col figlio di colui che aveva ammazzato. La morte di Britannico si colloca infatti fra metà gennaio e i primi di febbraio del 55. E a quell'epoca l'imperatrice era all'apogeo del suo potere. Lo documenta,

fuori da ogni dubbio, la monetazione di quel periodo che mostra il volto di Agrippina affiancato a quello di Nerone. Ne è prova ulteriore il fatto che godeva ancora di tutte le prerogative che aveva avuto con Claudio, a cominciare dalla scorta personale dei pretoriani. A essi, anzi, il figlio aveva aggiunto dei soldati germanici che erano considerati particolarmente fedeli alla casa imperiale.

3. L'atteggiamento di Nerone e della stessa Ottavia è del tutto normale. Britannico soffriva di epilessia e in famiglia erano abituati alle sue crisi. È quindi comprensibile che, lì per lì, non ci si sia resi conto della gravità del malore. Inoltre Ottavia non avrebbe certamente accettato di restare per altri otto anni a fianco di Nerone se avesse saputo, o intuito, che era l'assassino di suo fratello. Né Nerone, se lo si fa già così aduso al delitto, avrebbe tollerato di avere fra i piedi per tanto tempo un testimone così pericoloso oltre che una moglie che detestava.

4. Britannico viveva a Palazzo, sotto lo stesso tetto di Nerone. C'erano mille modi per sbarazzarsene senza dare troppo nell'occhio. Pare assurdo che lo si sia fatto in un banchetto, davanti a tutti.[9]

5. Se la bevanda era così calda da risultare imbevibile, non si capisce perché l'assaggiatore non l'abbia respinta. Era stato corrotto come si era fatto con Aloto, l'assaggiatore di Claudio? Ma allora non c'era alcun bisogno di ricorrere a quel trucco.

6. I romani non conoscevano veleni fulminanti. Questi, come dimostra la ricerca di Roux, sono esclusivamente il *woorara,* più noto come curaro, usato dagli indiani d'America e quindi in un'area sconosciuta all'Impero, e l'acido prussico scoperto solo nel 1872.[10] E invece sia Tacito che Svetonio parlano di morte pressoché istantanea.

7. È vero che anche Tito, il futuro imperatore, che bevve dalla stessa tazza di Britannico, ebbe un malore. È

più che probabile che il giovanissimo Tito si sia impressionato per quanto era accaduto al suo coetaneo. Se in quella tazza ci fosse stato un veleno così potente da fulminare quasi all'istante Britannico, anche Tito sarebbe morto. Inoltre Tito, che era amico di giochi di Britannico, visse a lungo, divenne a sua volta imperatore, eppure non denunciò mai Nerone come l'assassino del fratellastro, nonostante la dinastia dei Flavi-Antonini, cui Tito apparteneva, avesse tutto l'interesse a gettar fango, come in effetti fece attraverso i propri storici, su quella dei Giulio-Claudii che l'aveva preceduta.

8. Gli inizi del principato neroniano sono ispirati programmaticamente e pubblicamente alla «clemenza» di cui l'imperatore fa un cavallo di battaglia e uno strumento della sua politica. Poniamo pure che Nerone celasse sotto il velo ipocrita della «clemenza» la sua vera natura: non era ugualmente il caso di sconfessare così clamorosamente, fin dai primissimi mesi, questa politica con un delitto tanto odioso quanto prematuro, inutile e plateale. E con che faccia Seneca avrebbe potuto scrivere, poco dopo, il *De clementia*, dedicato esplicitamente all'imperatore, se Nerone fosse stato davvero l'assassino di Britannico? Tutta Roma gli avrebbe riso dietro.

9. Nerone aspetterà otto anni prima di eliminare pretendenti dinastici ben più pericolosi di Britannico, perché adulti ed effettivamente «golpisti», come Rubellio Plauto e Cornelio Silla; e lo farà solo dopo che il nuovo prefetto del pretorio, Tigellino, lo ebbe convinto, non senza ragione, a riesaminare certi episodi in cui i due erano rimasti coinvolti in precedenza e ai quali l'imperatore non aveva dato importanza. Il Nerone diciassettenne non è strutturato psicologicamente per un delitto del genere. Fino ad allora non aveva fatto male a una mosca ed è proprio in questo periodo che la semplice firma di una condanna a morte gli dà il voltastomaco. Inoltre a quell'epoca Nerone non è ancora attaccato al potere,

tanto che, proprio poco prima della morte di Britannico, è disposto a lasciarlo pur di poter sposare Atte.

10. Poco tempo prima il cavaliere Giulio Denso era stato denunciato perché sospettato di complottare per portare Britannico sul trono. Quale migliore occasione per sbarazzarsi per vie legali, e quindi in modo «pulito», del fratellastro o, quantomeno, per preparare un terreno favorevole al delitto? Invece Nerone rigettò la denuncia. Non volle nemmeno riceverla.[11]

Tutto quindi sembra escludere che Nerone abbia ucciso Britannico.[12] Cosa del resto negata anche dalle fonti antiche non romane, e quindi meno ostili all'ultimo discendente dei Giulio-Claudii, come Plutarco il quale, pur facendo una bella lista dei delitti dell'imperatore, non nomina l'avvelenamento di Britannico, e come il giudeo Flavio Giuseppe.

Con tutta probabilità Britannico morì per un aneurisma, come a volte succede nelle crisi epilettiche: i sintomi descritti dalle fonti corrispondono.[13] Il ragazzo soffriva di «mal caduco» da sempre ed era di costituzione debolissima (il padre lo aveva generato quando era già anziano). Era stata probabilmente questa la ragione per cui Claudio, pensando alla successione dell'Impero e avendo poca fiducia nel futuro del figlio, lo aveva di fatto sacrificato adottando Nerone.

Ma se proprio si vuol vedere nella morte di Britannico un delitto è altrove che bisogna cercare. In quei primissimi mesi di regno la lotta, spietata, per il potere si svolge fra Agrippina e Seneca, Nerone è ancora un personaggio secondario[14] che i due pensano di poter manovrare a piacimento. E sia Agrippina che Seneca hanno qualche motivo per eliminare Britannico. Ben più scafati del giovane Nerone sanno che se Britannico, per la giovanissima età, non rappresenta ancora un pericolo, lo potrebbe diventare in futuro. Inoltre ognuno dei due (più Agrippina che Seneca, per la verità) può temere che l'altro strumentalizzi il figlio di Claudio ai suoi danni. E sia Agrippina che Seneca non erano nuovi al delitto, poiché erano stati complici nell'assassinio di Claudio. Ma, naturalmente, anche per loro valgono le obiezioni esposte ai punti 4, 5, 6, 7.

Il potere di Agrippina, dopo l'ascesa di Nerone, fu di breve durata ma immenso. La madre dell'imperatore contava più dell'imperatore, anche ufficialmente. Ce lo dice, ancora una volta, la monetazione. Le monete emesse fra il 4 e il 13 dicembre del 54 riservano un lato alle teste affrontate di Agrippina e Nerone, uno dei due lati reca il nome e i titoli di Agrippina, l'altro quelli di Nerone, ma il nome e i titoli di Agrippina compaiono sul dritto mentre quelli di Nerone sono sistemati sul rovescio. Inoltre le designazioni di Agrippina sono al nominativo, come di regola per i sovrani, mentre quelle di Nerone sono al dativo, il che vuol dire che le monete sono dedicate a Nerone, ma emesse per conto di Agrippina.[15]

In questo periodo Nerone è completamente sotto il dominio della madre. La prima sera di regno la parola d'ordine che dà al capo delle guardie è «ottima madre». Agrippina, per meglio controllare gli affari di Stato, ottiene dal figlio che le sedute del Senato, invece che nella Curia, si tengano a Palazzo dove, nascosta dietro un paravento, può seguirle «in diretta». Ciò fu causa tra l'altro di un incidente protocollare che poteva avere serie conseguenze. Mentre Nerone stava dando udienza a una delegazione armena, la madre era entrata nella sala mostrando chiaramente di volersi andare a sedere sul trono, accanto al figlio. Ci fu un momento di imbarazzo acutissimo. Lo scandalo sarebbe stato infatti enorme: una donna sul trono dell'Urbe, per di più davanti a stranieri, non si era mai vista e non era nemmeno concepibile. E anche gli armeni ne avrebbero tratto le dovute conseguenze su chi governava realmente a Roma. Seneca afferrò al volo la situazione e sussurrò a Nerone di andare incontro alla madre. L'imperatore si alzò, si diresse verso Agrippina, l'abbracciò, la baciò e, amorevolmente, ma con fermezza, la riaccompagnò alla porta.

Ma questa era solo la forma. Più grave era la sostanza, perché Agrippina voleva continuare a governare con i metodi che aveva usato sotto Claudio. Nerone non aveva ancora messo piede sul trono che sua madre aveva già proceduto ad alcuni regolamenti di conti che le stavano a cuore: l'assassinio di Marco Silano e del liberto Narcisso. Silano, uomo ricchissimo ma privo di carattere, tanto che Caligola lo aveva soprannominato «pecora d'oro», aveva la sola colpa di essere fratello di quel Lucio Silano che Agrippina aveva disonorato e indotto al suicidio perché promesso sposo di Ottavia. L'imperatrice giudicò che non era prudente tenere in vita un uomo che covava sicuramente sentimenti di vendetta contro di lei e che, per soprammercato, in quanto pronipote di Augusto, avrebbe potuto diventare un pretendente al trono. In quanto a Narcisso aveva sostenuto la sua rivale, Elia Petina, quando Claudio cercava moglie. Tanto bastò perché i due, all'insaputa e contro la volontà di Nerone, come scrive esplicitamente Tacito,[16] fossero tolti brutalmente di mezzo.

La perdita di Narcisso ferì particolarmente l'imperatore che stimava quell'eccellente funzionario che aveva visto lavorare ottimamente sotto Claudio e risolvere molte intricate questioni. Ma la cosa più grave era un'altra. La condotta di Agrippina rischiava di compromettere irrimediabilmente quella politica di clemenza che l'imperatore, per natura o per calcolo, aveva deciso di seguire. Nel discorso inaugurale al Senato Nerone aveva affermato tra l'altro che «la sua adolescenza non era stata inquinata da discordie civili o familiari e che egli non portava in sé né odii, né rancori, né desideri di vendetta».[17] Che credibilità avrebbe avuto se si iniziava con questi sistemi? Nerone capì che, se voleva governare, doveva assolutamente liberarsi della tutela della madre o, quantomeno, ridurne di molto il potere. E si appoggiò a Seneca, che contro Agrippina aveva già cominciato un mortale braccio di ferro.

Il primo passo di Nerone, d'accordo con Seneca, fu il licenziamento in tronco di Pallante, il potentissimo ministro delle finanze, amante di Agrippina. Tra l'altro Seneca aveva particolare interesse a tenere sotto il proprio controllo le finanze tramite qualche personaggio di sua fiducia.[18] Quando si trattava di quattrini il filosofo diventava attentissimo. Ma Nerone lo deluse subito mettendo al posto di Pallante un uomo «suo»: il liberto Faone. Evidentemente il ragazzo teneva gli occhi bene aperti.

In ogni caso Pallante uscì da Palazzo con tutti gli onori, ottenendo l'impegno che non sarebbe stata condotta alcuna inchiesta sulla sua gestione e che la sua partita con lo Stato fosse considerata chiusa.

Agrippina accusò il colpo e reagì alla sua maniera. Cominciò a raccogliere attorno a sé tribuni, centurioni, cavalieri, a corteggiare uomini influenti, ad arraffare denaro dove poteva e a distribuirlo generosamente. Insomma stava creando una propria fazione. Nerone la allontanò da Palazzo assegnandole un'altra dimora, sontuosa ma distante dal centro del potere. Le tolse anche le guardie pretoriane «che aveva avuto prima come moglie, e che le erano state conservate come madre dell'imperatore».[19]

Nonostante queste decisioni che ridimensionavano drasticamente il potere dell'imperatrice, Nerone cercò di comportarsi nel modo meno brutale possibile con la madre e, non diversamente da quanto avrebbe fatto col Senato, tentò a lungo di mediare con lei, cercando di convincerla a stare calma, a godersi in pace i privilegi della sua condizione. Andava spesso a trovarla, sia pur prudentemente scortato da centurioni, e in pubblico mostrava devozione e affetto per lei. Spesso li si vedeva insieme in lettiga. Una volta che stava rovistando negli armadi del Palazzo, Nerone scovò degli splendidi abiti che erano appartenuti alle mogli e alle madri dei suoi predecessori: subito li inviò in dono ad Agrippina insieme a degli altrettanto splendidi gioielli. Ma questo gesto gentile non commosse l'imperatrice. Ci voleva altro: a lei interessava solo il potere.

Intanto Giulia Silana, sorella di quei Silani che Agrippina aveva eliminato, e Domizia, una zia di Nerone,[20] credettero di scoprire, non si sa quanto in buona fede, un complotto dell'imperatrice: Agrippina avrebbe avuto l'intenzione di sposare Rubellio Plauto, discendente per parte di madre da Augusto e, per sangue, rivale numero uno di Nerone, e di portarlo, con un rivolgimento politico, sul trono «e così farsi ancora una volta padrona dell'Impero».[21] Secondo le due donne anche Afranio Burro, il prefetto del pretorio, che doveva il suo posto ad Agrippina, sarebbe stato della partita. Silana e Domizia incaricarono due loro *clientes*, Iturio e Calvisio, di sporgere denuncia contro l'imperatrice. Però i due, prima di mettersi in azione, parlarono imprudentemente della cosa a un liberto di Domizia, Atimeto. Atimeto ne parlò al danzatore Paride, che era pure lui un liberto di Domizia ma anche un intimo di Nerone. E Paride, in piena notte, si precipitò trafelato a Palazzo e spifferò a un Nerone un po' bevuto l'intera faccenda. L'imperatore si spaventò parecchio. Fosse il vino o la paura della madre, pensò per un attimo di andare per le spicce. Poi decise che era meglio ripensarci a mente più lucida, dopo una buona dormita.

Di mattina, molto presto, convocò Burro, della cui lealtà, nonostante il racconto di Paride, non dubitava e gli chiese consiglio. Burro disse che il diritto di difesa spettava a tutti, tanto più a un'imperatrice e a una madre. Fu nominata una commissione di inchiesta interna, di cui facevano parte Burro, Seneca e i principali liberti imperiali, che si recò a casa di Agrippina per interrogarla. L'imperatrice si difese magistralmente. Dimostrò che sia Silana che Domizia avevano dei motivi di rancore verso di lei e quindi non erano attendibili. «E se poi Plauto o qualcun altro» disse «avesse conquistato l'Impero, divenendo così mio giudice, non sarebbero certamente venuti meno coloro che mi potevano accusare, non d'aver pronunciato parole incaute dovute all'impazienza del mio amore materno, ma di colpe tali per cui solo da un figlio io avrei potuto essere assolta.»[22]

Chiese quindi un colloquio diretto a Nerone. Col figlio non parlò neppure della propria innocenza, dandola per scontata, chiese solo la punizione dei colpevoli.

Per il diritto romano chi accusava falsamente era a sua volta sottoposto a processo come calunniatore. Nerone, nonostante le pressioni della madre che voleva vendetta, fu clemente. Domizia la lasciò perdere: era sua zia e le voleva bene (a lei donerà, più tardi, il primo taglio della sua barba). Silana fu condannata all'esilio come Iturio e Calvisio. Solo Atimeto ebbe la pena capitale.

Per placare la madre, alla quale queste condanne parevano scandalosamente miti, promosse alcuni dei suoi fedeli: Fenio Rufo divenne prefetto dell'Annona e a Balbillio fu assegnato il governatorato dell'Egitto.

C'è da notare che Rubellio Plauto, nonostante costituisse oggettivamente un grosso pericolo per Nerone, non fu né inquisito, né interrogato, né in alcun modo toccato. Nerone fu conseguente: se Agrippina non era colpevole di complotto non poteva esserlo nemmeno Plauto.

Era la fine del 55. Passarono due anni relativamente tranquilli. Nel 58 Nerone si mise in grave urto col Senato per il suo tentativo di riforma fiscale che la Curia riuscì a far abortire. Lo scacco indebolì la posizione dell'imperatore. Fra i senatori serpeggiava parecchio malumore per l'indirizzo, decisamente filopopolare, che l'imperatore stava prendendo. Nel 58 Agrippina, sia pur tenuta alla larga dal potere, godeva ancora di molto prestigio, come dimostrano i sacrifici in suo onore che i sacerdoti Arvali celebrarono quell'anno.[23] Era pur sempre la figlia dell'eroe Germanico e, inoltre, da lei i senatori non avevano certamente da temere ubbie democratiche. Agrippina non si lasciò sfuggire l'occasione: catalizzò il malcontento e ne divenne, ancora una volta, il capintesta.

A questo punto Seneca dovette scegliere. Anche lui non vedeva di buon occhio la politica di Nerone e sentiva che il giovane, che aveva ora ventun anni, gli stava sfuggendo di mano. D'altro canto conosceva bene l'animo vendicativo dell'imperatrice. Con Agrippina al potere non sarebbe sopravvissuto a lungo. Scelse quindi Nerone. E cercò di convincerlo a chiudere definitivamente la partita con la madre. Gli ricordò, fra l'altro, gli ulteriori pericoli che gli sarebbero potuti venire da Agrippina se lei avesse deciso di sposarsi con qualche personaggio di sangue imperiale.

Nerone esitava. Ammirava la madre e insieme la temeva, la temeva più di ogni altra cosa al mondo. Cercò di tergiversare, di mediare ancora. Si riavvicinò ad Agrippina. Lei ne approfittò per giocare l'ultima, disperata carta che le rimaneva dopo che Seneca aveva provveduto a toglierle l'appoggio dei senatori: cercò di sedurre suo figlio. Aveva quarantatré anni, ma era ancora bellissima. Nerone si ritrasse. Abbiamo motivo di pensare che fosse inorridito da quelle *avances*. «Nerone» scrive Tacito «cominciò a evitare di incontrarsi da solo con la madre e, quando essa se ne andava in campagna a Tuscolo o ad Anzio, si compiaceva con lei perché si prendeva un po' di svago.»[24] Se potessimo mettere in bocca al ventiduenne Nerone le parole d'un ragazzo d'oggi potremmo immaginare che le dicesse: «Ma, mamma, se te ne stessi un po' a casa tranquilla, una buona volta!». Ma non ci fu nulla da fare. Agrippina insisteva, non demordeva, mestava, intrigava, complottava. Arrivò a vantarsi di un incesto che non c'era stato, ma che metteva in cattivissima luce l'imperatore anche presso «i soldati, che» scrive Tacito «non avrebbero certo tollerato l'Impero di un principe incestuoso».[25]

Nerone si convinse definitivamente che «la presenza di lei, in qualunque luogo ella fosse»,[26] era un pericolo mortale.[27] E, sotto la spinta sempre più insistente di Seneca[28] e, questa volta, con l'appoggio anche di Burro, decise di agire.

L'imperatore si rivolse ad Aniceto, suo antico precettore e ora comandante della flotta di stanza a capo Miseno. Costui ebbe un'idea ingegnosa: una nave-trappola che, una volta in alto mare, grazie a un opportuno marchingegno, si sarebbe spaccata in due. Aniceto, che era stato professore e conosceva la storia, si ricordava, forse, del precedente della regina Amastris che nel 300 avanti Cristo era stata assassinata dai figli con uno stratagemma simile. O, più probabilmente, aveva in mente una nave che poco prima proprio Nerone aveva utilizzato per dei giochi acquatici: da una chiglia che si apriva a comando erano state lasciate cadere in acqua le belve che si trovavano nella stiva.[29]

Le circostanze favorirono il piano di Aniceto. Proprio in quei giorni si svolgeva sulla spiaggia alla moda di Baia, non lontana da capo Miseno, la festa di Minerva cui l'imperatore, che adorava il mare, era solito presenziare. Nerone invitò quindi la madre alla festa e la portò a cena a Bauli. Qui, all'àncora, tutta pavesata a festa, faceva bella mostra la nave che avrebbe dovuto riportare Agrippina alla sua villa di Baia al posto della vecchia triremi militare sulla quale l'imperatrice era solita viaggiare. Agrippina subodorò qualcosa e manifestò l'intenzione di rientrare a Baia via terra, in lettiga, ma il comportamento affettuoso del figlio la dissuase. Nerone, sempre molto premuroso e con un atteggiamento quasi complice nei confronti della madre, come a dire che, in fondo, solo loro due si intendevano, tirava in lungo il banchetto perché era stato convenuto che, per maggior sicurezza, l'agguato avvenisse di notte. Fattosi buio, accompagnò Agrippina alla nave, l'abbracciò, la baciò e la fissò a lungo negli occhi sia che, con ciò, intendesse rendere più verosimile la sua finzione, sia che volesse guardare un'ultima volta il viso della madre che andava a morire.[30]

Agrippina si mise al posto d'onore avendo ai piedi la serva Acerronia, mentre un altro dei suoi famigli, Creperio Gallo, stava nei pressi del timone. Il mare era calmo, la notte tranquilla, le stelle brillavano in cielo. All'improvviso, quando furono al largo, il tetto della nave, gravato da una massa di piombo, rovinò sulla tolda. Creperio fu ucciso sul colpo, mentre Agrippina e Acerronia vennero sbalzate in mare. Il marchingegno di Aniceto funzionò solo in parte e la nave non si aprì, si inclinò su un fianco mentre quelli che non erano a conoscenza dell'agguato tentavano disperatamente di raddrizzarla e gli altri, che sapevano, cercavano di affondarla definitivamente, in una gran confusione. Acerronia, in acqua, nel tentativo di salvarsi, si mise a gridare: «Sono Agrippina! Sono l'imperatrice! Aiuto!».[31] Le arrivò addosso di tutto: remi, pali, sassi «e ogni genere di proiettili navali».[32]

Intanto Agrippina, ferita alla spalla, nuotava silenziosamente verso riva. Raccolta da una barca da pesca si fece portare alla sua villa. Aveva capito tutto, ma decise che la cosa migliore era far finta di nulla. Mandò un suo liberto, Agermo, dal figlio perché gli riferisse che, per benevolenza degli dei e per un caso fortunato, si era salvata da un grave incidente: lo pregava tuttavia di non venire per il momento a trovarla, perché aveva bisogno solo di tranquillità.

Intanto Nerone, in una villa di Baia, attendeva impaziente. Quando seppe che la madre si era salvata divenne pallido come un cadavere. Fece subito chiamare Seneca e Burro. Seneca disse che bisognava andare fino in fondo, perché se Agrippina viveva Nerone era un uomo morto, e non solo lui. Poi si rivolse a Burro chiedendogli se era possibile far assassinare l'imperatrice dai pretoriani. Burro rispose che non se ne parlava neanche: i pretoriani erano fedeli alla casa imperiale e quindi anche ad Agrippina, inoltre nessun soldato avrebbe osato alzare la mano sulla figlia di Germanico. Ci pensasse Aniceto, lui aveva mancato il colpo, lui doveva rimediare.

Aniceto prese con sé un gruppo di marinai fidati e si diresse verso la villa di Agrippina. Nel frattempo a Palazzo era arrivato Agermo. Come lo vide, Nerone, senza nemmeno dargli il tempo di consegnargli il messaggio della madre, gli gettò fra i piedi un pugnale «e, come se lo avesse colto in flagrante, comandò subito di gettarlo in carcere, per poter far credere che la madre avesse tramato l'assassinio del figlio e che, poi, si fosse data la morte per sottrarsi alla vergogna dell'attentato scoperto».[33]

Aniceto fece circondare la villa di Agrippina dai suoi uomini e, accompagnato da un triarca dal significativo nome di Erculeio e dal centurione di marina Obarito, penetrò nella stanza dell'imperatrice che era a letto assistita da un'ancella. Conservando tutto il suo sangue freddo Agrippina disse, rivolta ad Aniceto, «che se era venuto per vederla, annunziasse pure a Nerone che si era riavuta; se, poi, fosse lì per compiere un delitto, essa non poteva avere alcun sospetto sul figlio: non era possibile che egli avesse comandato il matricidio».[34] Quelli non la sentirono nemmeno. Erculeio la colpì con un bastone, il centurione le vibrò una coltellata. Agrippina offrì il suo corpo al pugnale perché la facessero finita presto.[35] Era il 23 marzo del 59. Agrippina, come accadrà dieci anni dopo a Nerone, fu sepolta dai suoi servi, uno dei quali, Mnestere, si uccise sulla sua tomba.

«Compiuto il delitto, Nerone ne comprese tutta la mostruosità.»[36] Passò la notte insonne, gli pareva che la madre lo chiamasse dal tumulo dove era stata sepolta. Venne faticosamente l'alba. Burro, vedendolo smarrito, gli mandò incontro centurioni, tribuni, amici, perché si congratulassero con lui per lo scampato pericolo. Nerone però ritenne prudente non tornare subito a Roma e si fermò a Napoli. Da qui spedì al Senato una lettera, stesa materialmente da Seneca, nella quale denunciava il complotto di Agrippina, la sua ambizione, che non aveva risparmiato un solo giorno del principato, di dividere il potere con lui, e le addebitava molti dei delitti che erano stati commessi sotto Claudio. Cercò anche di sostenere la tesi del naufragio accidentale e del successivo tentativo di assassinio di Agermo. Era una tesi incoerente e insostenibile e nessuno ci credette, ma tutti fecero finta di crederci. Solo Trasea Peto uscì ostentatamente dal Senato, manifestando silenziosamente, ma in modo inequivocabile, il suo dissenso.

Il Senato decretò solenni preghiere di ringraziamento agli dei, che si innalzassero statue d'oro a Minerva e che l'anniversario della nascita di Agrippina fosse inserito fra i giorni nefasti.

Nerone rimase a Napoli quattro mesi. Ne approfittò per far rientrare dall'esilio due nobili donne, Giunia e Calpurnia, e due ex pretori, Valerio Capitone e Licinio Gabolo. Tutti questi personaggi erano stati vittime di Agrippina ai tempi di Claudio. Condonò ogni pena a Iturio e Calvisio che avevano assecondato Silana (che nel frattempo era morta) nel denunciare il presunto complotto dell'imperatrice con Rubellio Plauto. Ciò fa pensare che Nerone avesse cambiato idea su quanto era avvenuto quattro anni prima e che cominciasse a considerare in modo diverso quegli avvenimenti. Comunque Plauto, ancora una volta, non fu toccato.[37]

Quando finalmente Nerone si risolse a tornare nella capitale trovò che la situazione era molto più tranquilla di quanto temesse. Fu accolto anzi festosamente dal popolo e dai senatori. Evidentemente Agrippina, per la sua violenza e la sua arroganza, non era molto amata a Roma.

Una delle prime cose che fece Nerone, rientrato nell'Urbe, fu di andare a trovare la zia Domizia che era gravemente malata. Domizia lo coccolò e lo vezzeggiò come quando era bambino e, accarezzandogli la barba, espresse il desiderio che lui le regalasse il primo taglio ma, disse, ci sperava poco perché sentiva la morte vicina. Nerone si fece radere all'istante e donò la barba a Domizia in una bacinella d'oro. La zia, almeno lei, morì contenta.[38]

Il rimorso del matricidio perseguitò Nerone per tutta la vita.[39] Aveva sempre dormito come un sasso, cominciò ad avere degli incubi spaventosi. Confessò che sognava spesso di sentirsi strappare il timone di una nave che stava governando, la moglie Ottavia che lo trascinava nelle tenebre più fitte, moltitudini di formiche alate che lo ricoprivano e statue che lo circondavano e gli sbarravano il passo. Nel penultimo anno della sua vita, quando fece il viaggio in Grecia, evitò di visitare Atene, per motivi politici ma anche perché la tradizione voleva che il matricida Oreste vi fosse stato perseguitato dalle Furie. Non osò nemmeno partecipare ai Misteri Eleusini perché prima del loro inizio un araldo ingiungeva a tutti coloro che si fossero macchiati di delitti di lasciare il luogo sacro.[40] L'ombra di Agrippina lo seguì fino alla tomba.

Ma lì per lì un altro avvenimento venne a distrarre Nerone dai suoi cupi pensieri: nella sua vita era comparsa Poppea. Poppea Sabina era un'affascinante e adorabile *coquette*. Bella, colta, intelligente, spiritosa[41] e terribilmente civetta, aveva tutto per piacere a Nerone. La coda di cavallo in cui raccoglieva i bei capelli color miele le dava, nonostante avesse qualche anno in più dell'imperatore, un'aria sbarazzina. Curava la propria bellezza con l'attenzione e gli accorgimenti di una donna dei nostri giorni: fu lei a inventare una crema per il viso, a base di latte di asina, che è arrivata fino a noi. Così la canta l'anonimo poeta del dramma *Ottavia*: «Oh, com'eri bella e maestosa, assisa sull'alto trono in mezzo alla corte! Il Senato ha ammirato la tua grazia mentre offrivi l'incenso agli dei e versavi sui sacri altari il dolce vino, col capo velato da un sottile flammeo».[42]

Figlia di un certo Tito Ollio e di un'altra Poppea, che era stata, a detta dei contemporanei, la più bella donna del mondo, Poppea Sabina si era sposata in prime nozze col cavaliere romano Rufrio Crispino[43] da cui aveva avuto un figlio. Fu Otone, naturalmente, ad arpionarla e a introdurla nella cerchia dell'imperatore. Dopo averla sedotta la indusse a divorziare e la sposò. Secondo alcune fonti fu lo stesso Nerone a imporgli questo matrimonio perché servisse da paravento ai suoi personali maneggi con Poppea.[44] Secondo altri fu invece Otone a eccitare la curiosità dell'imperatore con le sue continue lodi alla bellezza e all'eleganza della moglie. Scrive Tacito: «Spesso si udì Otone il quale, nell'atto di levarsi dal banchetto di Cesare, dichiarava di recarsi presso quella donna che gli era stata concessa, nobile, bella, da tutti bramata».[45] Sia come sia, Otone si innamorò pazzamente di Poppea. Al punto che arrivò a respingere sulla soglia di casa un Nerone implorante che la reclamava. In quanto a lei giocava con l'imperatore l'eterno gioco femminino: un po' ci stava e molto faceva la ritrosa ricordando che, in fondo, era una donna sposata e non poteva trascurare il marito. In conclusione: se lui la voleva davvero doveva sposarla e ripudiare Ottavia.

Nerone non aveva mai amato quella sua moglie-bambina che gli era stata imposta da Agrippina. Ottavia, austera, riservata, freddina, fisicamente scialba, segaligna, con un lungo, benché nobile, naso che dava al suo viso un tono ancor più severo, sembrava fatta apposta per non piacere a Nerone. Presto l'indifferenza dell'imperatore si era trasformata in un vero e proprio disgusto fisico nei confronti della moglie. Agli amici che gli rimproveravano questo atteggiamento rispose brutalmente e una volta per tutte: «Deve accontentarsi degli ornamenti di moglie».[46] E in effetti Ottavia ebbe tutti gli onori che le spettavano (come documentano le monete che, in più emissioni, rappresentano la coppia imperiale), insieme al più completo disinteresse di Nerone.

Ripudiarla però era affar serio e pericoloso. Perché non solo Ottavia discendeva direttamente da Augusto, ma era amata dal popolo proprio per la sua riservatezza, per quel «profilo basso» e perché tutti intuivano che era una vittima, una triste prigioniera del Palazzo. Nerone, dietro le insistenze di Poppea, chiese consiglio all'uomo di cui si fidava di più: Afranio Burro. E Burro rispose con franchezza: «Se la ripudi devi anche restituirle la dote», con ciò intendendo l'Impero. Nerone pregò Poppea di pazientare. Nel frattempo propose a Otone di andare a governare la Lusitania. Otone, con la morte nel cuore, partì. Sui muri di Roma comparve la consueta «pasquinata»: «Chiedete perché Otone sia in esilio con un falso onore? Cominciava a essere l'amante di sua moglie».[47]

Nel 62 morì Burro, di cancro alla gola. Non fu però la sua scomparsa a far precipitare gli eventi, ma un altro fatto: Poppea era incinta.[48] Nerone desiderava un figlio più di qualsiasi altra cosa al mondo. Si preparò al ripudio incolpando Ottavia di sterilità. Accusa particolarmente ingenerosa e meschina: come poteva Ottavia dargli un figlio se lui non ci andava a letto?

In linea di massima la mancanza di figli, per le coppie

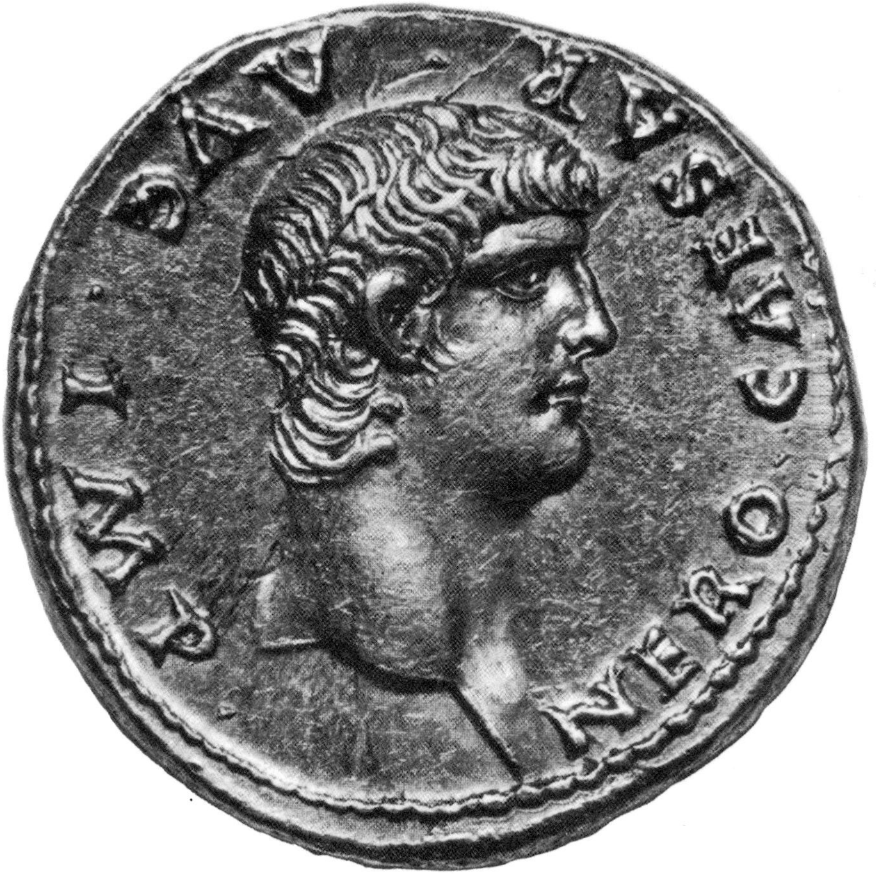

Nerone in una moneta del 61 d.C., a ventitré anni. È questa, forse, l'immagine di Nerone che più si avvicina alla realtà perché in quel periodo, a differenza dei successivi, la coniazione si ispirava, nei ritratti, a criteri «veristi».

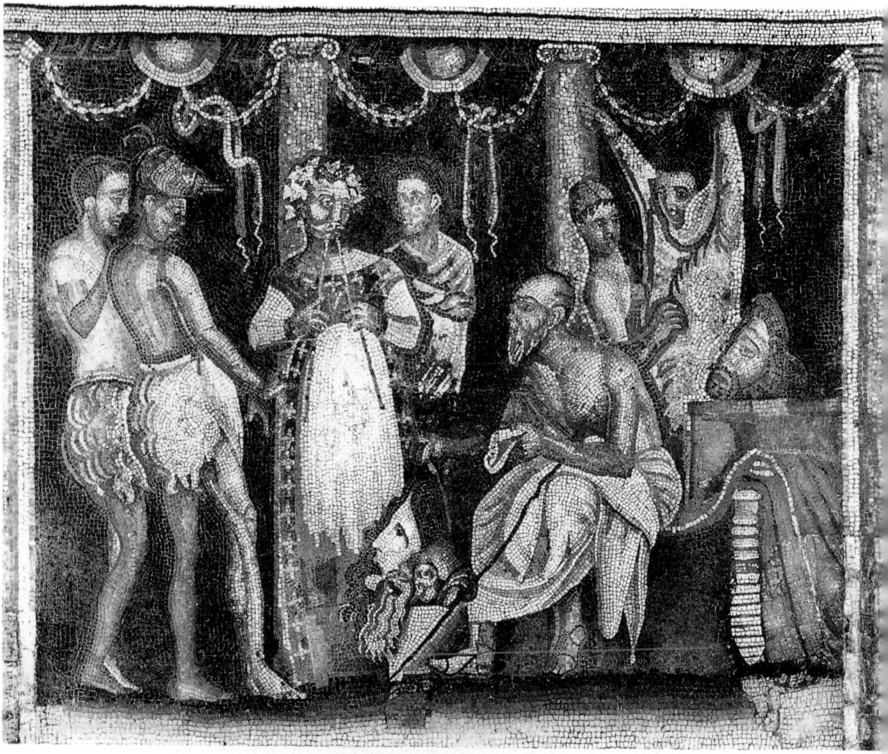

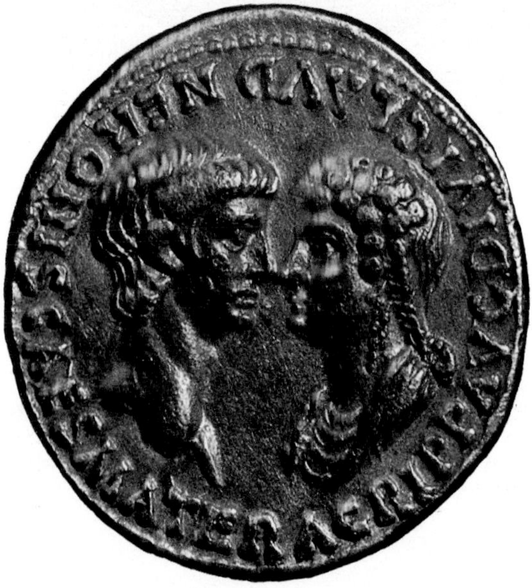

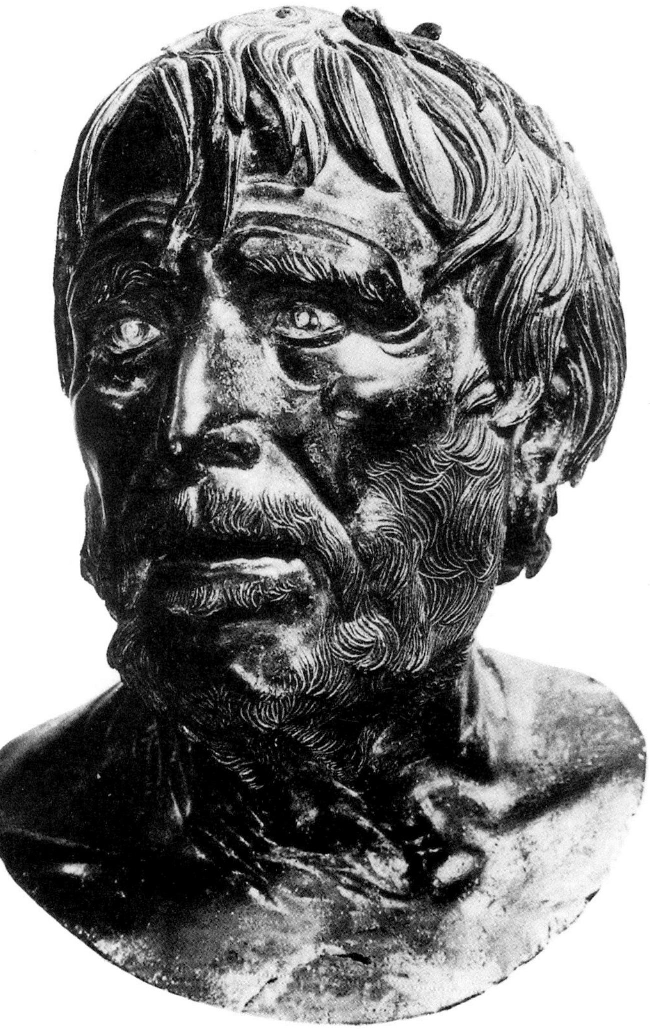

Nella pagina a fianco. In alto: attori dietro le quinte in un mosaico pompeiano. Il teatro fu la grande passione di Nerone.
In basso: Nerone e Agrippina «tête-à-tête» in una moneta d'oro coniata nel dicembre del 54 quando l'imperatore era salito al trono da pochi mesi.
Qui sopra: il famoso ritratto di Seneca (busto in bronzo) conservato al Museo Nazionale di Napoli.

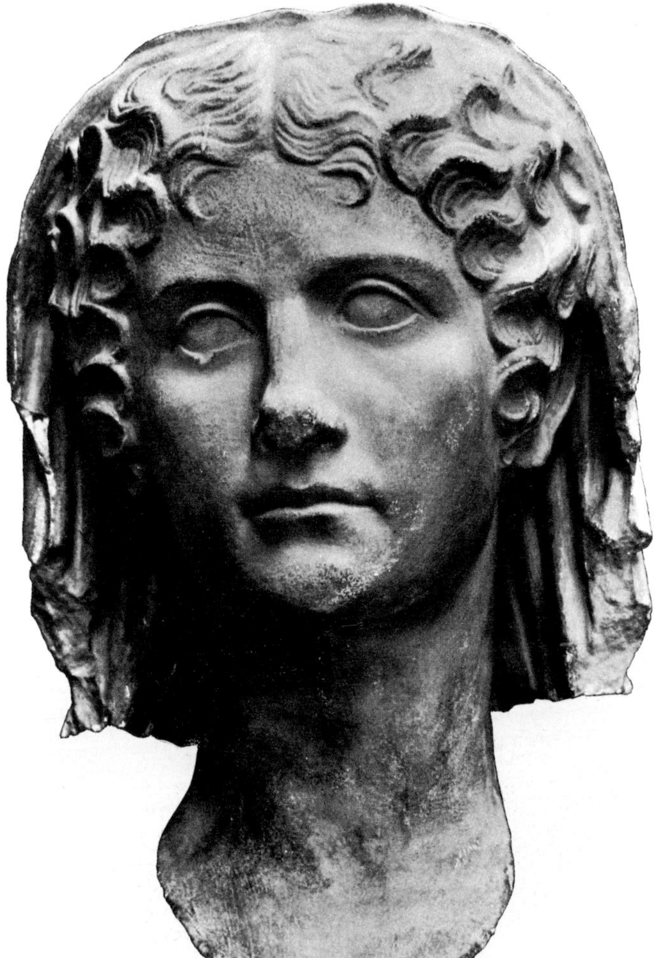

Agrippina: statua in marmo rinvenuta a Velleia presso Parma.

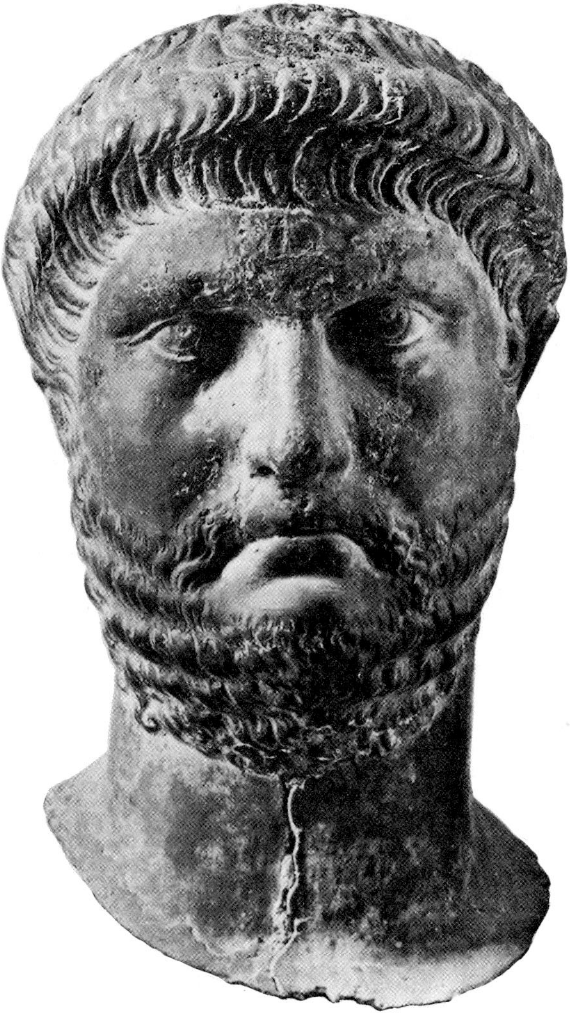

Tardo ritratto di Nerone.

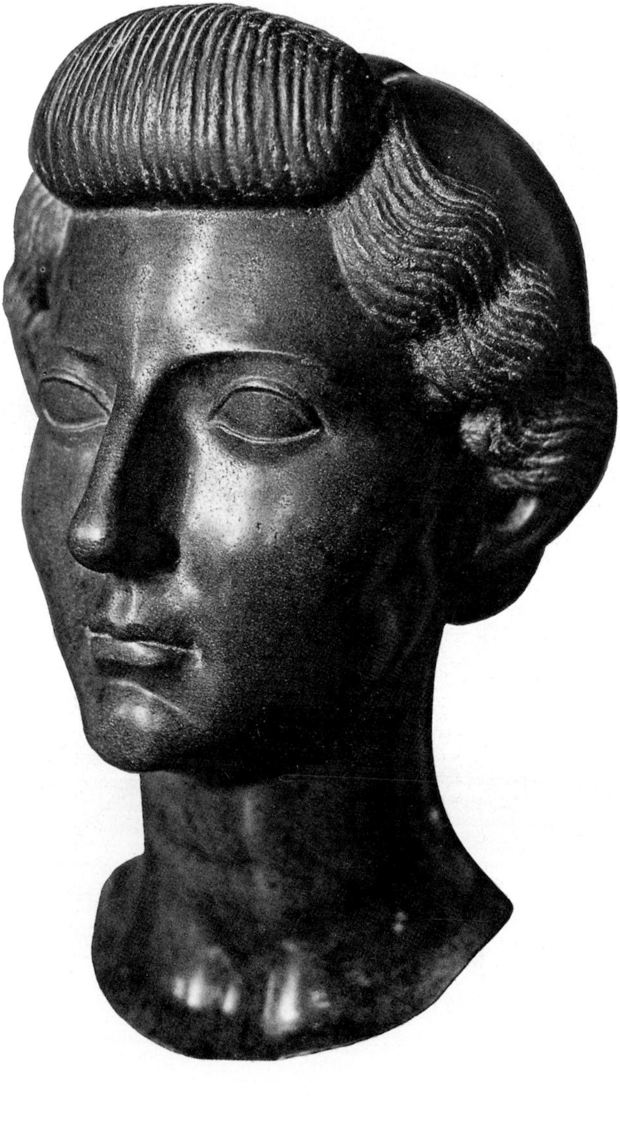

Ottavia, prima moglie di Nerone (attribuzione incerta: secondo alcuni si tratterebbe della sorella di Augusto, bisnonna di Ottavia).

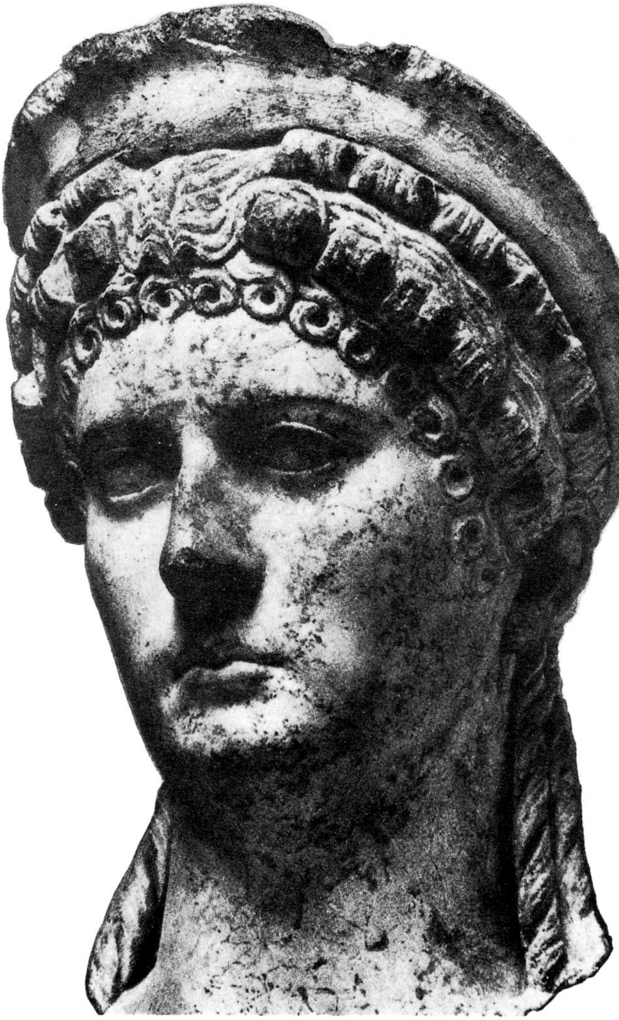

Poppea, seconda moglie di Nerone (Museo Nazionale di Roma).

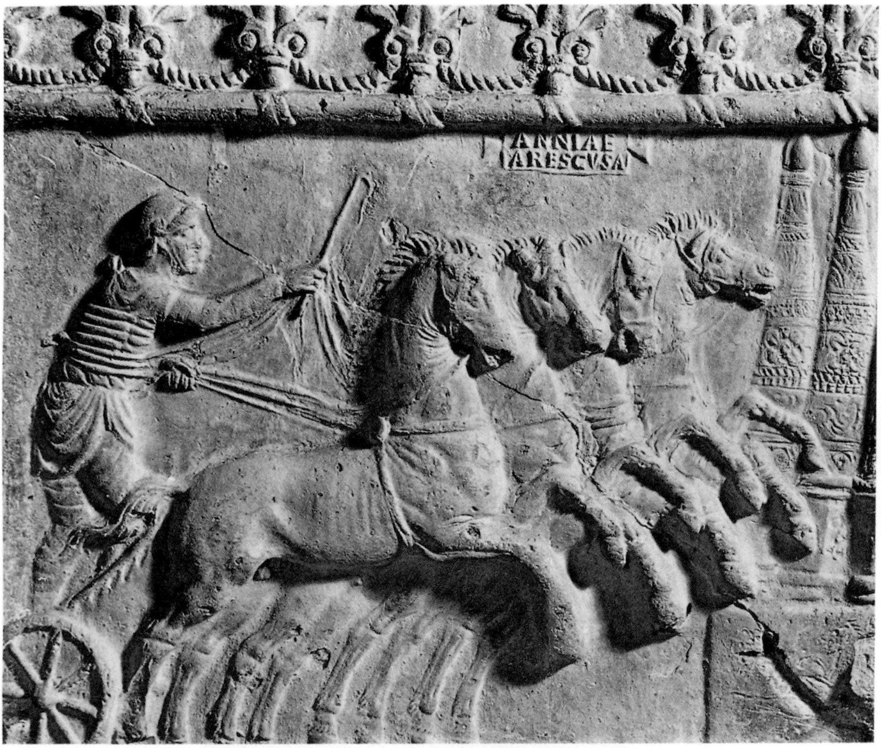

Corsa di cocchi al Circo Massimo, un enorme anfiteatro
da 120 mila posti dove Nerone si esibì più volte come auriga.

romane, era un motivo sufficiente di divorzio. Ma per poter far accettare al Senato, all'opinione pubblica e all'esercito il ripudio di una donna tanto nobile per nascita era necessario infangarne completamente la reputazione.[49] Nerone non andò per il sottile. Costrinse un domestico di Ottavia ad accusare la padrona di avere una relazione con uno schiavo, un flautista egiziano di nome Eucareus. Per provare la tresca furono sentite le ancelle di Ottavia. Gli interrogatori erano condotti da Tigellino che usava senza risparmio la tortura, procedimento ammesso nei confronti degli schiavi. Quasi tutte le ragazze rimasero fedeli alla padrona. L'ancella Pitiade, durante un interrogatorio, sputò in faccia a Tigellino gridandogli: «Le parti genitali della mia padrona sono più caste della tua bocca!».[50] Furono comunque raccolte delle testimonianze considerate sufficienti ad avviare la procedura di divorzio. A Ottavia fu assegnata, come luogo di ritiro, la casa di Burro. Ma, quasi subito, fu trasferita in Campania sotto scorta armata. Dodici giorni dopo il ripudio Nerone sposava Poppea.

Con Ottavia Nerone si sarebbe probabilmente fermato lì[51] se non fossero scoppiate delle sommosse popolari in favore della sfortunata ragazza. Questa volta la plebe stava con Ottavia, non con Nerone: le accuse contro la ventenne imperatrice erano state troppo maldestre e proterve. Nerone si spaventò e ordinò di far tornare Ottavia dall'esilio. Mossa sbagliata, perché la plebe credette che l'avesse richiamata come moglie. Tacito dice che nei tumulti che ne seguirono furono rovesciate le statue di Poppea la quale, temendo per la sua vita, chiese a Nerone la testa di Ottavia.[52] Cosa poco credibile, perché non c'era stato nemmeno il tempo di erigere statue a un'imperatrice che era tale solo da pochi giorni. Certo è che i tumulti e le manifestazioni di gioia per il ritorno di Ottavia ci furono. E segnarono la sua fine.

Per sopprimere Ottavia bisognava però appiopparle

qualche delitto più grave di un semplice adulterio e, soprattutto, trovare un accusatore più credibile di uno schiavo. Nerone ricorse, ancora una volta, ad Aniceto perché dichiarasse non solo di essere l'amante di Ottavia, ma di aver complottato con lei per rovesciare l'imperatore. Aniceto non aveva scelta: l'antica complicità nell'omicidio di Agrippina lo obbligava a obbedire, ammesso che avesse voglia di disobbedire. Aniceto confessò tutto, anche di più, molto di più, di quello che gli era stato chiesto. Tanto che Nerone ritenne più prudente toglierlo dalla circolazione: gli fu detto di ritirarsi in Sardegna dove, peraltro, visse comodamente e morì di morte naturale.

Nerone notificò con un editto che la scelta di Aniceto come amante indicava la volontà di Ottavia di intaccare la fedeltà della flotta e aggiunse che l'imperatrice, dopo essersi lasciata ingravidare, aveva abortito per nascondere il misfatto. Un'accusa ancora una volta maldestra, oltre che turpe, dato che all'origine della procedura di divorzio c'era proprio la sterilità di Ottavia. Nerone aveva perso completamente la testa.

Ottavia fu allontanata anche dalla Campania e relegata nell'isola di Pandataria (Ventotene). Dopo pochi giorni la raggiunsero i sicari di Nerone. Incatenata, le furono tagliate le vene, ma poiché non si sbrigava a morire la sventurata ragazza fu uccisa con l'immersione in un bagno caldissimo. Scrive Tacito: «Per Ottavia il giorno delle nozze aveva tenuto luogo di funerale; essa era stata condotta in una casa dove nulla avrebbe avuto se non lutti».[53]

Quello con Poppea fu un grande matrimonio d'amore. Poppea era intellettualmente curiosa, Nerone anche. Poppea era allegra, Nerone anche. Poppea era spiritosa, Nerone anche. A Poppea piaceva divertirsi, come a Nerone. A Poppea interessava l'Oriente, a Nerone interessava l'Oriente. Poppea proteggeva gli ebrei e Nerone chiuse un occhio sui trambusti che costoro provocavano continuamente dentro e fuori Roma.[54]

La loro intesa era perfetta. Nerone aveva abbandonato i suoi vagabondaggi notturni, passava le sere a Palazzo e scriveva poesie per lei, sui suoi capelli «color dell'ambra».[55] Per la prima, e forse unica, volta nella sua vita, Lucio Domizio Enobarbo, alias Nerone, era felice.

E la sua felicità salì alle stelle quando il 21 gennaio del 63 Poppea gli diede una figlia cui fu imposto il nome di Claudia. Ci furono grandi manifestazioni di giubilo fra la plebe.[56] Il Senato quasi al completo si recò ad Anzio, dove Poppea aveva partorito, per far visita alla puerpera e all'imperatore. Nerone, pazzo di gioia, mostrava a tutti la bambina e il suo orgoglio di padre. Dopo soli quattro mesi la bimba morì. «Il dolore di Nerone, come prima la gioia, fu senza freno.»[57]

Due anni dopo, nel 65, Poppea rimase nuovamente in stato interessante. È totalmente assurda l'accusa che Nerone, ubriaco, abbia ucciso Poppea incinta con un calcio al ventre perché lo rimproverava di essere rientrato a casa tardi dalle corse. Il litigio, con quel suo motivo così normale, così borghese, è più che credibile, perché Poppea era un tipetto che sapeva farsi rispettare. Ciò che non è credibile è il calcio omicida. Nerone amava moltissimo la moglie e, soprattutto, voleva un figlio. Un atto autolesivo così clamoroso non si spiega neanche alla luce della vita e della personalità di Nerone, perché in lui non c'è alcuna traccia di un temperamento autodistruttivo. Poppea morì per un incidente di gravidanza come si evince chiaramente anche da Svetonio il quale dice che, al momento del presunto calcio, la donna era ammalata.[58]

Nerone pronunciò un commosso discorso funebre sulle spoglie della moglie e la fece imbalsamare all'uso orientale invece di cremarla com'era costume dei romani. Non la dimenticherà mai. Da allora in poi non cantò parti femminili senza indossare una maschera che riproducesse le fattezze di Poppea e se prescelse l'eunuco Sporo per i suoi amori bisessuali fu anche perché gli ricordava la moglie, era solito anzi chiamarlo col secondo nome di lei: Sabina. Uno dei suoi ultimi atti di sovrano sarà la consacrazione di un santuario dedicato a Poppea.[59]

Nonostante l'amore, Nerone non permise però mai a Poppea di acquistare a corte quell'influenza che, sotto Claudio, avevano avuto Messalina e Agrippina. Tranne che per qualche concessione marginale, Nerone non si fece né guidare né influenzare dalle donne nella sua attività di governo.[60] Del resto aveva avuto in casa Agrippina e gli era bastato.

Nel 62, l'anno della morte di Burro, del ripudio di Ottavia e del matrimonio con Poppea, si consuma anche la definitiva rottura con Seneca. Il filosofo aveva capito da tempo che non tirava più aria per lui. La sua influenza sull'imperatore, che ormai proseguiva dritto per la sua strada, antiaristocratica, era ridotta al lumicino. E, segno ancora più grave, Nerone ormai lo evitava.[61]

Seneca si sentiva stretto fra la sempre più evidente indifferenza del principe e la montante ostilità del Senato che lo considerava un complice del regime e lo sapeva pesantemente coinvolto nell'«*affaire* Agrippina»,[62] che era sì odiata, ma il cui omicidio cominciava a essere usato come arma di propaganda dagli oppositori di Nerone.[63]

Ora poi che non godeva più della protezione dell'imperatore, come un tempo, erano ricominciati gli attacchi per le sue esorbitanti ricchezze. La morte di Burro gli aveva inoltre tolto il controllo dei pretoriani e il filosofo, per la prima volta, si sentiva disarmato. Capì che, in quelle condizioni, essere ancora, almeno agli occhi dell'opinione pubblica, il principale consigliere del principe, oltre a non dargli più alcun vantaggio, lo esponeva alle vendette della possibile rivalsa aristocratica le cui avvisaglie, come un brontolìo di tuono, si sentivano in sottofondo e che lui, con le sue sensibili antenne, percepiva chiaramente. Decise che era giunto il momento di prendere le distanze, di rifarsi una verginità e di passare, sia pur con prudenza e a seconda di come si fossero sviluppati gli eventi, dall'altra parte. Chiese quindi un colloquio a Nerone con l'intenzione di offrirgli le sue dimissioni e la restituzione di quelle ricchezze che l'imperatore gli aveva generosamente elargito nel corso degli anni. Il sacrificio era più apparente che reale. Con tutta probabilità l'imperatore avrebbe respinto, se non le dimissioni, la restituzione dei beni. In ogni caso, comunque fossero andate le cose, il gioco valeva la candela: con quell'offerta infatti egli avrebbe potuto presentarsi con le mani passabilmente pulite se, e quando, fosse venuto il momento opportuno.

Quello che Seneca fece a Nerone fu un discorso da autentica serpe, che Tacito ricostruisce così: «Sono quattordici anni, o Cesare, da che mi avvicinai a te per la speranza di bene che vi era in te, e sono otto anni da che tu hai conquistato l'Impero; in tutto questo tempo tu mi colmasti di tali onori e di così grandi ricchezze che non manca nulla alla mia fortuna se non il trattenerla nei giusti limiti. Citerò grandi esempi, tolti da uomini della tua condizione, non della mia. Il tuo trisavolo Augusto concedette a Marco Agrippa la solitudine di Mitilene e a Mecenate permise di riposarsi a Roma stessa, come in un soggiorno straniero; l'uno compagno nelle guerre, l'altro travagliato da molte fatiche, avevano ambedue ricevuto compensi in verità splendidi, ma proporzionati ai loro meriti eccezionali. Io, pertanto, che altro mai avrei potuto offrire alla tua generosità se non i miei studi coltivati, per così dire, nell'ombra, dai quali mi venne pure una gloria, quella di aver guidato, come si crede, i primi ammaestramenti della tua giovinezza, ciò che, in verità, è grande premio alla mia fatica? Tu, invece, mi hai colmato di immenso favore e di sconfinata ricchezza, al punto che, spesso, vado meditando entro di me e mi domando se sono proprio io, nato da famiglia equestre e provinciale, colui che è annoverato fra i più autorevoli cittadini di Roma. Io, uomo nuovo, ho potuto brillare fra coloro che, nobili di stirpe, vantano una lunga serie di onori? Dov'è mai quel mio animo contento del poco? È quello che mi ha fatto costruire questi giardini e che mi fa passeggiare tra quelle ville e per così larga superficie di campi, e che fa sì che io goda di soverchia abbondanza delle rendite dei miei capitali? Una sola giustificazione ho io, quella che avevo il dovere di non resistere ai tuoi doni. Nondimeno, l'uno e l'altro abbiamo colmato la misura, tu, per quanto un principe può dare a un amico, io, per quanto un amico può ricevere da un principe; ciò che eccede la misura alimenta l'invidia. Questa poi, se, come tutte le cose mortali, si ferma ai piedi della tua grandezza, incombe invece sopra di me; a me, dunque, tu devi portare aiuto. Nello stesso modo che, durante una campagna militare, o una marcia, io stanco mi rivolgessi a te per chiederti un sostegno, così in questo cammino della vita, io, vecchio e incapace di affrontare anche le più piccole fatiche, ti chiedo aiuto dal momento che non posso sostenere oltre il peso delle mie ricchezze. Da' ordine che il mio patrimonio sia amministrato da procuratori e rientri a far parte delle tue sostanze. Non che io pensi di ridurmi da me in miseria, ma, riconsegnati quei beni il cui splendore mi abbaglia, quel tempo che è riservato alla cura dei giardini e delle ville tornerò a dedicarlo allo spirito. Tu hai sovrabbondanti energie e conosci per l'esperienza di tanti anni l'arte di reggere l'Impero; noi, vecchi amici, possiamo ora chiederti di riposare. Anche questo sarà gloria per te, l'aver innalzato ai sommi onori coloro che sanno anche tollerare una condizione modesta».[64]

Nerone, dimostrando di aver ben imparato la lezione del maestro, rispose sullo stesso tono: «Il fatto che io risponda subito al tuo meditato discorso è da me considerato anzitutto come un dono ricevuto da te, che mi hai insegnato a esporre facilmente, non solo quando prevedo l'argomento, ma anche quando sono colto all'improvviso. Il mio bisavolo Augusto concedette ad Agrippa e Mecenate di godere il riposo dopo le fatiche, ma quando egli stesso era in tale età nella quale l'autorità sua bastava a dar forza a qualunque provvedimento egli avesse preso; e, purtuttavia, non privò né l'uno né l'altro dei doni ch'egli aveva loro concesso. Agrippa e Mecenate se li erano guadagnati nei pericoli di quelle guerre in mezzo alle quali Augusto aveva trascorso la giovinezza. Né a me sarebbero venuti meno né la tua spada né il tuo braccio se io avessi guerreggiato; tu, invece, secondo quanto richiedevano questi tempi tranquilli, hai sostenuto e guidato, con la prudente saggezza e con buoni precetti, prima la mia adolescenza, poi la mia giovinezza. Pertanto i tuoi meriti verso di me, finché avrò vita, saranno eterni; i benefici che hai ricevuto da me, i giardini, le ville, le rendite sono abbandonati agli accidenti del caso. Per quanto quei beni possano apparire grandi, tuttavia moltissima gente ne ha posseduti di più grandi ancora, pur non essendo paragonabile a te per le virtù e i meriti tuoi. Mi vergognerei di nominare quei liberti che notoriamente sono più ricchi di te, a proposito dei quali un'altra ragione mi fa arrossire, ed è il fatto che tu, che sei il primo nel mio affetto, non sei ancora il primo di tutti nella fortuna. Nondimeno tu sei ancora in un'età fiorente, che ti permette di lavorare e di cogliere il frutto del lavoro, e io sono appena all'inizio dell'Impero, a meno che tu non voglia sottovalutare te di fronte a un Vitellio, che fu tre volte console, e posporre me a Claudio, né pensare che la quantità di beni che Velusio accumulò nella lunga vita parsimoniosa non possa essere in egual misura raggiunta dalla mia generosità verso di te. Se in qualche parte la mia vacillante adolescenza devia, perché tu non vorrai rimetterla sul retto cammino e offrire con maggiore cura di prima un sostegno alla mia balda giovinezza? Se tu mi rendessi il denaro e abbandonassi il principe, tutti parlerebbero non della tua modestia, né del tuo desiderio di riposo, ma della mia cupidigia e della tua paura per la mia crudeltà. Che se anche la tua temperanza fosse altamente lodata, non sarebbe, tuttavia, decoroso per un saggio trarre per sé gloria proprio da ciò che porta disonore a un amico».[65]

Seneca, nota ancora Tacito, chiuse, come di solito si chiudono i discorsi con i tiranni, esprimendo la sua gratitudine.[66] Del resto era davvero soddisfatto, aveva ottenuto proprio ciò che voleva. L'offerta di restituire le ricchezze lui l'aveva fatta - e avrebbe provveduto a pubblicizzarla adeguatamente - tanto meglio se l'imperatore l'aveva respinta. In quanto alle dimissioni, anche se Nerone formalmente le aveva rigettate, erano nei fatti. Da quel giorno Seneca si tolse ostentatamente dalla circolazione ritirandosi nelle sue ville di campagna.

La perdita di Seneca non fu particolarmente importante, sia perché il filosofo non svolgeva ormai più alcun ruolo effettivo a corte, se non di resistenza passiva ai programmi dell'imperatore, sia perché Nerone seppe sostituirlo con collaboratori validi, come lo storico Cluvio Rufo, il consolare Vestino Attico e il futuro imperatore, e allora generale, Vespasiano.[67] Molto più gravida di conseguenze fu la morte di Afranio Burro, la cui fedeltà Nerone avrebbe amaramente rimpianto insieme alle sue capacità.

Nerone decise di dividere la carica di prefetto del pretorio fra due comandanti, così come era stato prima di Burro, sotto Claudio, e nominò Fenio Rufo, un ex protetto di Agrippina che si era molto ben comportato come amministratore dell'Annona,[68] e Ofonio Tigellino.

Tacito dice che Nerone scelse Tigellino perché, come ex allevatore di cavalli, condivideva la sua passione per le corse e perché, uomo di consumata dissolutezza, gli era compagno nelle orge alle quali, anzi, lo incitava. E fa del nuovo prefetto del pretorio un ritratto a tinte foschissime, peggiore di quello che riserva allo stesso imperatore. Ma, anche qui, bisogna andarci piano, tenendo presente che Tacito, per la sua mentalità aristocratica, era per principio ostile all'innalzamento di uomini di umili origini quale Tigellino era.

Nerone non aveva mai scelto (né lo farà in futuro) i propri funzionari alla leggera, basandosi sulle sciocchezze che Tacito gli attribuisce. Si trattasse di generali, come Corbulone, Paolino o Vespasiano, di governatori, di procuratori, di prefetti (cioè di tutto quel personale politico-amministrativo le cui nomine dipendevano direttamente da lui), Nerone li aveva sempre scelti valutandone molto attentamente le capacità e le attitudini al ruolo. E ci aveva quasi sempre azzeccato. Quando qualche nomina si era rivelata sbagliata, come nel caso di governatori dimostratisi inetti o troppo rapaci, era stato pronto a ritornare sui suoi passi. L'imperatore inoltre aveva sempre cercato di distinguere, per quanto ciò era possibile dati i tempi, la sua vita privata dalle proprie incombenze di governo. Le sue mogli, sia Poppea che, dopo, Statilia Messalina, non ebbero alcuna influenza sulla cosa pubblica, i suoi amici di *débauche*, come Paride e Spiculo, non ricevettero mai incarichi, così come i suoi amici-amici, tipo Sereno e Senecione, non fecero, sotto di lui, particolari carriere. Solo Otone ebbe, per i motivi che sappiamo, il governatorato della Lusitania. Ma Otone, che veniva da una nobilissima famiglia che aveva dato ottimi magistrati a cominciare da suo padre, Lucio, aveva tutti i titoli per quell'incarico, che infatti tenne con grande capacità.

Tigellino, siciliano di Agrigento, di umili origini, aveva avuto una vita avventurosa. Allevato nella casa di Agrippina, di cui era più o meno coetaneo, era stato esiliato da Caligola a causa della relazione che aveva avuto con la sorella dell'imperatore, Giulia Livilla (una che la dava un po' a tutti), aveva vissuto qualche tempo in Grecia ed era poi tornato in Sicilia dove aveva messo in piedi una scuderia di cavalli da corsa con la quale era diventato ricco. Ma non era uno sprovveduto. Esperto di diritto e di amministrazione,[69] era diventato capo dei vigili di Roma, la polizia della capitale, e si era specializzato in quelli che oggi chiameremmo i «servizi segreti», attività per la quale aveva dimostrato di essere particolarmente versato. Ed era probabilmente per questo che l'imperatore lo aveva scelto come prefetto del pretorio perché anche Nerone, non meno di Seneca, aveva le antenne sottili e sentiva che qualcosa bolliva in pentola.

Ciò non toglie che fu una scelta sbagliata. Non solo perché al momento del dunque, durante le crisi del 68, Tigellino si defilerà e tradirà l'imperatore, ma perché il nuovo prefetto del pretorio prenderà troppo alla lettera i suoi compiti polizieschi riempiendo Roma di spie e di agenti segreti e facendo con durezza quel che Burro aveva fatto con tatto, misura e anche una certa paternalistica bonomia, e quindi rinfocolando il malcontento invece di estirparlo. È con Tigellino, tra l'altro, che viene riesumato il delitto di «lesa maestà», molto in voga ai tempi di Tiberio e di Claudio, che Nerone aveva lasciato cadere per otto anni.

Chi però, come noi, ritiene che Nerone «was a pupil, not a puppet» non può pensare che l'imperatore, ora venticinquenne, subisse più di tanto l'influenza di Tigellino quando, poco più che ragazzino, aveva resistito a quella di un uomo dal fascino intellettuale e dal prestigio di Seneca. Tigellino non fu l'«anima nera» di Nerone, come vuole un altro logoro luogo comune, fu, in buona misura, un esecutore di ordini.[70] Anche se li eseguiva con un pericoloso eccesso di zelo.

Fu comunque Tigellino a far riconsiderare a Nerone, e non a torto, la posizione di Rubellio Plauto e di Cornelio Silla, potenzialmente i due più pericolosi rivali dell'imperatore in quanto entrambi discendenti diretti di Augusto e, soprattutto il primo, con un largo seguito.

Per capire la vicenda di Plauto e Silla bisogna ricordare che, come abbiamo accennato all'inizio del capitolo,[71] durante tutto il predominio della dinastia Giulio-Claudia non ci fu mai una norma che fissasse ufficialmente e legalmente i criteri della successione imperiale. Ciò era l'inevitabile conseguenza dell'ambiguità di Augusto che aveva tentato di mascherare il carattere monarchico del suo governo nel timore di fare la fine di Cesare. C'era quindi la finzione che l'imperatore non fosse un monarca, ma un *princeps*, un primo cittadino, investito dal Senato e dal popolo di particolari poteri che decadevano con la morte di colui che li deteneva. In realtà Augusto nel corso dei quarant'anni del suo regno aveva fatto molti tentativi per assicurare la successione a un suo discendente ma, essendogli andati, per vari motivi, tutti male, aveva finito per adottare il figliastro Tiberio. Si era affermato quindi il principio che il successore fosse scelto all'interno della famiglia dell'imperatore, ma *chi* dovesse essere non era stabilito, anche perché il diritto civile romano, per la particolare costituzione della *familia*,[72] ignorava completamente la nozione di primogenitura.[73] Di conseguenza nessun imperatore era mai sicuro della propria posizione che poteva essere messa in discussione e in pericolo, in qualsiasi momento, da altri membri della famiglia Giulio-Claudia. C'erano state lotte feroci per la successione e lotte ancora più feroci per mantenerla una volta conquistata. Di fatto l'imperatore, se non voleva soccombere, doveva sopprimere tutti i membri maschi della sua famiglia o, almeno, quelli più pericolosi.[74] Cosa che Tiberio, Caligola e Claudio avevano fatto assai alla svelta.

Nerone aspettò invece otto anni prima di eliminare Plauto e Silla, nonostante avesse avuto ottime occasioni e pretesti per farlo prima.[75] Come si ricorderà Plauto, nel 55, era stato coinvolto nel presunto complotto di Agrippina denunciato da Domizia, Silana, Iturio e Calvisio. Ma Nerone non aveva creduto al complotto e aveva assolto Agrippina e addirittura ignorato Plauto. Nel 59 il condono di ogni pena a Iturio e Calvisio dice che Nerone non credeva più che quella denuncia fosse del tutto falsa. Agrippina ormai era morta, ma Plauto era vivo, influente, rispettato e dimorava a Roma. Ma nulla fu intrapreso contro di lui. Plauto godeva di tale prestigio che quando, nell'agosto del 60, apparve una cometa, cosa che secondo i romani, che erano tremendamente superstiziosi, preannunciava un mutamento di principe, il nome che corse subito sulla bocca di tutti, come nuovo imperatore, fu il suo. Quando poi la tavola di Nerone, che pranzava presso i laghi Simbruini, fu colpita da un fulmine che la spezzò in due, Roma non ebbe più dubbi perché l'incidente era avvenuto proprio nella zona d'origine della stirpe di Plauto. Di Nerone si parlava già al passato. Allora l'imperatore prese carta e penna e scrisse a Plauto una lettera nella quale lo pregava di lasciare Roma perché vi potesse tornare la calma e perché egli stesso si sottraesse ai calunniatori che, con buona probabilità, non sarebbero mancati. Plauto, ricordava Nerone nella lettera, possedeva in Asia notevoli terreni ereditati dai suoi avi e quindi, anche se egli non lo riteneva colpevole di nulla ma vittima di una sciocca superstizione, gli chiedeva, per il bene di Roma e come favore personale, di ritirarsi «colà dove avrebbe potuto godere sicuro la sua serena giovinezza».[76] Anche se formulato in termini cortesi e non ultimativi, l'invito era di quelli a cui non si poteva rispondere di no. Plauto partì quindi per l'Asia con la moglie, i figli, i servi, i famigli e gli amici che lo vollero seguire.

In quanto a Silla, che fra le altre cose era marito di Antonia, la prima figlia di Claudio, era rimasto coinvolto, nel 55, nella denuncia di un complotto. Un certo Peto accusò Pallante e Burro di cospirare per innalzare all'Impero, appunto, Cornelio Silla. Pallante si difese in modo sprezzante. Poiché gli era stato fatto il nome di alcuni suoi liberti che egli avrebbe avuto per complici, rispose che non parlava mai ai suoi servi, ma si rivolgeva loro con un cenno del capo o della mano oppure, se proprio occorreva, per iscritto. Quanto a Burro, tanto poco Nerone credeva alla sua colpevolezza che lo fece sedere fra i giudici. Peto fu condannato all'esilio per calunnia.

Ma nel 58 un liberto imperiale, Grapto, mosse a Silla un'accusa più consistente. Raccontò all'imperatore che Silla gli aveva preparato un agguato sulla via Flaminia al ritorno da una delle sue puntate notturne al ponte Milvio. Nerone si sarebbe salvato per caso, perché a un certo punto aveva voluto lasciare la compagnia e proseguire da solo per gli Orti Sallustiani deviando così dal percorso abituale dove lo attendevano i sicari. E in effetti i servitori del principe, che avevano fatto la strada consueta, erano stati aggrediti da una banda di giovani. Però fra gli aggressori non era stato riconosciuto nessun servo o cliente di Silla (cosa del resto difficile, perché era buio pesto).

Nerone era molto incerto. Nel dubbio ordinò a Silla di uscire dall'Italia e di ritirarsi a Marsiglia. Ma avrebbe potuto benissimo, e senza scandalo, anche perché Silla non aveva una buona reputazione, approfittare della situazione, condannarlo a morte e toglierselo di torno per sempre.

Nel 62, dunque, Tigellino invitò l'imperatore a guardare in una luce diversa quei vecchi episodi in cui erano stati invischiati Plauto e Silla. «Perché?» chiese Nerone.

Tigellino rispose che, secondo i suoi informatori, sia Plauto che Silla avevano stretto forti legami con le truppe di stanza nelle rispettive province. In particolare Silla, nascondendosi dietro una maschera di indifferenza e di pigrizia, aveva avuto quattro anni di tempo per coltivare i rapporti con gli ufficiali delle legioni schierate nella Germania inferiore. In quanto a Plauto, i suoi possedimenti in Asia erano così vasti, e il potere della sua famiglia da quelle parti così antico e ben radicato, che poteva contare sul favore di vari strati della popolazione, favore che, sempre a detta degli informatori, stava segretamente sollecitando.

Tigellino disse di ritenere che le informazioni che gli erano state date corrispondessero a verità e che i due, sia pur all'insaputa l'uno dell'altro, stessero preparando qualcosa. Se ne era convinto anche andandosi a rileggere i dossier che li riguardavano: i complotti denunciati da Silana e da Peto non erano affatto un parto della loro fantasia. Se Plauto e Silla ne erano usciti indenni era solo perché l'imperatore aveva commesso l'ingenuità di fidarsi troppo ciecamente di Burro, il cui nome era stato fatto in entrambi i casi e che però Nerone aveva voluto mantenere nelle commissioni di inchiesta. Anche ammessa la buona fede del suo predecessore - disse Tigellino - era chiaro che Burro aveva avuto tutto l'interesse che si arrivasse a una assoluzione perché, in caso contrario, anche lui sarebbe finito, come minimo, sotto processo. Tigellino concluse che la situazione non andava presa alla leggera anche in vista del fatto che Nerone stava per ripudiare Ottavia in favore della più plebea Poppea e i due avrebbero potuto cogliere al volo l'occasione per cavalcare il malcontento che quegli avvenimenti avrebbero sicuramente suscitato non solo fra i senatori ma anche nel popolo.

Nerone trovò che il ragionamento del suo prefetto del pretorio era convincente. Del resto, a quel punto, non ci voleva molto per persuaderlo. Ammaestrato da otto anni di regno durante i quali aveva dovuto destreggiarsi fra mille insidie, stretto fra una madre golpista e un precettore infido, che si erano fatti una lotta senza esclusione di colpi cercando entrambi di sottometterlo e strumentalizzarlo, Nerone non era più il ragazzo un po' fra le nuvole dei primi anni. Anche lui si era chiesto se, a suo tempo, non fosse stato un po' troppo credulone e indulgente. In ogni caso la somma degli antichi sospetti con le recenti informative di Tigellino dava come risultato una situazione di grave pericolo. Nerone ordinò di eliminare i due. Senza processo, se si segue il racconto di Tacito. E questo è strano perché Nerone, nelle occasioni che si presenteranno in seguito, non condannerà mai dei senatori senza un procedimento regolare,[77] tanto che questa sua mania «legalista» era motivo di ironia all'interno del suo stesso *entourage* dove lo si accusava di logorarsi nelle procedure giudiziarie «mentre gli bastava una parola per annientare l'intero Senato».[78] Non si sa quindi se Tacito abbia omesso questo particolare per aumentare l'odiosità dell'imperatore, come ritiene qualche autore,[79] o se effettivamente, in questo caso, Nerone agì fuori da ogni legalità, anche formale. Peraltro Tacito racconta che dopo l'ordine di esecuzione di Plauto si sparse a Roma la voce che costui si era abboccato con Corbulone (allora in Armenia) e che le popolazioni dell'Asia si erano sollevate.[80] Ciò fa pensare che Nerone abbia emesso un editto e che quindi un processo ci debba essere stato perché se l'ordine fosse stato segreto, come richiedeva un'eliminazione *manu militari,* i romani non sarebbero potuti venirne a conoscenza che a cose fatte, e quindi nessuna «voce» del genere di quella riferita da Tacito avrebbe potuto circolare.

Sia come sia, è certo che Plauto e Silla costituivano un reale e grave pericolo per Nerone. Così almeno la pensa la maggioranza degli autori moderni, da Baldwin[81] a Rogers,[82] a Meise,[83] a Mc Alindon,[84] sulla base di argomentazioni che sarebbe troppo macchinoso riportare qui.

Per parte nostra facciamo una considerazione ragionando *a contrario*. Perché Nerone non eliminò Plauto e Silla nel 55, nel 58, nel 59, nel 60 quando avrebbe potuto farlo benissimo senza correre alcun rischio? Perché, evidentemente, pensava che non fossero ancora troppo pericolosi (o, quantomeno, che non esistessero sufficienti prove che lo fossero) e, pagando qualche prezzo alla propria sicurezza, preferì lasciar perdere, sia per conservare l'armonia col Senato, sia perché non era affatto un uomo assetato di sangue né un irresponsabile. Se nel 62 si decise ad agire vuol dire che il pericolo era diventato imminente ed esistevano fondati motivi per ritenere che i due stessero preparando qualcosa di serio.

Del resto la stessa cosa avvenne con Pisone. Già nel 62 c'erano chiare indicazioni che Pisone era un uomo pericoloso.[85] Ma Nerone lo colpì solo nel 65 quando ebbe le prove di una vasta congiura di cui Pisone era il capo.[86]

Note

[1] Cfr., fra gli altri, E. Paratore, *Un evento clamoroso nella Roma di millenovecento anni fa, op. cit.*, p. 488.
[2] Tacito, *Annali*, XIII, 14.
[3] *Ibidem*, XIII, 16.
[4] Verrà ripresa da Racine nel suo *Britannicus*, V, 5.
[5] E. Paratore, *Tacito, op. cit.*, pp. 83-84 e 792.
[6] Vedremo meglio questa complessa questione più avanti, p. 153.
[7] Cfr. E. Volterra, *Istituzioni di diritto privato romano*, Edizioni Ricerche, Roma 1960, pp. 74, 113, 114. In epoca arcaica il raggiungimento della pubertà, e quindi della maggiore età, veniva accertato caso per caso con un'ispezione corporale. *Ibidem*, p. 91.
[8] Tacito, *Annali*, XIII, 21.
[9] M. Grant, *op. cit.*, p. 47.
[10] G. Roux, *Néron*, Parigi 1962. Abbiamo fatto anche noi una verifica al Centro tossicologico di Niguarda (Milano): l'affermazione di Roux è corretta.

[11] Tacito, *Annali*, XIII, 10.
[12] In questo senso E. Paratore, *Tacito, op. cit.*, pp. 84, 99; *Un evento clamoroso nella Roma di millenovecento anni fa, op. cit.*, p. 504; M. Grant, *op. cit.*, p. 46; E. Cizek, *L'époque de Néron et ses controverses idéologiques*, Leida 1972, pp. 39, 89; G. Roux, *op. cit.*; A. Weigall, *Néron*, Parigi 1931.
[13] E. Paratore, *Un evento clamoroso nella Roma di millenovecento anni fa, op. cit.*, p. 504.
[14] M. A. Levi, *Nerone e i suoi tempi, op. cit.*, p. 10; E. Paratore, *Un evento clamoroso nella Roma di millenovecento anni fa, op. cit.*, p. 504.
[15] M. Grant, *op. cit.*, pp. 35-36.
[16] Tacito, *Annali*, XIII, 1.
[17] *Ibidem*, XIII, 4.
[18] A. Momigliano, *Nerone, op. cit.*, pp. 707 e sgg.
[19] Tacito, *Annali*, XIII, 18.
[20] Non va confusa con quell'altra Domizia (Domizia Lepida) che Agrippina aveva fatto assassinare subito dopo sposato Claudio.
[21] Tacito, *Annali*, XIII, 19.
[22] *Ibidem*, XIII, 21.
[23] ILS, 229.
[24] Tacito, *Annali*, XIV, 3.
[25] *Ibidem*, XIV, 2.
[26] *Ibidem*, XIV, 3.
[27] Non è sostenibile la tesi, avvalorata da Tacito e ripresa da alcuni storici moderni, che Nerone abbia eliminato la madre per poter sposare Poppea. Anzitutto è molto dubbio che, all'epoca dell'assassinio, Nerone conoscesse già Poppea, ma decisivo è il fatto che la sposò solo nel 62, tre anni dopo il matricidio.
[28] La complicità di Seneca nell'assassinio di Agrippina è fuori discussione. Tacito la dichiara esplicitamente. Che poi fosse il filosofo a spingere un Nerone riluttante lo dice Dione Cassio e lo si ricava da tutto il suo comportamento. Anche chi, come Pierre Grimal, giustifica Seneca su tutta la linea è costretto ad ammettere che fu determinante nell'assassinio di Agrippina. Grimal legittima però il filosofo sulla base della ragion di Stato, ma non Nerone. Il che è quantomeno singolare. P. Grimal, *Seneca*, Garzanti, Milano 1992, pp. 113-115.
[29] M. Grant, *op. cit.*, p. 76.
[30] Tacito, *Annali*, XIV, 4.
[31] *Ibidem*, XIV, 5.
[32] *Ibidem*.
[33] *Ibidem*, XIV, 7.
[34] *Ibidem*, XIV, 8.
[35] Secondo Tacito, Agrippina avrebbe offerto il grembo al sicario dicendo: «Colpisci al ventre!» (*Annali*, XIV, 8). Il che può essere inteso in due sensi: che andava punita lì per la sua lascivia, oppure perché aveva generato un «mostro» come Nerone. La prima interpretazione non convince, perché Agrippina non era mai stata una lussuriosa, si era sempre servita del sesso solo a fini di potere, freddamente. Ma nemmeno la seconda. Essa è in contrasto, tra l'altro, con la risposta che, molto tempo prima, Agrippina avrebbe dato a un indovino, il quale le profetava che

se il figlio fosse diventato imperatore l'avrebbe assassinata: «Mi uccida, purché imperi!». Probabilmente anche questa (come il «Colpisci al ventre!») è una leggenda, ma molto più in linea con la straordinaria personalità di Agrippina: se non poteva essere lei a signoreggiare sul mondo lo facesse almeno il figlio.

36 Tacito, *Annali*, XIV, 10.

37 R. S. Rogers, *op. cit.*, p. 202.

38 Svetonio afferma che Nerone avrebbe fatto assassinare la zia per impadronirsi della sua eredità («Nerone», XXXIV). È un'accusa palesemente assurda. Domizia era vecchia e malatissima, la sua morte imminente, che bisogno c'era di ucciderla?

39 Svetonio, «Nerone», XXXIV.

40 M. Grant, *op. cit.*, pp. 148-149.

41 Tacito, *Annali*, XIII, 45.

42 Anonimo, *Ottavia*, vv. 699 e sgg.

43 Il prefetto del pretorio che era stato deposto da Agrippina nel 51 a favore di Burro.

44 Svetonio, «Otone», III.

45 Tacito, *Annali*, XIII, 46.

46 Svetonio, «Nerone», XXXV.

47 Svetonio, «Otone», III.

48 Con opportuni calcoli si è accertato che Poppea rimase incinta in epoca antecedente al ripudio di Ottavia e che la gravidanza era nota ai due amanti. Cfr. R. S. Rogers, *op. cit.*, p. 192.

49 M. Grant, *op. cit.*, p. 140.

50 Tacito, *Annali*, XIV, 60.

51 R. S. Rogers, *op. cit.*, p. 205.

52 Tacito, *Annali*, XIV, 61.

53 *Ibidem*, XIV, 64.

54 Nel 64 l'imperatrice ricevette lo storico giudaico Flavio Giuseppe che ottenne la liberazione di alcuni rabbini imprigionati dalle autorità romane. Flavio Giuseppe, *De vita sua*, 3, 13, 16.

55 Plinio il Vecchio, *Storia naturale*, XXXVII, 50.

56 I romani non erano affatto maschilisti: la donna, anche se era esclusa dalle cariche pubbliche, aveva un ruolo importante nella società e non limitato alle faccende domestiche. La nascita di una bambina era accolta con la stessa gioia di quella di un maschietto.

57 Tacito, *Annali*, XV, 23.

58 Svetonio, «Nerone», XXXV.

59 M. Grant, *op. cit.*, p. 218.

60 E. Cizek, *Néron*, *op. cit.*, pp. 175, 179.

61 Tacito, *Annali*, XIV, 53.

62 *Ibidem*, XIV, 2.

63 M. A. Levi, *Nerone e i suoi tempi*, *op. cit.*, p. 154; A. Momigliano, *Nerone*, *op. cit.*, p. 717.

64 Tacito, *Annali*, XIV, 53, 54.

65 *Ibidem*, XIV, 55, 56.

66 *Ibidem*.

67 B. H. Warmington, *op. cit.*, p. 182.

[68] Anche questo dimostra che Nerone non covava risentimenti personali o che sapeva superarli.
[69] P. Petit, *Histoire génerale de l'Empire Romain*, Parigi 1974, p. 95; E. Cizek, *Néron*, *op. cit.*, p. 196.
[70] E. Cizek, *L'époque de Néron et ses controverses idéologiques*, *op. cit.*, p. 159.
[71] Pp. 125-126.
[72] E. Volterra, *op. cit.*, pp. 73, 78.
[73] B. H. Warmington, *op. cit.*, pp. 19-21.
[74] *Ibidem*, pp. 21-22.
[75] R. S. Rogers, *op. cit.*, pp. 190-212.
[76] Tacito, *Annali*, XIV, 22.
[77] R. S. Rogers, *op. cit.*, pp. 208-209.
[78] Tacito, *Storie*, IV, 42.
[79] R. S. Rogers, *op. cit.*, p. 209.
[80] Tacito, *Annali*, XIV, 58.
[81] B. Baldwin, *Executions, Trials and Punishment in the Reign of Nero*, in «La parola al passato», XXII, 1967, pp. 425-439.
[82] R. S. Rogers, *op. cit.*, pp. 200 e sgg.
[83] E. Meise, *Untersuchung zur Geschichte der Julisch-Claudische Dynastie*, Monaco 1969, pp. 201-202.
[84] B. Mc Alindon, *Senatorial Opposition to Claude and Nero*, in «American Journal of Philology», 77, 1956, pp. 113-132.
[85] Tacito, *Annali*, XIV, 65.
[86] Questo ragionamento, a proposito di Plauto, Silla e Pisone, è sviluppato anche da R. S. Rogers, *op. cit.*, pp. 211-212.

VI
L'incendio di Roma

Nessuno storico serio, né antico né, tantomeno, moderno,[1] ha mai sostenuto che Nerone abbia incendiato Roma. Nel libro XV degli *Annali*, che peraltro ci è pervenuto in una tarda copia dell'XI secolo,[2] quando la leggenda di «Nerone incendiario» si era ormai consolidata e che quindi può essere stata oggetto di manipolazioni, Tacito si limita a riferire che a Roma corse voce che ad appiccare il fuoco fossero stati uomini dell'imperatore. Però, man mano che il racconto si snoda, appare evidente come Tacito non creda a queste dicerie e consideri l'incendio dovuto al caso.[3] Scrittori e storici contemporanei o quasi contemporanei di Nerone, anche se fortemente ostili all'imperatore, come Cluvio Rufo, Flavio Giuseppe, Marziale, lo ritengono del tutto innocente.[4] L'accusa formale a Nerone di essere l'ispiratore dell'incendio viene formulata, settant'anni dopo i fatti, da Svetonio e rinforzata, un secolo più tardi, da Dione Cassio che riprende Svetonio. È interessante notare come le affermazioni degli storici antichi si fanno sempre più precise, circostanziate e perentorie man mano che ci si allontana dagli avvenimenti. Quella che per Tacito è solo una diceria, per Svetonio diventa una certezza e, addirittura, una sorta di spavalda, proterva, oltre che frivola, autoaccusa dell'imperatore: «Nerone affermò che la vista delle vecchie e orribili case e delle strade strette e tortuose offendeva il suo occhio, e perciò fece incendiare la città».[5]

Per Dione il mostruoso disegno dell'imperatore è del tutto evidente: «Nerone voleva realizzare il piano che aveva sempre avuto in mente: distruggere Roma e il suo Impero durante la sua vita».[6]

Ancora più singolare è che i primi autori cristiani, che pur avevano tutto l'interesse contrario, ignorino completamente la storia di «Nerone incendiario». Un paio di decenni dopo la morte di Nerone, prima quindi di Tacito e Svetonio, il vescovo di Roma, Clemente, scrive ai suoi compagni di fede di Corinto parlando delle persecuzioni subite dai cristiani, ma non fa alcun cenno a Nerone come autore dell'incendio. Ma anche Tertulliano, che è attivo a cavallo del II e III secolo, e Lattanzio, che scrive agli inizi del IV, entrambi, quindi, dopo Tacito, pur occupandosi a lungo del principato di Nerone e accusandolo di essere stato il primo persecutore dei cristiani, non raccolgono la voce che abbia incendiato Roma. Vandenberg avanza l'ipotesi che Tertulliano e Lattanzio conoscessero il testo originale di Tacito e che questo dovesse essere ancora più esplicitamente innocentista delle copie che ci sono giunte.[7] (Svetonio godeva scarso credito anche allora, tanto più presso i cristiani dato che l'autore delle *Vite dei Cesari* annoverava la loro persecuzione fra i pochi meriti di Nerone.)

Il primo storico cristiano che accolla a Nerone l'incendio è Sulpicio Severo che, nella sua *Chronica*, agli inizi del V secolo, scrive: «Egli scaricò la sua orribile colpa sui cristiani, che pur essendo innocenti dovettero subire terribili sofferenze». Vandenberg suppone che questa interpretazione di Severo sia stata inserita dai copisti cristiani nel testo di Tacito e che, da quel momento, Nerone sia diventato, nella tradizione storica cristiana e nella vulgata, «l'incendiario».

Ma al di là di questo excursus fra gli storici antichi,

pagani e cristiani, che già di per sé fa sorgere molte perplessità, i più solidi argomenti per escludere che Nerone abbia incendiato Roma stanno altrove.

1. Le motivazioni attribuitegli sono del tutto inconsistenti. Si dice infatti - ed è l'unica ragione che si porta - che Nerone voleva trovare spazio per il suo nuovo, fantastico palazzo, la Domus Aurea e ridisegnare la città secondo i propri gusti. Si confonde, evidentemente, la causa con l'effetto e si addebita a Nerone, come prova della sua colpa, quello che fu invece un suo merito: l'aver ricostruito Roma molto più bella, secondo criteri urbanistici più razionali, più funzionali, adottando, oltretutto, una serie di intelligenti misure antincendio per metterla al riparo, per quanto possibile, da una catastrofe come quella che aveva subìto. Inoltre, se Nerone voleva trovar posto per la Domus Aurea non avrebbe fatto appiccare il fuoco in una zona molto distante dall'area interessata.[8] Infine l'imperatore non aveva alcun bisogno di ricorrere a questi mezzi estremi per realizzare i propri progetti urbanistici: gli espropri immobiliari a fini di pubblica utilità esistevano anche allora e il capo dell'Impero, monarca quasi assoluto, aveva, per farli attuare, mezzi certamente superiori e più persuasivi di quelli di un attuale sindaco.

2. Se fosse stato Nerone a incendiare Roma non si capisce proprio perché, poi, si sia dato tanto da fare per spegnere il rogo e soccorrere le vittime.

3. L'incendio distrusse lo stesso Palazzo imperiale sul Palatino, che Nerone aveva appena finito di far decorare e di ultimare, oltre che i possedimenti di Tigellino agli Orti Emiliani. Anche ammesso che l'imperatore volesse disfarsi del suo vecchio Palazzo (ma non si comprende allora perché se ne fosse preso tanta cura fino al giorno prima), invece di incorporarlo nel nuovo progetto, avrebbe almeno provveduto a mettere al sicuro i tesori dell'arte greca e romana che vi erano custoditi, una col-

lezione unica cui Nerone teneva moltissimo e che, da un giorno all'altro, andò completamente perduta.

4. La notte in cui scoppiò l'incendio era di luna piena, il peggior momento per chi volesse appiccare il fuoco indisturbato, senza farsi né vedere né riconoscere.

5. La congiura di Pisone era già in fase di avanzata organizzazione: i suoi adepti avevano tutto l'interesse a far correre, o ad avvalorare, la voce che a incendiare Roma fosse stato l'imperatore.

6. Ma l'argomento definitivo è questo: l'ultimo ad avere interesse a una catastrofe del genere era proprio Nerone. La plebe di Roma considerava l'imperatore come una sorta di nume tutelare, di protettore quasi divino della città, al quale attribuiva tutto ciò che di bene, ma anche di male, vi accadeva. Fu proprio per questo che poté nascere la voce che Nerone era responsabile dell'incendio. Nerone sapeva benissimo che un avvenimento del genere gli sarebbe stato, in qualche modo, addebitato. Come minimo si sarebbe detto che l'imperatore portava sfortuna[9] ed egli avrebbe avuto – come infatti ebbe – un grave calo di popolarità presso la plebe. L'ultima cosa che Nerone poteva volere nel 64 quando, in rotta aperta col Senato, l'aristocrazia, gli intellettuali, si appoggiava ormai solo sul favore del popolo. Alienarsi anche questo, per una bizzarria senza senso e senza scopo, equivaleva a un suicidio.

Ugualmente fantasiosa, fino al ridicolo, è la diceria che l'imperatore, vestito con gli abiti da citaredo, abbia cantato l'incendio «dal punto più alto del Palatino». Questa è la tesi di Dione Cassio. Ma il Palatino era in fiamme e Nerone, con tutta la più buona volontà, non ci sarebbe potuto stare senza finire arrosto. Svetonio riferisce invece che l'imperatore fece la sua sconcia esibizione su una torre del palazzo di Mecenate all'Esquilino.[10] Per la verità Nerone all'Esquilino fece tutt'altro, come vedremo, ma prendiamo un attimo per buona questa versione. Essa presuppone che un Nerone indifferente a tutto, ilare e giocondo, si sia goduto beatamente l'incendio per ispirare la sua musa. Ma Tacito ci fornisce, involontariamente, un quadro del tutto diverso della situazione psicologica dell'imperatore in quei drammatici giorni. Quando parla della congiura di Pisone del 65, Tacito racconta che uno dei congiurati, il tribuno Subrio Flavo, aveva avuto la tentazione di assassinare Nerone già durante l'incendio dell'anno precedente vedendolo, solo e senza scorta, correre qua e là nella notte, tra le fiamme, come impazzito per l'angoscia.[11] Questo era lo stato d'animo di Nerone nei giorni di quella catastrofe. E non poteva essere diversamente.

Oltretutto quell'«incidente di percorso» veniva a rovinare un anno colmo di successi, durante il quale Nerone aveva colto i frutti di una politica che ormai, liberatosi da tempo di tutte le tutele, poteva essere attribuita solo a lui e alle sue intuizioni. «Il 64» scrive Levi «fu uno degli anni salienti, forse il più brillante di tutto il principato di Nerone... In quell'anno erano state completate le operazioni di occupazione di tutte le coste del mar Nero; era stata estesa la cittadinanza romana alla popolazione delle Alpi Marittime e Cozie, mentre si cominciavano a sentire i vantaggi delle esplorazioni compiute nell'Etiopia Meroitica e della scoperta dei monsoni, per cui erano state aperte nuove vie marittime verso l'oceano Indiano. In quel periodo veniva anche iniziato il grande canale navigabile che univa il porto commerciale claudiano di Ostia con il porto militare augusteo del lago d'Averno. Ottenute maggiori disponibilità finanziarie grazie alle variazioni della moneta, procuratesi maggiori disponibilità economiche con la conquista di nuove aree di rifornimenti, sembrava che Nerone fosse giunto a compensare le antipatie e gli odii che si procurava, con i successi che stava raccogliendo.»[12]

Se l'incendio di Roma fu un disastro per tutti, per Nerone fu un'autentica mazzata. Eppure, scrive Warmington in riferimento all'assurdità delle accuse rivolte a Nerone, «a dispetto dell'inconsistenza di queste chiacchiere e dei resoconti tendenziosi relativi all'incendio nel suo complesso, l'immagine di un imperatore "che suona mentre Roma va in fiamme" è troppo affascinante, e troppo comoda, perché possa essere scardinata dalla fantasia popolare».[13] C'è da aggiungere che ai contemporanei Nerone doveva apparire un tipo davvero bizzarro, da cui ci si poteva aspettare di tutto, nel bene e nel male. Ecco anche perché fra la gente del popolo poté nascere o trovar credito la fantasticheria che fosse stato lui a far incendiare Roma per cantare il rogo o per costruire la Domus Aurea o per tutte e due le cose.

L'incendio era scoppiato nella notte fra il 18 e il 19 luglio. Prese il via dal Circo Massimo, nella parte in cui questo confinava col Celio e il Palatino, una zona fitta di case, di botteghe, di mercatini, di depositi di merci infiammabili. Sospinto da un forte vento aggredì il Foro Romano, il Velabro, il Foro Boario, trovando facile alimento «nelle vie strette e tortuose e negli immensi agglomerati di case della vecchia Roma».[14]

In quel momento Nerone si trovava ad Anzio. Nella notte stessa si precipitò a Roma per prendere i primi provvedimenti e organizzare i soccorsi. Purtroppo i pompieri (i *sifonarii* e gli *aquarii*) con le loro esili pompe e i mastelli potevano ben poco contro quel rogo immane. Quando, al terzo giorno d'incendio, Nerone si rese conto che per Circo Massimo, Palatino e Celio non c'era più nulla da fare, prese l'unica decisione possibile: distolse gli uomini da quei quartieri e li concentrò davanti all'Esquilino che era la zona più popolosa, oltre che più povera, di Roma. Poi, per togliere alimento al fuoco, fece abbattere sopravvento, su una larga striscia di terreno, le case, gli alberi e tutto quanto c'era di infiammabile. Fu un'immensa operazione chirurgica in cui vennero impegnati centinaia di uomini, pompieri, pretoriani, schiavi, servi dell'imperatore. Fra il fronte del fuoco e il colle dell'Esquilino «c'era ormai una valle che pareva un cratere di vulcano spento».[15] L'Esquilino fu salvato.

Dopo sei giorni e sei notti l'incendio parve calmarsi. Ma la gente di Roma aveva appena cominciato a respirare che il fuoco riprese in altri punti della città, fortunatamente più aperti e meno popolati, e divampò per altri tre giorni finché, finalmente, si spense.

Dei quattordici quartieri in cui era divisa Roma, tre, Circo Massimo, Palatino e quello chiamato «Isis e Serapis», furono completamente cancellati, in altri sette i danni furono abbastanza contenuti e solo quattro, Esquilino, Porta Capena, Alta Semita e Trastevere, rimasero intatti. In tutto andarono distrutte quattromila *insulae* (le abitazioni popolari, in legno) e centotrentadue *domus*.[16]

L'opera di soccorso intrapresa da Nerone fin dai primissimi momenti fu degna di una moderna ed efficiente protezione civile. Facciamocela raccontare da Tacito: «Per confortare il popolo vagante qua e là senza dimora, aprì il Campo Marzio, i monumenti di Agrippa e i suoi giardini, dove fece innalzare delle costruzioni improvvisate per offrire un rifugio alla moltitudine in miseria. Da Ostia e dai vicini municipi fece venire oggetti di prima necessità, fece ridurre il prezzo del grano a tre nummi per moggio (un sedicesimo del prezzo abituale, *N.d.R.*)».[17] Sappiamo inoltre che l'imperatore adibì a ricovero dei senzatetto il Pantheon, le terme, il portico di Vipsania e i Saepta Julia, una grande sala destinata alle votazioni, con una superficie di quattrocentoventi metri quadrati, sulla via Lata, l'odierna via del Corso.[18] Inoltre fece rimuovere gratuitamente i cadaveri e ordinò ai soldati di piantonare le zone disastrate per impedire agli sciacalli, che durante l'incendio avevano imperversato, ostacolando non poco le operazioni di soccorso,[19] di continuare il loro sporco lavoro.

Se non fu Nerone, chi incendiò Roma? L'ipotesi in assoluto più probabile è che l'incendio, almeno all'inizio, sia stato casuale. Scoppiò in piena estate in un quartiere,

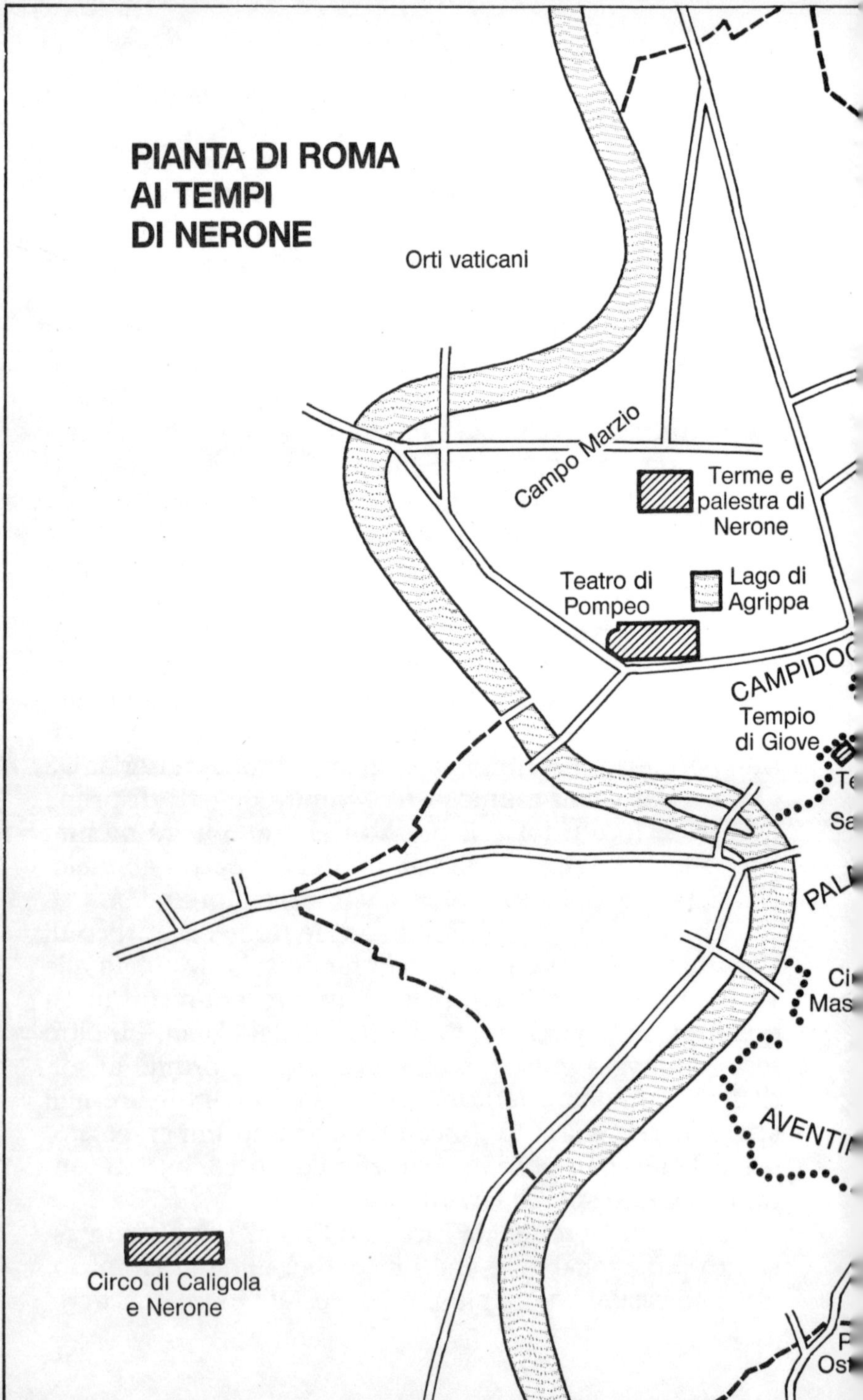
PIANTA DI ROMA
AI TEMPI
DI NERONE
Orti vaticani
Campo Marzio
Terme e
palestra di
Nerone
Teatro di
Pompeo
Lago di
Agrippa
Tempio
di Giove
Circo di Caligola
e Nerone

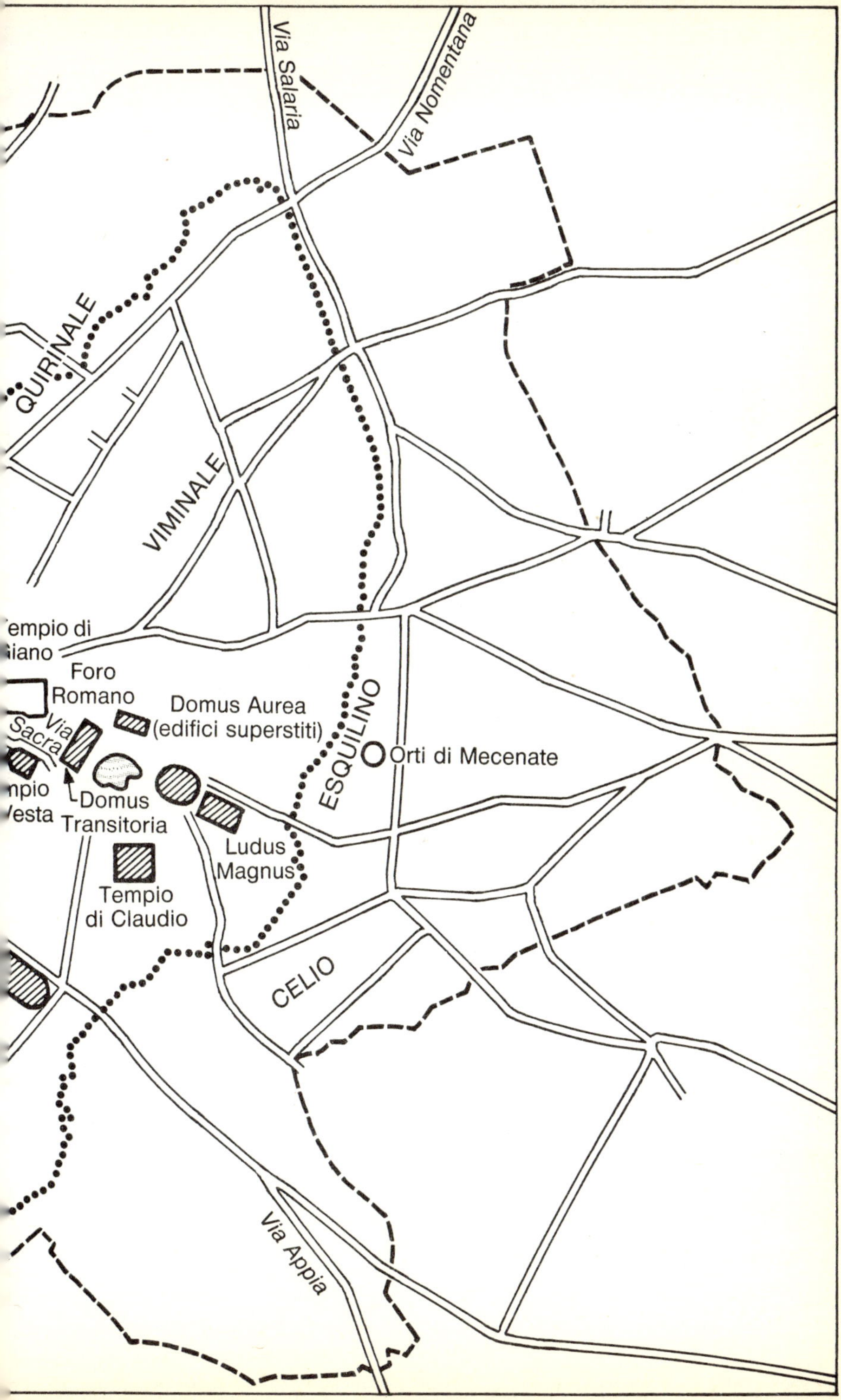
Via Salaria
Via Nomentana
QUIRINALE
VIMINALE
ESQUILINO
CELIO
Tempio di
Giano
Foro
Romano
Via
Sacra
Domus Aurea
(edifici superstiti)
Orti di Mecenate
Tempio
Vesta
Domus
Transitoria
Ludus
Magnus
Tempio
di Claudio
Via Appia

abitato da mercanti greci e asiatici, dove il popolino faceva un uso disinvolto e spesso irresponsabile di bracieri, fornelli, lampade, torce, fra catapecchie di legno prive di acqua corrente che aspettavano solo di prendere fuoco. Del resto gli incendi disastrosi erano all'ordine del giorno a Roma. E non solo a Roma. Uno dei primi discorsi del Nerone giovinetto fu a favore di Bologna che era stata devastata dal fuoco. Nel 58 Lione, in un sol giorno, era stata praticamente distrutta dalle fiamme. (E Nerone aveva inviato immediatamente dei soccorsi e disposto cospicui sussidi. Sarà in ricordo di questo sostegno che Lione, nel 64, ricambierà Roma con un aiuto di quattro milioni di sesterzi e, nel 68, si rifiuterà di insorgere contro l'imperatore.) In quanto a Roma, aveva conosciuto altri grandi incendi anche se non delle proporzioni di quello del 64, una catastrofe che non si ripeterà più anche grazie al più ampio e razionale respiro che Nerone dette alla «nuova Roma». Sotto Augusto, nel 6, la città era stata colpita da una serie di incendi al punto da convincere l'imperatore a costituire un corpo di pompieri forte di settecento uomini. Nel 27, durante il regno di Tiberio, bruciò l'intero quartiere del Celio e, nove anni dopo, andò a fuoco tutto l'Aventino. Con Claudio, nel 54, bruciarono gli insediamenti periferici del Campo Marzio (e Claudio, come Nerone dieci anni dopo, diresse di persona i soccorsi).[20]

Il grande incendio del 64 fu quindi anomalo solo per le dimensioni, dovute, probabilmente, al forte vento che soffiava in quei giorni e che lo rinfocolò in vari punti della città.[21] Se però si vuole pensare che l'incendio sia stato doloso, c'era indubbiamente qualcuno, che non era certamente Nerone, che da quella catastrofe poteva trarre vantaggio o alimentare speranze.

I congiurati di Pisone nel 64 erano già all'opera. In quell'anno, come si è detto, Nerone era in gran spolvero, ci voleva quindi qualcosa per intaccare il prestigio del principe: l'incendio avrebbe potuto servire allo scopo. Caiati nel suo *L'incendio di Roma e la congiura di Pisone* porta alcuni argomenti a suffragio di questa tesi. Secondo l'autore i pretoriani che, a detta di Dione Cassio,[22] furono visti impedire i soccorsi e alimentare il fuoco, non potevano che essere agli ordini del prefetto del pretorio, Fenio Rufo, il quale nel 65 risultò uno dei principali protagonisti della congiura pisoniana.[23] Ma è molto più probabile che quei pretoriani, se mai questa voce è vera (solo Dione la riporta), accendessero dei controfuochi per frenare l'incendio e che la loro azione fosse diretta a impedire non i soccorsi ma l'opera degli sciacalli secondo gli ordini che aveva dato l'imperatore. In ogni caso è impensabile che Fenio Rufo si sia esposto in questo modo, a meno che il piano dei congiurati non prevedesse, oltre all'incendio, l'assassinio contestuale di Nerone approfittando, appunto, della confusione del momento. Ma se così fosse stato, il tribuno Subrio Flavo avrebbe colto la palla al balzo vedendo Nerone «solo e senza scorta» aggirarsi tra le fiamme. Invece non ne fece niente. Evidentemente perché l'incendio aveva colto di sorpresa anche i pisoniani.

Sempre secondo Caiati, una prova che l'incendio era diretto contro i vertici dell'Impero è data dal fatto che il primo fuoco divampò alle falde del Palatino, dove sorgeva il Palazzo di Nerone, e il secondo negli Orti Emiliani, che erano proprietà di Tigellino. Ma se scopo dell'incendio era quello di convogliare i sospetti su Nerone, queste circostanze li avrebbero dovuti allontanare,[24] e se invece si voleva far perire l'imperatore nell'incendio l'obiettivo era totalmente sbagliato, perché in quel momento Nerone si trovava ad Anzio. Dar fuoco al suo Palazzo a puro scopo dimostrativo significava solo esporsi alla sua rappresaglia.

Anche storici più accreditati di Caiati, come Saumagne[25] e, soprattutto, De Franco,[26] sostengono che l'incendio del 64 fu un'avvisaglia della congiura del 65, ma con argomenti che non convincono. Anche per i pisoniani vale infatti l'obiezione che solo dei pazzi o dei fanatici votati al martirio potevano mettersi ad appiccare un incendio in una notte di luna piena.

Esistevano simili fanatici? Sì, esistevano e potevano essere trovati in alcune frange estremiste del movimento cristiano. I primi cristiani aspettavano la fine del mondo e la desideravano ardentemente come catarsi, punizione dei malvagi e riscatto dei buoni, dei poveri, dei diseredati. E pensavano che fosse vicinissima. Il mondo che li circondava sembrava loro troppo sozzo e corrotto, così lontano dalla predicazione e dall'insegnamento del Cristo, perché meritasse di sopravvivere. Nel mirino dei più esaltati (l'atteggiamento dei leader, come Paolo e Pietro, era assai diverso, molto più equilibrato) c'era soprattutto Roma che, per i suoi liberi costumi e il tono carnascialesco, di festa, che aveva assunto proprio con Nerone, era assimilata a Babilonia, era considerata la nuova Sodoma e Gomorra. Nell'*Apocalisse* di Giovanni «la Bestia marina dalle sette teste» è Roma, la città dei sette colli.[27] Così com'è Roma quella che Giovanni chiama, per prudenza, Babilonia. E Roma-Babilonia doveva subire la carestia, la morte, il lutto e il *fuoco*.[28] Qualche fanatico può aver preso le parole di Giovanni, come scrive Leon Herrmann, per un appello all'azione diretta?[29] Parecchi storici moderni lo pensano.[30] E non si può affatto escluderlo. A questo proposito il passo di Tacito,[31] che peraltro è uno dei più contorti, oscuri e controversi degli *Annali*, lascia spazio a tutte le interpretazioni. È vero che Tacito dice che Nerone, per tagliar corto alle voci che lo davano come incendiario, si inventò (*subdidit*) i colpevoli individuandoli nei cristiani ma, poco oltre, scrive che i primi di costoro che furono coinvolti nell'inchiesta non solo confessarono, ma confessarono ancora prima di essere arrestati.[32]

C'è, innanzi tutto, da chiarire che cosa confessarono: di essere cristiani o di essere incendiari? Non poterono confessar altro che di essere gli autori dell'incendio.[33] Questa infatti era l'accusa mossa loro dal governo romano; da questa, e non da altra, dovettero discolparsi e sulla base di questa, e non d'altro, vennero condannati. Nerone, come vedremo meglio più avanti, non perseguitò affatto i cristiani in quanto tali, ma li colpì perché, a torto o a ragione, li ritenne responsabili dell'incendio, e solo quelli che, dopo i processi, risultarono, a torto o a ragione, responsabili. Una confessione di fede cristiana non aveva quindi alcun senso.

Come si spiega allora la loro autoaccusa? Si può spiegare, appunto, con dei fanatici che volevano procurarsi la gloria del martirio e ai quali importava poco morire. È possibile che costoro confessassero una colpa che non avevano e cioè che, eccitati dall'incendio, considerandolo un segno dell'inizio della fine, se lo attribuissero. Che fossero capaci di tutto ce lo dice la predicazione di san Paolo che, nella sua *Epistola ai romani,* si mostra molto preoccupato per l'estremismo di alcuni suoi compagni di fede e li ammonisce a non provocare inutilmente le autorità.[34]

Ma, naturalmente, è altrettanto possibile che quei fanatici confessassero un delitto che avevano realmente commesso. E il fatto che tali confessioni, almeno le prime, fossero spontanee induce a pensare, se si resta fuori dalla congettura di un martirio cercato e voluto a tutti i costi, che qualcosa di vero ci potesse essere. Tra l'altro, prendendo in considerazione l'ipotesi che responsabili siano stati degli estremisti cristiani, diventa comprensibile l'attacco alle proprietà di Nerone e di Tigellino. Se infatti il loro intento era quello di colpire la «nuova Sodoma», Nerone e Tigellino, ai loro occhi, ne erano certamente i simboli. E a questa gente, pronta a tutto in nome di una fede, poco importava, a differenza dei pisoniani, della rappresaglia cui si sarebbe esposta. Anzi la cercavano, la volevano.

Ma si può fare anche un'ipotesi intermedia che è forse la più probabile: l'incendio fu casuale, ma gli «ultrà» cristiani fecero del loro meglio per alimentarlo e per impedire che fosse spento, con la pia intenzione di assecondare la mano del Signore che si abbatteva sulla «nuova Sodoma». Ciò spiegherebbe anche, al di là degli sciacalli, la presenza di quelle misteriose figure che, secondo il racconto di Tacito, nei giorni e nelle notti dell'incendio si aggiravano tra le fiamme, alimentandole con torce e minacciando i soccorritori.[35]

Del resto i cristiani col fuoco, inteso come elemento catartico che doveva far piazza pulita, una volta per tutte, delle brutture del mondo, avevano una certa dimestichezza, almeno teorica. In questo senso ne parlano Pietro,[36] Tertulliano,[37] Giovanni[38] e persino Cristo.[39]

La responsabilità, piena o parziale, dei fanatici dell'Apocalisse chiarirebbe inoltre l'atteggiamento, invero singolare, dei primi storici cristiani (Tertulliano, Lattanzio) i quali non collegano l'incendio di Roma del 64, sul quale in linea di massima preferiscono sorvolare, con la persecuzione neroniana che sarebbe avvenuta indipendentemente e in epoca diversa.

Probabilmente avevano la coda di paglia e nemmeno loro erano certi della totale estraneità dei propri correligionari. È singolare che nessun nome di martire cristiano sia collegato con la cosiddetta «persecuzione neroniana».[40] Del resto anche autori cattolico-cristiani più vicini a noi hanno su quegli avvenimenti un atteggiamento fortemente ambiguo. Pur rigettando sdegnosamente ogni accusa, ammettono che i cristiani si comportarono in modo equivoco. Scrive, per esempio, Ernest Renan: «Respingiamo decisamente l'ipotesi che i pii discepoli di Gesù fossero colpevoli, in qualsiasi maniera, del delitto del quale erano accusati: diciamo solo che molti indizi poterono indisporre l'opinione pubblica. I cristiani non avevano acceso quell'incendio, ma sicuramente se ne rallegrarono. Essi desideravano la fine della società e la preconizzavano. Nell'*Apocalisse* le preghiere segrete dei santi bruciano la terra e la fanno tremare. Durante il disastro l'atteggiamento dei fedeli dovette sembrare equivoco: senza dubbio alcuni si astennero dall'attestare rimpianto e rispetto davanti ai templi divorati dal fuoco, e forse non nascosero una certa soddisfazione. I cristiani, pur senza avere in nulla contribuito alla catastrofe del 19 luglio, potevano dunque essere ritenuti, per così dire, incendiari potenziali. [...] La distruzione di Roma per opera delle fiamme fu veramente un sogno ebraico e cristiano».[41]

Che la comunità cristiana, o meglio una parte di essa, abbia intimamente gioito per l'incendio, considerandolo il giusto castigo per la novella Sodoma, non è un'illazione di Renan, lo documentano alcune iscrizioni pompeiane coeve alla catastrofe.[42] Ma questi fanatici fecero di più: ebbero l'imprudenza di rendere pubblica, con inni, canti e grida di trionfo, la loro soddisfazione.[43] Furono tali manifestazioni che convinsero Tigellino a sguinzagliare i suoi agenti nell'ambiente cristiano. Vennero così le prime confessioni spontanee, fossero o no corrispondenti a verità, ed ebbero inizio i processi che si svolsero secondo le normali procedure, sulla base della *lex Cornelia de sicariis* e della *lex Julia de vi publica*, specifiche per i reati di incendio,[44] e che dovettero essere piuttosto accurati visto che durarono più di due mesi, un tempo parecchio lungo per la pragmatica e veloce giustizia romana (il processo per la congiura di Pisone, per esempio, durò undici giorni: dal 19 al 30 aprile del 65).

I primi rei confessi chiamarono in causa altri correligionari. Poiché però parecchi di loro furono sottoposti a tortura (fra i cristiani c'erano molti schiavi nei confronti dei quali questa pratica, come mezzo di prova, era ammessa),[45] è certo che ci andarono di mezzo anche molti innocenti, sempre ammesso che i primi fossero colpevoli. A ingrossare il numero degli accusati ci misero una buona parola anche gli ebrei che erano fortemente ostili a quella che consideravano una setta eretica e che, come era avvenuto in molte altre occasioni (a cominciare proprio con Cristo), si dimostrarono molto zelanti nella delazione.[46]

Non tutti gli accusati però furono condannati a morte. Alcuni vennero assolti o condannati a pene minori.[47] In tutto furono giustiziate dalle duecento alle trecento persone[48] su una comunità cristiana che a Roma era di circa tremila unità. Le pene inflitte appaiono spaventose a noi moderni: la maggior parte dei condannati fu arsa viva dopo che i loro vestiti erano stati impregnati di materiali infiammabili, altri crocefissi, altri ancora dati in pasto ai cani. Ma la pena del rogo, con l'utilizzazione della cosiddetta *tunica molesta*,[49] era da sempre prevista per i responsabili di incendio doloso,[50] a essa si era aggiunta, più recentemente, quella dell'esposizione alle bestie.[51] In quanto alla crocefissione era il supplizio destinato ai non cittadini e agli schiavi. Tutto quindi si svolse secondo le norme e i costumi del tempo. Niente di più. Ma anche niente di meno. Questa volta Nerone, «per forte che fosse la sua avversione per le pene capitali», come scrive Grant,[52] usò il massimo rigore ed ebbe la mano pesante. Peraltro il delitto, se egli credeva davvero che l'incendio fosse doloso, era gravissimo. Ma è anche probabile che le severe e spettacolari pene inflitte ai cristiani gli servissero per distrarre l'opinione pubblica dalle voci che erano circolate sul suo conto.

A torto Nerone è stato considerato il primo persecutore dei cristiani. L'imperatore non li condannò per la loro fede, ma per un reato di diritto comune.[53] E infatti la cosiddetta persecuzione neroniana fu circoscritta alla capitale come la causa da cui era nata (fuori Roma e nelle province i cristiani non furono toccati) ed ebbe effetti limitati oltre che nello spazio anche nel tempo, nel senso che si esaurì con le condanne e le esecuzioni del 64.[54] E anche nella stessa Roma non tutta la comunità cristiana fu perseguita, ma solo quella frangia che venne sospettata per l'incendio. In quanto agli altri, vale a dire la maggioranza, furono lasciati in pace. E non perché fossero riusciti a sfuggire alla polizia nascondendosi e imboscandosi. Paolo, per esempio, nel 64 si trovava a Roma ed era ben noto alle autorità come cristiano, anzi come uno dei leader della comunità, ma non fu nemmeno inquisito.[55] Così come non vennero toccati, in linea di massima, i cristiani di cittadinanza romana e di condizione patrizia che già a quell'epoca erano piuttosto numerosi:[56] non per ragioni di privilegio o di classe, ma perché, meno fanatici ed esaltati dei loro compagni di fede più umili, non avevano dato luogo a sospetti. Che l'azione di Nerone sia stata circoscritta lo prova anche il fatto che la comunità cristiana di Roma si ricostituì rapidamente.[57]

È quindi un grossolano falso di Tertulliano che sia esistito un *Institutum Neronianum*, cioè una legge la quale avrebbe stabilito lapidariamente che «*non licet esse vos*», è proibito essere cristiani.[58] Sia perché, come s'è visto, Nerone condannò *alcuni* cristiani (anche se in numero rilevante) per un fatto preciso. Sia perché di questo *Institutum* non si trova traccia da nessuna parte. Sia perché, se ciò non bastasse, c'è la prova documentaria che una simile legge non fu mai promulgata da Nerone. Nel 112 Plinio il Giovane, allora governatore della Bitinia, posto di fronte al problema cristiano, chiede all'imperatore Traiano istruzioni sulla condotta da tenere e sulla procedura da applicare. Traiano gli risponde che in materia non ci sono che casi particolari e che nessuna regola generale può essere formulata. Da questo carteggio è evidente che non esisteva ancora nessuna legge e nessun precedente che affermasse che la fede cristiana era in sé un delitto.[59] L'*Institutum Neronianum* è un'invenzione.

In realtà le persecuzioni dei cristiani in quanto tali ebbero inizio solo con Domiziano (81-96), in conseguenza del fatto che l'imperatore assunse un carattere divino e del relativo obbligo, imposto a tutti i sudditi, di adorarlo come dio, cosa che ovviamente i cristiani non potevano accettare, e proseguirono con Adriano, Antonino Pio, Marco Aurelio, Settimio Severo, Massimino il Trace, i quali non fecero due o trecento vittime, come Nerone, ma massacrarono i cristiani a migliaia, a cominciare dall'«imperatore filosofo», e da tutti considerato eccellente, Marco Aurelio.[60] Ma per arrivare a persecuzioni nel senso tecnico del termine, cioè a misure legali e giudiziarie che impedivano ai cristiani di essere tali, bisogna aspettare Decio (249) e poi Diocleziano col quale la repressione della fede assumerà i caratteri sistematici del genocidio.

Con tutto ciò Nerone non ha nulla a che vedere. In materia religiosa fu sempre molto tollerante, nel solco della migliore tradizione romana. Lo fu, anzi, più di tutti gli imperatori che lo avevano preceduto: per ragioni di carattere, innanzi tutto, e poi perché, a differenza di Tiberio e di Claudio, non era per niente attaccato agli antichi costumi romani e sentiva la povertà e l'infantile antropomorfismo della religione pagana cui tributava solo quell'osservanza formale e burocratica che gli era imposta dal suo ruolo di imperatore e pontefice massimo.[61] E se ebbe qualche interesse religioso fu per i culti orientali, ai quali anche l'ebraismo e il cristianesimo appartenevano.

Era invece la plebe di Roma (che, come del resto quasi tutti a quel tempo, non aveva affatto chiara la differenza fra queste due religioni) a vedere di cattivissimo occhio gli ebrei e, con essi, i cristiani che, equivocando sul significato dell'eucarestia, riteneva dediti all'antropofagia, all'infanticidio, alle orge rituali e, chissà perché, all'incesto.[62] In quanto all'aristocrazia più conservatrice, nonostante la confessione giudaica godesse dello statuto legale di *religio licita*,[63] considerava ebrei e cristiani, confondendoli, troppo «diversi» e lontani dai costumi e dalle tradizioni romane. Tanto che Seneca, il liberale Seneca, definisce gli ebrei «la più criminale di tutte le razze».[64]

Nerone non ebbe mai di questi pregiudizi. Protesse, fin dove poté, gli ebrei[65] nonostante, con la loro rissosità, procurassero non pochi guai alle autorità romane, e sotto di lui un giudeo, sia pur convertito, Tiberio Giulio Alessandro, giunse al vertice della carriera imperiale come governatore dell'Egitto, la più ricca e importante delle province.

In quanto ai cristiani Nerone, a differenza della maggioranza dei romani, doveva conoscerli piuttosto bene. Infatti, tramite Poppea, era addentro alle questioni interne dell'ebraismo e inoltre è molto probabile che nei suoi vagabondaggi notturni fra la gente più umile e povera di Roma abbia avuto modo di avvicinarne qualcuno (è l'ipotesi, tutt'altro che peregrina, avanzata dallo scrittore cattolico Emilio Radius).[66] E c'era più di una ragione perché li avesse in simpatia. Come sappiamo Nerone, forse per un processo di identificazione, aveva una predilezione quasi patologica per gli incompresi, per gli «umiliati e offesi», per i ceti più diseredati verso i quali, almeno dal 58 in poi, concentrerà buona parte dei suoi sforzi. E il cristianesimo, soprattutto quello delle origini, si rivolgeva a tutti gli uomini, ma in particolare ai poveri, agli oppressi, agli infelici, ai disprezzati, ai senza diritti.[67] Inoltre, nonostante Nerone fosse sostanzialmente un laico, nel senso moderno del termine, il culto orientale che lo interessò di più, anche se per un breve periodo, fu quello iranico di Ahura-Mazda (Mitra) che, con la sua teoria del dio-salvatore, è il più vicino al cristianesimo.[68] Ma la dimostrazione migliore che Nerone non ebbe né sentimenti né comportamenti ostili ai cristiani ci viene dall'intera vicenda di san Paolo.

Nel 58 circa, Paolo, che aveva già passato i suoi guai a Salonicco e Filippi dove gli ebrei lo avevano denunciato per pratiche magiche[69] (ma le autorità romane non avevano dato corso all'accusa), si trovava a Gerusalemme. Nonostante i leader della comunità cristiana della città, conoscendo la situazione, lo avessero invitato alla prudenza, Paolo volle fare di testa sua e andò a predicare al Tempio ebraico. Circondato dai giudei che stavano per linciarlo, che anzi avevano già cominciato a farlo, Paolo ci avrebbe rimesso la pelle se non fosse intervenuto il tribuno Claudio Lisia, comandante della piazza, che con i suoi soldati lo sottrasse a stento a una folla inferocita che gridava «ammazzalo, ammazzalo!».[70] Dopo aver chiesto ai sacerdoti del Sinedrio, cioè ai capi degli ebrei, di quali colpe si fosse mai macchiato Paolo e non avendoci giustamente capito nulla, il tribuno fece portare il futuro santo, sotto la protezione di una robustissima scorta di duecento soldati, altrettanti arcieri e settanta cavalieri (nel frattempo era stato infatti scoperto un complotto per sottrarre Paolo ai romani e assassinarlo), a Cesarea dove risiedeva il governatore Antonio Felice. Se la vedesse lui. Anche Felice fece chiamare i maggiorenti degli ebrei perché chiarissero le loro accuse. Arrivò il sommo sacerdote Anania, con alcuni anziani e un avvocato, un certo Tertullo. Fra Anania, Tertullo e Paolo si accese una disputa interminabile. E Felice, come già Pilato e come tutti i governatori romani in Giudea, passati e futuri, si trovò di fronte a una zuffa per lui assolutamente incomprensibile. Poiché però a Gerusalemme la folla tumultuava, Felice, sia per prendere tempo, sia per salvare la vita di Paolo, che se fosse uscito di lì sarebbe stato fatto a pezzi, preferì tenerlo sotto chiave in regime di *custodia militaris*, una misura restrittiva che, a differenza della più rigorosa *custodia publica*, era piuttosto elastica perché il detenuto poteva ricevere chi gli pareva e condurre una vita quasi normale. In questa situazione Paolo rimase due anni. Felice, fratello di quel Pallante che ai tempi di Claudio era stato una potenza, era un uomo corrotto e si era reso responsabile di numerose malversazioni[71] (cercò anche, a quanto pare, di farsi dare del denaro da Paolo: in cambio lo avrebbe fatto scortare fuori città e rimesso in libertà).[72] A causa del suo malgoverno Nerone, nel 60, lo sostituì col molto più scrupoloso Percio Festo. E Festo, dopo solo una settimana dal suo insediamento, affrontò la spinosa questione di Paolo. Fece venire da Gerusalemme i soliti sacerdoti ebrei e ascoltò, pazientemente, le loro accuse. Poi sbottò: «Sentite, se si trattasse di qualche ingiustizia o di qualche malvagia azione io vi ascolterei come di ragione, o ebrei, ma si tratta di discussioni su una parola, su dei nomi e sulla vostra legge: ciò riguarda voi, io non voglio dover giudicare di cose come queste».[73] Ma anche Festo doveva tener conto della comunità ebraica e non si decideva. Lo trasse d'impaccio proprio Paolo che, da lui interrogato per l'ennesima volta nel tentativo di capirci qualcosa, dichiarò: «Mi appello a Cesare» (*Caesarem appello*).[74] Ogni cittadino romano, e Paolo lo era, poteva infatti sempre rivolgersi alla suprema istanza dell'imperatore. Festo ne fu ben contento e rispose: «Ti sei appellato a Cesare, da Cesare andrai».[75]

Paolo, insieme ad altri detenuti, si imbarcò per l'Italia sotto la custodia del centurione Giulio, un vecchio soldato, un gran bravo figliolo che strinse amicizia con l'affascinante prigioniero e lo trattò con benevolenza e riguardo. Il viaggio fu avventuroso, ci fu anche un naufragio, e finalmente, verso la fine del 60, Paolo approdò a Roma. Qui, in attesa del processo, prese in affitto una casa poco fuori le mura. Formalmente era agli arresti domiciliari ma, e lo afferma una fonte insospettabile come gli *Atti degli Apostoli*, poté predicare «in assoluta libertà e senza ostacoli».[76] Dopo due anni, in cui fece tutto ciò che voleva, l'apostolo fu giudicato dal tribunale di Roma, presieduto da Afranio Burro, e assolto.

Questa lunga storia ci dice, innanzi tutto, della grande tolleranza e, oserei dire, della santa pazienza delle autorità romane dell'epoca nei confronti degli ebrei e dei cristiani. Ai funzionari romani importava che queste due litigiosissime comunità non turbassero l'ordine pubblico, non creassero tumulti, non si azzuffassero in continuazione, rispettassero un minimo di convivenza civile, per il resto facessero, come tutti, quel che volevano.

Ma ci dice anche qualcosa di significativo a proposito di Nerone. Paolo, per avere giustizia, si appella a Cesare, cioè a Nerone. Ora, Paolo era un uomo navigato, conosceva gli usi del mondo, era colto e intelligente, non si sarebbe sicuramente rivolto direttamente all'imperatore se questi avesse avuto fama di tiranno dispotico, arbitrario e feroce. Ma ammettiamo pure che in Oriente, per la politica filoellenistica dell'imperatore, ci fosse un pregiudizio favorevole a Nerone e che l'apostolo non conoscesse la realtà delle cose. Però Paolo, quando è ormai da tempo nella capitale e ha quindi avuto modo di rendersi conto personalmente della situazione, scrive una lunga *Epistola ai romani* in cui raccomanda ai cristiani dell'Urbe di obbedire alla somma autorità, perché l'autorità mondana viene da Dio e quindi «chi si oppone all'autorità resiste all'ordine di Dio».[77] La suprema autorità a Roma era, ovviamente, l'imperatore e questo passo dimostra che Nerone non era affatto quel personaggio perverso e nefasto di cui si dice, altrimenti Paolo, non potendo istigare pubblicamente i cristiani alla ribellione, si sarebbe perlomeno astenuto dall'esortarli al rispetto di un'autorità simile.[78] Lo stesso passo ci dice anche, e per gli stessi motivi, che Nerone non era affatto ostile ai cristiani. In realtà Paolo, una volta giunto a Roma, poté constatare che l'imperatore aveva verso i suoi compagni di fede un atteggiamento favorevole, o comunque molto tollerante, «lasciando che si riunissero, aumentassero di numero, prosperassero alla loro magra maniera».[79]

Se quindi nel 64 Nerone colpì i cristiani con una durezza a lui inconsueta, almeno quando si trattava di povera gente, fu perché li ritenne, a torto o a ragione, ma avendo molti legittimi motivi di sospetto, responsabili dell'incendio di Roma. Eppure è anche, e forse soprattutto, per la vicenda dei cristiani che Nerone è passato alla storia come «mostro sanguinario», mentre per altri imperatori, che effettivamente li perseguitarono per la loro fede e li massacrarono indiscriminatamente, il giudizio è molto più indulgente. Probabilmente sulla storiografia cristiana ha pesato la coda di paglia per l'incendio. Picchiare duro su Nerone, descriverlo come pazzo e sanguinario, significava delegittimare il processo con cui i cristiani erano stati ritenuti responsabili.

Nerone ricostruì Roma secondo un piano urbanistico che ancora oggi è oggetto di ammirazione da parte degli addetti ai lavori. Scrive Tacito: «Quello che rimaneva della città, all'infuori del Palazzo, fu riedificato, non come era avvenuto dopo l'incendio dei Galli, senza un piano regolatore, con le case disposte qua e là, a caso, senz'ordine alcuno, ma fu ben misurato il tracciato dei rioni dove furono fatte larghe strade, fu limitata l'altezza degli edifici, furono aperti cortili, a cui si aggiunsero portici per proteggere la parte anteriore degli isolati. Nerone promise di consegnare ai legittimi proprietari quei portici, dopo averli fatti costruire a sue spese e aver fatto sgomberare i cortili. Assegnò premi a seconda della classe sociale e delle sostanze di ognuno e fissò il tempo entro il quale le case dovevano essere finite perché si potesse concorrere ai premi. Dispose di versare nelle paludi di Ostia le macerie e ordinò che le navi che portavano il frumento risalendo il Tevere ne ritornassero cariche di rottami; volle anche che gli stessi edifici in alcune parti fossero consolidati senza travi, ma con pietra di Gabi o di Albano, perché questa è refrattaria al fuoco. Pose guardie a vigilare perché l'acqua deviata per abuso di privati scorresse più abbondante e in più luoghi a vantaggio di tutti, e fece in modo che ciascuno tenesse, in posti pubblici, mezzi per estinguere gli incendi, disponendo anche che non vi fossero pareti in comune, ma ciascun edificio fosse circondato da muri propri».[80]

Fino ad allora, a Roma, le case erano state dei pericolanti grattacieli a più piani, causa di frequenti crolli. Nerone dispose che non potessero superare, come massimo, i 25 metri. E i portici furono introdotti anche perché, con gli edifici più bassi, le vie più ampie, gli spazi più liberi, diventava necessario difendersi dal sole. Particolare attenzione l'imperatore dedicò ai quartieri più poveri eliminando dappertutto, anche dove l'incendio non aveva colpito, le sgangherate bicocche e sostituendole con costruzioni solide che avevano scale indipendenti dai negozi sottostanti e balconi con base e parapetto di cemento rivestito di mattoni.[81] «Fu questa» scrive Michael Grant «la prima grande architettura sociale che dimostrasse come sia le case che gli edifici pubblici potessero rispondere con decoro alle esigenze di quasi tutti i ceti di una grande città organizzata.»[82]

Ricostruita Roma l'imperatore avviò una politica edilizia di grandi opere pubbliche legata anche alla manovra monetaria attuata tra la fine del 63 e gli inizi del 64. Oltre alle opere realizzate a Roma, di cui abbiamo già parlato,[83] portò a termine il porto di Ostia, iniziato da Claudio, e ridisegnò anche questa città sullo schema già adottato nella capitale con l'intento di darle armonia architettonica e una più decente abitabilità. Importanti opere furono intraprese a Leptis Magna in Libia. Grande cura fu dedicata al miglioramento della rete stradale in

Italia e nelle province, in Gallia Narbonense, in Tracia, in Siria, in Bitinia.[84]

Per migliorare l'approvvigionamento di Roma, che fu una delle preoccupazioni costanti di tutti gli imperatori, Nerone concepì due grandi progetti. Il primo era di unire Ostia a Roma con un canale e di incorporare il porto nella capitale. Il secondo, collegato al primo, prevedeva un sistema più complesso di canali. Allo scopo di evitare il cabotaggio lungo le coste italiche, causa di frequenti naufragi, Nerone pensò di far arrivare direttamente le navi da Pozzuoli a Roma. Si progettò quindi di scavare un lungo canale da Pozzuoli al lago d'Averno e da questo a Ostia. Da qui si sarebbe arrivati alla capitale attraverso il canale Ostia-Roma. Questo colossale insieme di opere avrebbe dovuto estendersi su circa cento chilometri e prevedeva il prosciugamento delle paludi. Il progetto si arenò di fronte alle insormontabili difficoltà di aprire un varco fra le colline dell'Averno. Nerone dovette accontentarsi di iniziare la costruzione di una piscina coperta, circondata da portici, da capo Miseno al lago d'Averno. Anche quest'opera fu interrotta dalla morte dell'imperatore.[85]

Ma il capolavoro di Nerone fu quello che realizzò per sé: la Domus Aurea, il suo nuovo palazzo. Si trattava in realtà di una serie di edifici distribuiti su una vasta area, dal Viminale al Palatino,[86] dove lo spazio era organizzato secondo una concezione modernissima con un alternarsi sapiente di pieni e di vuoti, di palazzi e di boschi, di templi e di laghetti, di colonnati e di prati, di statue e di grotte. C'erano inoltre campi coltivati, vigneti, pascoli e animali, domestici e selvatici, di ogni specie.[87] Quale centro simbolico di questo spazio si ergeva il tempio della Fortuna costruito con una pietra recentemente scoperta in Asia Minore e così trasparente da far filtrare la luce. Il palazzo vero e proprio, a tre piani, si componeva di due lunghe ali asimmetriche separate da un cortile esagonale, a colonne. Dietro questo cortile c'era la sala centrale, chiamata la «Sala della Volta Dorata», che dava su un lungo portico che percorreva l'intera lunghezza dell'edificio. Nella più lunga delle due ali, al secondo piano, il «piano nobile», c'erano i due appartamenti gemelli di Nerone e Poppea (camera da letto, due stanze di disimpegno, servizi e una cappella). Nell'altra la fuga delle stanze era interrotta da una grande sala ottagonale che era stata voluta espressamente da Nerone modificando il progetto originario degli architetti. «Quest'ottagono» scrive Grant «è uno dei primi esempi noti dell'impiego su grande scala del cemento rivestito in mattone e le sue caratteristiche gli attribuiscono uno speciale interesse per la storia dell'architettura. Come più tardi il Pantheon a pianta circolare, l'ottagono prendeva luce da un'apertura tonda, aperta nel centro della cupola. Altra luce entrava da una serie di piccole aperture nella corona circolare fra le pareti e la cupola. I muri non erano continui, ma interrotti, al livello del suolo, da ampie aperture, separate da stipiti piuttosto sottili che incorporavano fasci di colonne. Le aperture dei tre lati meridionali dell'ottagono conducevano al colonnato di facciata e al portico su cui esso prospettava, [...] altre quattro aperture portavano ad altrettanti locali disposti radialmente e coperti da volte, uno con pianta a forma di croce e uno con pianta quadrata per ciascun lato. L'ottava apertura, verso il retro dell'edificio, conteneva una fuga di scalini giù per la quale scorreva una corrente d'acqua fino al centro della sala.»[88]

Nella Domus Aurea si trovavano innumerevoli novità tecnologiche. La sala di musica conteneva il più grande e potente organo idraulico che fosse mai stato costruito. Altre sale avevano soffitti in avorio intagliato provvisti di pannelli mobili che lasciavano cadere piogge di fiori sui convitati o li spruzzavano con profumi da tubature invisibili. Nei bagni scorreva acqua salata e acqua solforosa. Ma la meraviglia delle meraviglie, a quanto pare, era il salone dei banchetti, una rotonda che, a detta di Svetonio, «girava su se stessa tutto il giorno, continuamente, come la terra».[89] Scrive Grant: «Si è discusso a lungo, senza giungere a conclusioni definitive, se l'intera sala fosse costruita in modo tale da ruotare su un perno, come una giostra, o se si muovessero soltanto il soffitto sferico e la cupola. In ogni caso la forza motrice doveva essere fornita da una poderosa fonte di energia, che probabilmente combinava i princìpi del mulino ad acqua e dell'orologio idraulico; qualunque fosse il metodo impiegato costituiva senz'altro l'ultima parola in fatto di progresso tecnico».[90]

Tacito ha definito Nerone «*incredibilium cupitor*», «bramoso delle cose più incredibili».[91] Da questo punto di vista Nerone assomiglia a un altro personaggio romano, per il resto da lui diversissimo, quel Lucio Sergio Catilina di cui Sallustio dice: «La sua mente vasta correva sempre verso lo smisurato, l'incredibile, l'irraggiungibile».[92] Solo che mentre Catilina aveva in testa la politica, «l'incredibile» da cui era attratto Nerone riguardava più l'arte, la scienza, la tecnica. E in qualche caso, grazie ai mezzi di cui poteva disporre, lo realizzò. In questo senso, crediamo, va interpretata la sua affermazione, riportata da Svetonio, che nessun sovrano prima di lui aveva realmente saputo apprezzare la propria potenza.[93]

Nella Domus Aurea l'imperatore ricostituì la propria collezione di capolavori della scultura greca. Sono stati ritrovati il gruppo marmoreo di *Laocoonte e i suoi figli* e lo straordinario *Apollo del Belvedere*. Ma sappiamo che Nerone sistemò personalmente nel suo palazzo opere, altrettanto e ancor più famose, di Prassitele e di altri scultori greci, che si era assicurato pagandole prezzi enormi. Anche le decorazioni della Domus Aurea, il cui colore di base è il bianco, sono degne di nota. Quando questi dipinti, agli inizi del Cinquecento, furono riscoperti influenzarono profondamente Raffaello, la sua scuola e molti altri artisti del Rinascimento. Li troviamo arieggiati nelle decorazioni ad affresco e stucco delle Logge Vaticane o nella Galleria di Francesco I a Fontainebleau.[94]

La Domus Aurea fu costruita da due architetti italici, Severo e Celere, due geni che, coadiuvati da uno stuolo di tecnici orientali, poterono sbizzarrirsi grazie alla disponibilità e all'incoraggiamento dell'imperatore. Ma l'intero complesso ha l'inconfondibile impronta di Nerone, del suo gusto e del suo stesso modo di essere e di intendere la vita. Scrive Vandenberg: «Questo palazzo [...] corrispondeva perfettamente alla concezione di vita dell'imperatore: una struttura gaia, romantica, serena, regno dell'arte».[95] Quando, terminati i complessi lavori, Nerone prese possesso della Domus Aurea esclamò: «Finalmente comincerò ad abitare come un uomo!».[96]

Scrive Grant: «L'epoca di Nerone segnò un momento di splendore artistico, dovuto in buona misura al gusto dell'imperatore».[97] Chi è scettico può andarsi a vedere le monete coniate sotto il suo Impero e che Nerone curava personalmente, nei minimi dettagli, perché a esse affidava buona parte della sua propaganda: sono, a detta degli esperti, le più belle monete in assoluto coniate a Roma e fra le più belle mai viste al mondo.[98]

Nerone aveva i gusti, i vezzi e i vizi di un principe rinascimentale. Non indossava mai due volte lo stesso abito. Persino le sue reti da pesca (un passatempo che gli piaceva molto, a differenza della caccia che non risulta abbia praticato) dovevano essere particolari: un intreccio di fili d'oro, porpora e seta. Le sue suppellettili da tavola erano di gran lusso. C'erano coppe e tazze di *myrrine,* un minerale rarissimo proveniente dalla Carmania (Kerma, odierno Iran), che emanava un delicato profumo. Per una tazza del genere pagò, una volta, un milione di sesterzi. Fece anche una corte serrata a un altro esemplare del genere, del valore di trecentomila sesterzi, che apparteneva al suo amico Petronio. Ma Petronio non volle cedergielo. E quando, coinvolto nella congiura di Pisone, Petronio dovette suicidarsi ebbe, da quella checca dispettosa e vendicativa che era, un estremo gesto di carogneria: infranse la coppa per impedire all'imperatore di entrarne in possesso.[99]

Nerone fu uno strano incrocio fra un principe rinascimentale e un teppista, un ragazzaccio voglioso di vivere, aristocratico e plebeo insieme. Se si guarda lo splendido ritratto del Magnifico dipinto dal Vasari, che è agli Uffizi, con quel Lorenzo ribaldo, i capelli lunghi, la mano alla cintola come un pistolero spavaldo e quegli strani visi bianchi che gli stanno alle spalle come fantasmi o incubi o rimorsi di delitti, si ha la stessa impressione: principe e teppista.

Note

1 Vedi, per tutti, B.H. Warmington, *op. cit.*, p. 166: «L'accusa di incendio doloso è stata respinta da tutti gli studiosi moderni».
2 P. Vandenberg, *op. cit.*, p. 195.
3 A. Ronconi, *Tacito, Plinio e i cristiani*, in «Studi in memoria di Ugo Enrico Paoli», Le Monnier, Firenze 1956, p. 615.
4 E. Cizek, *Néron*, *op. cit.*, pp. 307-308.
5 Svetonio, «Nerone», XXXVIII.
6 Per l'*escalation* delle accuse nei confronti di Nerone, vedi P. Vandenberg, *op. cit.*, p. 191.
7 *Ibidem*, pp. 193-194.
8 Vedi cartina pp. 170-171.
9 I romani, lo si è detto, erano molto superstiziosi e per una superstizione, nel 60, mancò poco che Nerone perdesse il trono a favore di Rubellio Plauto (vedi sopra p. 154).
10 Svetonio, «Nerone», XXXVIII.
11 Tacito, *Annali*, XV, 50.
12 M.A. Levi, *L'Impero romano*, *op. cit.*, pp. 278-279.
13 B.H. Warmington, *op. cit.*, p. 167.
14 Tacito, *Annali*, XV, 38.
15 E. Radius, *op. cit.*, p. 152. A Emilio Radius, giornalista e scrittore, si

deve forse la più dettagliata, certamente la più plastica, descrizione dell'incendio e del suo percorso. Solo un particolare è errato. Radius dà per distrutto il Campidoglio che invece si salvò, come risulta dalle *Storie* di Tacito il quale, raccontando un episodio avvenuto cinque anni dopo l'incendio, cita i porticati costruiti nell'83 avanti Cristo, le strade erette in onore degli antenati, una serie di case che erano state costruite dopo l'assassinio di Cesare e il tempio di Giove Capitolino di cui erano marcite le travi del tetto. *Storie*, III, 71-74. Vedi anche P. Vandenberg, *op. cit.*, p. 189.

[16] J. Beaujeu, *L'incendie de Rome en 64 et les Chrétiens*, in «Latomus,» 19, 1960, pp. 65-80 e 219-231.

[17] Tacito, *Annali*, XV, 39.

[18] P. Vandenberg, *op. cit.*, p. 190.

[19] Tacito, *Annali*, XV, 38.

[20] Sulla frequenza degli incendi a Roma vedi, tra gli altri, G. Walter, *Néron*, Parigi 1955, pp. 167 e sgg.

[21] E. Cizek, *Néron*, *op. cit.*, p. 306.

[22] Dione Cassio, 62, 17.

[23] G. Caiati, *L'incendio di Roma e la congiura di Pisone*, Roma 1969.

[24] È vero che, soprattutto per l'incendio iniziato negli Orti Emiliani, il popolino, almeno a detta di Tacito, pensava esattamente il contrario e cioè che Tigellino ne fosse il responsabile su direttiva dell'imperatore. (*Annali*, XV, 40). Ma ciò, caso mai, dimostra solo la confusione mentale in cui, frastornata dalla catastrofe, era caduta la plebe di Roma oltre che la malafede di Tacito nel raccogliere, o nell'inventarsi, queste voci: perché mai Nerone avrebbe dovuto dar fuoco agli Orti Emiliani, che erano situate in una magnifica zona della capitale, se il suo scopo era di ricostruire una Roma più bella?

[25] C. Saumagne, *Les incendiaires de Rome (ann. 64 p. Chr.) et les lois pénales des Romains*, in «Revue Historique», 227, 1962, pp. 358 e sgg.

[26] U. De Franco, *L'incertezza di Tacito e le ipotesi recenziori sull'incendio neroniano*, Laterza, Bari 1946.

[27] *Apocalisse*, XIII, 1.

[28] *Apocalisse*, XVIII, 8.

[29] L. Herrmann, *Quels chrétiens ont incendié Rome*, in «Revue Belge de Philologie et Histoire», 27, 1949, p. 642. La tesi di Herrmann si basa su una datazione dell'*Apocalisse* compresa fra il 58 e il 64 e quindi anticipata rispetto all'opinione più diffusa che la colloca negli ultimi anni del regno di Nerone o, addirittura, all'epoca di Domiziano quando Giovanni avrebbe avuto un'età fra i settanta e i novant'anni. In ogni caso la questione non è così importante perché Giovanni riprese comunque convinzioni che erano largamente diffuse fra i primi cristiani.

[30] Oltre a Herrmann, J. Bishop, *Nero: the Man and the Legend*, Londra 1964, pp. 79 e sgg.; P. Bonfante, *Storia del diritto romano*, Istituto di diritto romano, Roma 1934, II, p. 8 n. 6; G. Giannelli, S. Mazarino, *op. cit.*, pp. 53-56; M. Goguel, *La renaissance du Christianisme*, Parigi 1955, p. 563. Basilare, a questo proposito, è l'opera di C. Pascal, *L'incendio di Roma e i primi cristiani*, Torino 1901, alla quale si rifanno tutti gli autori che sostengono la colpevolezza dei cristiani.

[31] Tacito, *Annali*, XV, 44.
[32] Tacito scrive infatti «*correpti qui fatebantur*» («arrestati coloro che confessavano») e non «*qui correpti erant fatebantur*» (*Annali*, XV, 44).
[33] Così A.G. Roos, *Nero and the Christians*, in «Symbolae van Oven», Leida 1946, p. 300; C. Saumagne, *op. cit.*, pp. 343 e sgg.; J. Beaujeu, *op. cit.*, pp. 73-74; B.H. Warmington, *op. cit.*, p. 169; A. Ronconi, *op. cit.*, pp. 620, 624, 626.
[34] Paolo, *Epistola ai romani*, 13, 1-7; 7, 7. Vedi anche la prima *Epistola a Timoteo*, 2, 2. Anche san Pietro esprime, negli anni 63 e 64, la stessa preoccupazione; Pietro, *Epistole*, I, 2, 13-17.
[35] Tacito, *Annali*, XV, 38.
[36] «Carissimi non meravigliatevi della fiamma che vi si para dinanzi, [...] rallegratevi piuttosto.» Pietro, *Epistole*, I, 4, 12-13.
[37] «Una sola notte con qualche torcia potrebbe assicurarci la vendetta.» Tertulliano, *Apologetico*, 37.
[38] *Apocalisse*, XVIIII, 8.
[39] «Io sono venuto a mettere a fuoco la terra, e perché non dovrei volere che bruci?» *Vangelo secondo Luca*, XII, 49. È chiaro che per Cristo, per Luca, per Pietro (ma non lo giurerei per quegli invasati di Giovanni e di Tertulliano) il fuoco ha una valenza simbolica, ma ciò non esclude che i cristiani più rozzi e incolti, che erano poi la maggioranza, abbiano potuto prendere questi messaggi alla lettera (ci riferiamo naturalmente alle parole di Cristo, di Luca, di Pietro, di Giovanni, perché Tertulliano è posteriore).
[40] Vedi L. Rusca, *Saggio sulle persecuzioni dei cristiani*, Rizzoli, Milano 1963, p. 211, nota 1.
[41] E. Renan, *San Paolo*, Dall'Oglio, Milano 1965, p. 365. Così, nella sostanza, anche E. Radius, *op. cit.*, pp. 72-73.
[42] L. Herrmann, *Quels chrétiens ont incendié Rome*, *op. cit.*, p. 16.
[43] *Ibidem*.
[44] C. Saumagne, *op. cit.*, pp. 343 e sgg.
[45] A. Ronconi, *op. cit.*, p. 621.
[46] G. Scarpat, *Il pensiero religioso di Seneca e l'ambiente ebraico e cristiano*, Paideia, Brescia 1977, pp. 149-150; R. Hanslik, *Beiträge zur Geschichte der Urchristentums*, in «Jahrbuch der österr Leo-Ges», 1933, p. 55.
[47] «Quelli (fra gli accusati, *N.d.A.*) che andavano a morire» scrive Tacito (*Annali*, XV, 44). Il che vuol dire che ce ne furono altri che non furono condannati a morte o vennero assolti.
[48] J. Beaujeu, *op. cit.*, p. 80; M. Sordi, *Il cristianesimo e Roma*, Bologna 1965, p. 93.
[49] Seneca, *Lettere a Lucilio*, 14; Giovenale, *Satire*, VIII, vv. 231 e sgg.
[50] A. Ronconi, *op. cit.*, p. 624; B.H. Warmington, *op. cit.*, p. 169.
[51] A. Ronconi, *op. cit.*, p. 624.
[52] M. Grant, *op. cit.*, p. 161.
[53] Vedi, ulteriormente, M. Simon, *I primi cristiani*, Garzanti, Milano 1958, p. 106.
[54] *Ibidem*; A. Ronconi, *op. cit.*, pp. 624 e sgg.; G. Fusar Imperatore, *op. cit.*, p. 86.

[55] Paolo morì nel 67. *La Sacra Bibbia*, edizione ufficiale della C.E.I., Roma 1974, p. 1084.
[56] E. Radius, *op. cit.*, p. 34.
[57] M. Simon, *op. cit.*, p. 106.
[58] Tertulliano, *Alle Nazioni*, I, 7.
[59] Plinio il Giovane, *Lettera*, 10, 96.
[60] M. Cazenave, R. Auguet, *op. cit.*, p. 175.
[61] M.A. Levi, *L'Impero romano, op. cit.*, p. 301.
[62] Tertulliano, *Apologetico*, 7, 1. Per l'atteggiamento della plebe romana nei confronti dei cristiani, L. Rusca, *op. cit.*, p. 208.
[63] M. Simon, *op. cit.*, p. 96.
[64] Seneca, *Della superstizione*, frammento 42. Questa avversione del filosofo per gli ebrei è motivo non ultimo della simpatia che gli hanno dimostrato gli autori cristiani e cattolici, i quali hanno fatto salti mortali per salvarne la figura morale (anche, come abbiamo visto, a spese di Nerone).
[65] Fra gli altri R. Turcan, *Sénèque et les réligions orientales*, Bruxelles 1962, pp. 10-11.
[66] E. Radius, *op. cit.*, pp. 102-103.
[67] «Beati voi poveri, perché vostro è il regno di Dio.» *Vangelo secondo Luca*, 16, 20. «È più facile che un cammello passi per la cruna di un ago, che un ricco entri nel regno dei cieli.» *Vangelo secondo Matteo*, 19, 24.
[68] J. Pichon sostiene che Nerone avrebbe addirittura aderito al cristianesimo. Francamente ci sembra un po' troppo. J. Pichon, *Saint Néron*, Parigi 1962.
[69] La magia «nera» era proibita nell'Impero, quella «bianca» ammessa.
[70] *Atti degli Apostoli*, 21, 27-36.
[71] Tacito, *Annali*, XII, 54.
[72] *Atti degli Apostoli*, 24, 26.
[73] *Ibidem*, 25, 18-20; 18, 14-15.
[74] *Ibidem*, 25, 11.
[75] *Ibidem*, 25, 12.
[76] *Ibidem*, 28, 31.
[77] Paolo, *Epistola ai romani*, 13, 1-2.
[78] E. Radius, *op. cit.*, p. 103.
[79] *Ibidem*. Vedi anche L. Rusca, *op. cit.*, pp. 204-205, n. 3.
[80] Tacito, *Annali*, XV, 43.
[81] M. Grant, *La civiltà di Roma*, Il Saggiatore, Milano 1961, p. 264.
[82] *Ibidem*, pp. 264-265.
[83] Vedi sopra p. 56-57.
[84] Tutte queste notizie si ricavano dalla raccolta di documenti di Mary Smallwood, *op. cit.*
[85] E. Cizek, *Néron, op. cit.*, pp. 305-306.
[86] Secondo le valutazioni più modeste occupava centoventicinque iugeri (uno iugero equivale a circa 2500 m^2), la metà dell'attuale Città del Vaticano; secondo altre addirittura trecentosettanta iugeri; M. Grant, *Nerone, op. cit.*, p. 169.
[87] Svetonio, «Nerone», XXXI.
[88] M. Grant, *Nerone, op. cit.*, p. 173. A questo storico, appassionato di

problemi architettonici e urbanistici, si deve forse la migliore ricostruzione dell'impianto della Domus Aurea, le cui cospicue tracce, peraltro, sono ancora ben visibili a Roma, soprattutto nella zona del colle Oppio.
[89] Svetonio, «Nerone», XXXI.
[90] M. Grant, *Nerone, op. cit.*, p. 175.
[91] Tacito, *Annali*, XV, 42.
[92] Sallustio, *La congiura di Catilina*, V.
[93] Svetonio, «Nerone», XXXVIII.
[94] M. Grant, *Nerone, op. cit.*, p. 177.
[95] P. Vandenberg, *op. cit.*, p. 202. A. Michel scrive che Nerone «aveva forse una vera e propria morale della felicità», *op. cit.*, p. 172.
[96] Svetonio, «Nerone», XXXI.
[97] M. Grant, *Nerone, op. cit.*, pp. 187-188.
[98] *Ibidem*, p. 199.
[99] *Ibidem*, p. 195.

VII
Le congiure

All'alba del 19 aprile 65 un liberto del senatore Flavio Scevino, tale Milico, si presenta a Palazzo e chiede di parlare con l'imperatore: deve riferire «cose gravi e terribili».[1] Viene introdotto presso il segretario particolare Epafrodito e poi portato davanti a Nerone al quale dichiara di essere a conoscenza di un complotto per assassinarlo. È la scoperta di quella cospirazione passata alla storia come «la congiura di Pisone».

In quella primavera del 65 tutto pareva tranquillo. Il secolare conflitto con i parti era stato da poco composto con reciproca soddisfazione delle due superpotenze, la pace regnava ai confini, la ricostruzione di Roma, dopo l'incendio, era quasi terminata. Gli unici incidenti di rilievo erano stati il tentativo di fuga di un gruppo di gladiatori della scuola di Preneste, subito rientrato, e il naufragio di alcune navi sorprese da una tempesta a capo Miseno. Ordinaria amministrazione.

Ma il fuoco covava sotto la cenere. Nel 65 la *concordia ordinum*, vale a dire la politica di equilibrio fra Senato, ceti emergenti e plebe, con l'imperatore a fare da arbitro, secondo la tradizione augustea, che Nerone, anche per influsso di Seneca, aveva seguito durante i suoi primi anni di principato, era ormai un ricordo. Almeno dal 58, quando gli era stata bocciata la riforma tributaria, l'imperatore aveva capito che sotto il manto della *concordia ordinum* il Senato gli chiedeva in realtà di governare nell'esclusivo interesse dell'aristocrazia anche se in nome e per conto della plebe che andava tenuta buona con belle parole e qualche saltuario donativo. Questo era stato, per la verità, il capolavoro di Augusto, ottenuto con una politica di stampo moroteo basata sul compromesso, l'equivoco, il millenaristico rinvio di ogni decisione impegnativa.[2]

A questo gioco dell'inganno Nerone, nonostante le innumerevoli strizzatine d'occhio del Senato, non c'era voluto stare. E aveva preso una via diversa dove gli atteggiamenti e i provvedimenti ostili all'aristocrazia parassitaria si erano via via venuti intensificando. Nel 60 era scomparsa dalle monete la sigla EX S.C. (*Ex Senatus Consultu*). Dal 61 Nerone aveva smesso di gratificare i senatori con quattro consolati l'anno, riportandoli ai tradizionali due[3] e, soprattutto, aveva cominciato ad affidare sempre più spesso le cariche che erano di sua esclusiva nomina (come i governatorati delle province imperiali)[4] a «uomini nuovi», cavalieri, militari di carriera, provinciali, invece che ai membri dell'aristocrazia tradizionale, considerati troppo indolenti. Sempre nel 61 l'imperatore aveva dato uno schiaffo all'aristocrazia mandando in Britannia, per dirimere una controversia fra magistrati romani, un liberto, Policlito, che, peraltro, se l'era cavata egregiamente. Nel 62 aveva, di fatto, allontanato dal governo Seneca, il gran leader dei conservatori. Nel 63-64 aveva attuato la riforma monetaria che, mentre favoriva i ceti più attivi della società e la plebe, penalizzava i latifondisti. Nel 64, dopo anni di una rivoluzione culturale profondamente invisa a buona parte dell'aristocrazia e degli intellettuali, aveva cominciato a esibirsi pubblicamente sulle scene creando un enorme scandalo. In questo quadro già precario l'incendio di Roma, nonostante il prodigarsi di Nerone nei soccorsi e la straordinaria opera di ricostruzione, aveva indebolito la posizione dell'imperatore anche presso la plebe.

La reazione aristocratica era quindi nell'aria e, anche per questo, Tigellino moltiplicava le spie e gli agenti segreti facendo di Roma, come ebbe a dire il filosofo Apollonio di Tiana, «una città tutta di occhi e di orecchi».[5] Ma queste misure poliziesche contribuivano solo a esacerbare ulteriormente gli animi. Un gruppo di congiurati, che tramava dall'inizio del 64, se non addirittura dal 62, dopo la defenestrazione di Seneca,[6] decise di serrare le file e di stringere i tempi. Nel complotto c'erano senatori, Flavio Scevino, il console designato Plauzio Laterano, Afranio Quinziano, il poeta Anneo Lucano, oltre, naturalmente, a Pisone; cavalieri, come Cervario Proculo, Giulio Augurino, Munazio Grato, Marcio Festo, Antonio Natale e Claudio Senecione, l'antico compagno di bagordi di Nerone e tuttora intimo dell'imperatore; militari, i tribuni Subrio Flavo, Gaio Silvano, Stazio Prossimo e i centurioni Sulpicio Aspro, Massimo Scauro, Veneto Paolo. Ma, soprattutto, i congiurati erano riusciti ad assicurarsi la complicità di uno dei prefetti del pretorio, senza il quale nessun complotto poteva avere possibilità di successo, Fenio Rufo che mal tollerava il predominio del collega Tigellino. Nonostante ciò si trattava di una combriccola piuttosto scombiccherata, fatta più di fanfaroni e di vanesi che di gente decisa a tutto. Lo stesso capo della congiura (o che, quantomeno, appariva tale) era un uomo senza qualità.

Gaio Calpurnio Pisone, un avvocato di alta statura, di bell'aspetto, di facile eloquio, era di nobiltà recente ma imparentato con le grandi casate dei Licini Crassi e degli Scipioni Orfiti. Ricco, generoso, scialacquatore, Pisone amava la bella vita, scriveva poesie, gli piaceva recitare da attor tragico (era infatti uno di quei senatori che Nerone, di cui era amico intimo, aveva convinto a calcare le scene) ed era famoso soprattutto come formidabile giocatore di dama.[7] Come credenziali per essere considerato *capax Imperii*, capace di reggere l'Impero, non erano granché. Oltretutto Pisone, per certi aspetti, assomigliava un po' troppo a Nerone e rischiava di far rimpiangere l'originale.[8] Per la verità non era stato Pisone a volersi mettere a capo della congiura, erano stati gli altri a mettercelo per i motivi che vedremo. Lui ne era lusingato, perché la sua vanità poteva più del pericolo, però di passare all'azione non aveva gran voglia. Era un uomo irresoluto e trasmetteva la sua incertezza anche agli altri congiurati.

Fu per superare questa *impasse* che una liberta partecipe del complotto, Epicari, amante di Anneo Mela, fratello di Seneca, dopo aver invano esortato i congiurati, con discorsi infiammati, a muoversi, «nauseata dalle loro lentezze, trovandosi in Campania, tentò di scuotere la fedeltà della flotta del Miseno».[9] Ma andò a cascare sull'uomo sbagliato, Volusio Proculo, comandante di una nave, il quale sotto la guida di Aniceto aveva partecipato al primo tentativo di assassinio di Agrippina. È vero che Proculo andava in giro lamentandosi di non essere stato adeguatamente ricompensato dall'imperatore per quell'impresa, e forse su questo la liberta contava, fatto sta che, dopo aver ascoltato le parole di Epicari, che gli chiedeva di unirsi alla congiura, la trasse immediatamente in arresto. E riferì tutto a Nerone. Epicari fu tradotta a Palazzo e, davanti a Nerone e Tigellino, messa a confronto con Proculo. Il colloquio con costui si era però svolto a quattr'occhi ed Epicari aveva avuto almeno il buon senso di non fare il nome di nessuno dei congiurati. La liberta poté quindi tappare la bocca a Proculo dicendo che si era inventato tutto. Parola contro parola, almeno in quella Roma, non costituiva prova, anche se di fronte c'erano un militare di grado elevato e una ex schiava. Nerone decise quindi di non avviare nessuna inchiesta (che avrebbe comportato l'immediata tortura della donna, in quanto liberta). A ogni buon conto Epicari fu trattenuta, per il momento, agli arresti.

Fu proprio il «fermo» di Epicari, e la paura che potesse rivelare qualcosa, a spingere finalmente i congiurati all'azione. In un primo tempo si pensò di assassinare Nerone proprio nella villa di Pisone, a Baia, dove l'imperatore, nulla sospettando dell'amico, si recava spesso, senza scorta, per distrarsi dai suoi impegni di governo. Ma Pisone si oppose, perché un delitto perpetrato violando tutte le leggi dell'ospitalità lo avrebbe reso troppo odioso all'opinione pubblica. Si decise quindi di agire al Circo Massimo, il giorno conclusivo dei *Cerealia*,[10] i giochi che si tenevano in aprile. Era questa una delle poche occasioni, ormai, per avvicinare l'imperatore. Da quando si era costruito la Domus Aurea, Nerone usciva raramente dai suoi palazzi, da tempo aveva abbandonato le sue spedizioni notturne e la sera preferiva starsene a casa con Poppea. Ma ai giochi non rinunciava mai.

Approfittando perciò della confusione il senatore Plauzio Laterano, che era un pezzo d'uomo, gli si sarebbe avvicinato, come per rivolgergli una supplica, e, fingendo di cadere ai piedi del principe, lo avrebbe abbattuto. A questo punto sarebbero intervenuti i tribuni e i centurioni a trucidarlo. Scevino reclamava per sé la parte principale: sarebbe stato lui a colpire per primo l'imperatore con un pugnale che aveva rubato nel tempio della Fortuna e che, tutto orgoglioso, mostrò agli altri congiurati. Il piano prevedeva che Pisone avrebbe atteso gli eventi presso il tempio di Cerere dove, consumato il delitto, sarebbe andato a prelevarlo il prefetto Rufo per portarlo alla caserma dei pretoriani accompagnato da Antonia, la prima figlia di Claudio, che con la sua discendenza diretta da Augusto e il suo nobile sangue avrebbe dovuto legittimare l'intera operazione.

Tutto quindi era pronto e preparato a puntino. Ma tutto fu rovinato dall'imprudenza esibizionista di uno di quei fanfaroni che in faccende come queste non mancano mai e dei quali, peraltro, la conventicola di Pisone pullulava. Il cretino di turno fu proprio Scevino.

Il giorno precedente a quello in cui i congiurati dovevano agire Scevino si abboccò segretamente con un altro dei cospiratori, Antonio Natale, stese quindi testamento, fece ben bene arrotare il famoso pugnale, perché avesse la punta aguzza e brillante, dal liberto Milico, offrì un grande banchetto, diede la libertà ai suoi schiavi e, non contento di tutto questo casino, ordinò allo stesso Milico di preparare delle bende con cui arrestare il sangue delle ferite.

Non ci voleva molto a capire che cosa si stesse preparando e lo capì anche Milico. Il pensiero della ricompensa che avrebbe potuto ricevere balenò subito, dice Tacito, «nella sua mente di schiavo».[11] Tuttavia Milico era incerto e chiese alla moglie un consiglio che, dice ancora Tacito, «fu quale una donna poteva dare: il peggiore, perché essa di sua iniziativa suscitò in lui la paura, dicendo che molti liberti e servi erano stati testimoni e avevano visto le stesse cose; il silenzio di uno solo non sarebbe servito a niente, ma il premio sarebbe stato di quell'unico che avesse con la delazione prevenuto tutti».[12]

Ecco perché all'alba di quel 19 aprile il liberto Milico si trovava al cospetto di Nerone. Fu immediatamente convocato Scevino. Che si difese abbastanza abilmente. Disse che il pugnale era per lui un oggetto di culto, così come lo era stato per suo padre, e che il liberto lo aveva sottratto dalla sua camera da letto; che già in altre occasioni aveva fatto testamento e si era liberato dei suoi servi; quanto ai banchetti ne aveva sempre imbandito generosamente così come aveva condotto vita spensierata, cosa che, aggiunse, si augurava non dispiacesse al principe. Negò nel modo più assoluto di aver ordinato di preparare delle bende per ferite. Questo particolare il liberto se lo era inventato di sana pianta per dare credibilità a tutta la sua accusa che, invece, non ne aveva alcuna. Mentre diceva queste cose con voce ferma Scevino guardava il suo servo con occhi talmente fiammeggianti che il poveretto andò totalmente in confusione. Nerone era già sul punto di lasciar perdere quando intervenne la moglie di Milico che ricordò un particolare determinante di cui il liberto si era dimenticato: l'incontro segreto con Natale. Fu fatto venire costui. E questa volta c'era anche Tigellino, grande esperto di interrogatori. Il racconto di Natale, sentito separatamente, non corrispondeva a quello di Scevino. Incalzato da Tigellino, che gli prometteva l'impunità se avesse «cantato», Natale fece i nomi di Pisone e di Seneca. Disse anche di essere stato intermediario fra i due. A questo punto si aprirono le cateratte: Scevino denunciò Lucano, Senecione e Quinzano, questi due i loro amici più cari, Glizio Gallo e Annio Pollione. In quanto a Lucano denunciò anche la madre.[13]

La sola a comportarsi con dignità fu proprio Epicari, l'unica, fra l'altro, a essere sottoposta a tortura.[14] Seviziata per un intero pomeriggio dagli uomini di Tigellino, negò tutto. «Il giorno dopo, mentre era portata alle stesse torture su una portantina, perché con le membra slogate non poteva stare più in piedi, pose il collo entro un laccio formato da una fascia che aveva tolto dal petto e legato ad arco sulla spalliera, a mo' di capestro, e, premendo con tutto il suo peso, spinse fuori dal corpo la poca vita che ancora le restava.»[15]

Nerone chiuse Roma in una morsa, instaurando lo stato d'assedio. Fece presidiare dai soldati germanici, che riteneva, a ragione, i più fedeli, le mura e le vie d'accesso alla capitale e perlustrare il contado circonvicino. Pisone, vistosi scoperto, si uccise quando davanti alla sua casa comparvero gli uomini dell'imperatore. Il console Plauzio Laterano fu invece trucidato dal tribuno Stazio perché così voleva la regola: al militare fellone non era concesso il suicidio, doveva subire il disonore di essere ucciso da un altro militare, di rango inferiore, che fungeva da boia.[16]

A questo punto Nerone mandò il tribuno Gaio Silvano alla tenuta di Seneca, che stava quattro miglia fuori Roma, perché chiedesse al filosofo come intendeva discolparsi. Che Seneca fosse il «grande vecchio» dietro la congiura non c'è dubbio.[17] In primo luogo perché Pisone, come imperatore e alternativa a Nerone, era impresentabile. Non per nulla uno dei congiurati, il tribuno Subrio Flavo, aveva detto che sarebbe stato assurdo «se, tolto di mezzo il citaredo, lo si fosse sostituito con un trageda».[18] In realtà è molto probabile che Seneca fosse il capo di una congiura all'interno della congiura. Lo stesso Subrio Flavo aveva infatti organizzato un incontro segretissimo cui avevano partecipato solo i militari ai quali aveva spiegato che Pisone era solo una «testa di legno»: tolto di mezzo Nerone sarebbe stato fatto fuori anche Pisone per proclamare Seneca imperatore.[19] Tacito riferisce questa notizia come voce, Plinio il Vecchio e Dione Cassio la danno invece per certa.[20] Ma la loro versione è più convincente. Se infatti le esibizioni artistiche di Nerone, così come la sua condotta di vita, piacevano molto poco ai senatori (ma non a tutti), erano viste con ostilità anche maggiore dai militari di grado le cui vedute erano ancora più ristrette e la morale più rigida. È impensabile che i militari partecipassero alla congiura per mettere al posto di Nerone un uomo che ne aveva le stesse inclinazioni.

In ogni caso, sia che ambisse realmente all'Impero, sia che volesse recitare presso Pisone il ruolo, certamente a lui più congeniale, di «gran consigliori» che aveva avuto con Nerone, la partecipazione di Seneca alla congiura è fuori discussione.

1. Il primo nome fatto da Antonio Natale, subito dopo Pisone, è quello di Seneca. Natale, sotto interrogatorio, aveva riferito di essere andato da Seneca per conto di Pisone che invitava il filosofo ad avere con lui incontri più

frequenti. E Seneca aveva risposto di essere un vecchio acciaccato che aveva difficoltà a spostarsi, ma che tanti discorsi non erano necessari perché «la sua salvezza si appoggiava sull'incolumità di Pisone».[21] Questo, nel linguaggio contorto e allusivo di Seneca, sempre molto abile a non esporsi più del necessario, era un messaggio cifrato a Pisone e una conferma del suo appoggio. A Pisone Seneca non aveva bisogno di far sapere di più. Anche perché nel frattempo, se dobbiamo credere a Dione Cassio e a Plinio, stava manovrando con i militari proprio per scalzare, al momento opportuno, Pisone.

2. Seneca ritornò a Roma dalla Campania, dove soggiornava per i suoi apparentemente tranquilli ozii e da dove, a suo dire, si muoveva così malvolentieri, proprio il giorno in cui doveva essere assassinato Nerone. Evidentemente per tenersi a disposizione dei congiurati.[22]

3. Nel 62 il liberto imperiale Romano aveva segretamente confidato a Nerone che Seneca complottava con Pisone contro di lui.[23] Seneca si era difeso con energia e Nerone gli aveva creduto. Ma alla luce della congiura di tre anni dopo, la denuncia del liberto acquista tutt'altro peso. Infatti questa denuncia seguiva di poco quel famoso colloquio fra Seneca e Nerone in cui il filosofo si era dimesso, sparendo subito dopo dalla circolazione. Allontanatosi dal potere, Seneca si era messo subito a tramare contro Nerone. E proprio con Pisone.

Dunque adesso, in quella sera romana del 19 aprile 65, che possiamo immaginare dolce, il tribuno Gaio Silvano era davanti a Seneca, che stava cenando all'aperto con la moglie Pompea Paolina e due amici, a chiedere conto, da parte dell'imperatore, del suo operato. Seneca si difese come poté. Il tribuno tornò da Nerone e Tigellino e riferì. Ma i due non parvero per niente convinti. Nerone chiese a Silvano: «Ha manifestato l'intenzione di darsi la morte?». Il tribuno rispose che Seneca non ci pensava neanche, almeno questa era stata la sua netta impressione.

«Allora torna da lui» disse Nerone «e riferiscigli che deve morire.»[24]

Il tribuno passò prima da Fenio Rufo, il prefetto del pretorio, per chiedergli come si doveva comportare. Anche Gaio Silvano infatti faceva parte del complotto. Ma Rufo, visto che la congiura era ormai scoperta ma che il suo nome non era saltato fuori, disse al tribuno di eseguire gli ordini dell'imperatore. Silvano non ebbe il coraggio di affrontare di nuovo Seneca, che lo sapeva complice, portandogli quella sentenza di morte, e mandò al suo posto un centurione con alcuni soldati. Seneca chiese di far testamento, ma il centurione rifiutò: doveva sbrigarsi. A questo punto la narrazione di Tacito si fa insolitamente prolissa, molto poco tacitiana, nel tentativo di attribuire a Seneca una morte da filosofo ricalcata passo passo su quella di Socrate.[25] Ma può anche darsi che, effettivamente, quel vecchio malvissuto abbia trovato nel suo estremo momento una dignità che non aveva mai avuta durante tutta la sua esistenza.

Dunque, a sentir Tacito, Seneca disse agli amici che «dal momento che gli si impediva di dimostrare la sua gratitudine, lasciava a loro la sola cosa che possedeva e la più bella: l'esempio della sua vita».[26] Si diede poi a consolare i presenti e in particolare la moglie che appariva sconvolta. Paolina disse che voleva condividere con il marito la gloria del martirio. Entrambi si fecero recidere le vene dei polsi e delle gambe. Ma erano vecchi e il sangue usciva molto lentamente, il tempo sufficiente perché qualcuno riferisse all'imperatore quanto stava accadendo nella casa di Seneca. «Pertanto Nerone» scrive Tacito «non avendo alcun rancore personale contro Paolina diede l'ordine di impedirne la morte.»[27] Come lo seppe, Paolina cambiò immediatamente idea sulla gloria del martirio e si fece bendare accuratamente le ferite. Sopravvisse per qualche anno al marito.

Seneca non riusciva a morire. Chiamò allora un amico medico, Anneo Stazio, perché gli propinasse un veleno «col quale si facevano morire gli ateniesi condannati in pubblico giudizio».[28] Ma nemmeno il veleno fece effetto in quel vecchio corpo. Fu portato perciò dagli amici in un bagno a vapore e qui immerso. Morì soffocato.

Nel frattempo stava venendo alla luce anche la parte avuta dai militari nel complotto. Fenio Rufo, nel tentativo di non destare sospetti, era stato particolarmente feroce negli interrogatori. Subrio Flavo, che doveva essere il più deciso dei congiurati, gli aveva anche fatto, a un certo punto, un segno di intesa, accennando alla propria spada, come a dire che, se l'altro ci stava, lui era disposto ad ammazzare Nerone anche lì, nel Palazzo. Aveva anzi già messo mano all'impugnatura. Ma il prefetto del pretorio lo fermò. Rufo fu perduto da Scevino. Al prefetto che lo incalzava chiedendogli per l'ennesima volta se ci fossero altri complici, Scevino rispose sogghignando: «Nessuno lo può sapere meglio di te».[29] Fenio Rufo diventò pallido e cominciò a balbettare. Intervenne anche Cervario Proculo, un altro congiurato «pentito», gridandogli che fingere era ormai inutile, meglio era se confessava. Forse Rufo accennò una reazione. Fatto sta che fu afferrato da Cassio, una gigantesca guardia del corpo di Nerone, e messo, lì per lì, in catene.

Fu poi la volta di Subrio Flavo. A Nerone, che gli chiedeva perché avesse tradito il giuramento militare, rispose: «Ti odiavo. Nessun soldato ti fu più fedele di me, finché tu meritavi di essere amato. Ho cominciato a odiarti il giorno che tu sei apparso omicida della moglie e della madre, auriga, istrione, incendiario».[30] Pare che questa risposta abbia sconvolto Nerone «più di tutte le altre vicende di quella cospirazione».[31] Conosceva infatti Subrio Flavo come soldato onesto, integro, per questo aveva fatto proprio a lui, e non ad altri, quella domanda. La risposta di Flavo lo amareggiò moltissimo. Nerone si aspettava, probabilmente, la reazione degli aristocratici, così come poteva capire, probabilmente, la condotta di

Fenio Rufo troppo sacrificato al rampante Tigellino, ma credeva di essere amato dalla base dei militari verso i quali aveva svolto una politica di agevolazioni più intelligente, anche se meno spettacolare, dei suoi predecessori. Adesso si rendeva conto che non era così. Come si rendeva conto che sarebbe stato ormai molto difficile, forse impossibile, levarsi di dosso la fama di incendiario. Ombre sinistre si allungavano sul futuro del suo principato.

Eppure nemmeno in questo frangente Nerone si fece prendere la mano. Il processo non si concluse con una carneficina come, data la gravità del reato, ci si poteva anche attendere. Nel complesso erano state coinvolte nelle accuse sessanta persone, fra le quali diciannove senatori, sette cavalieri, undici ufficiali. Ci furono venti condanne a morte e tredici all'esilio.[32] Quattro ufficiali superiori vennero mandati in congedo. Le assoluzioni con formula piena furono diciannove. Ma Gaio Silvano, per quanto prosciolto, si suicidò. Inoltre Nerone perdonò Antonio Natale e Cervario Proculo per il contributo dato alle indagini. Perdonò anche, non sappiamo con quale motivazione, il tribuno Stazio Prossimo che però, per il disonore, preferì darsi la morte. In quanto all'accusa che Lucano (fra i condannati alla pena capitale) aveva fatto contro la madre, Nerone non volle neanche prenderla in considerazione.

Tacito sostiene che Nerone approfittò della congiura per eliminare, senza processo, il console Vestino Attico che gli era odioso. Secondo lo storico l'imperatore aveva due buoni motivi per detestare il console. Il primo era che Vestino, uomo dalla lingua assai tagliente, che era stato amico intimo dell'imperatore, non gli aveva mai risparmiato i suoi motteggi. Il secondo che Vestino era il marito di Statilia Messalina che già all'epoca, secondo Tacito, sarebbe stata l'amante dell'imperatore. La cosa non sta in piedi da qualunque parte la si guardi.

Nerone non era certo il tipo da farsi impressionare

dalle prese in giro, caso mai le restituiva. Anche Svetonio, lo abbiamo visto, afferma che fu sempre indulgente nei riguardi di chi «lo dilaniava con parole o con versi».[33] Era un uomo spiritoso e apprezzava le persone spiritose.

All'epoca Nerone era sposato con Poppea, che era gravida del suo secondo figlio e della quale l'imperatore era innamorato cotto. È molto improbabile quindi che fosse l'amante di Messalina, ma anche lo fosse stato non aveva alcun senso per lui eliminare Vestino nella prospettiva di sposarne la moglie dato che non poteva certo immaginare che Poppea sarebbe morta di lì a qualche mese. Semmai aveva l'interesse contrario: Vestino gli sarebbe servito da copertura agli occhi della sospettosissima Poppea. Ma, soprattutto, Nerone aveva nominato Vestino console proprio quell'anno. Non lo avrebbe certamente fatto se aveva intenzione di eliminarlo. Inoltre, si trattasse di ipocrisia o d'altro, Nerone era molto restio a sopprimere i suoi nemici e rivali senza un regolare processo. Se proprio avesse voluto non gli sarebbe stato certo difficile, nella confusione della congiura, trovare un accusatore di Vestino e dare alla sua eliminazione almeno la parvenza della legalità.

Anche i particolari dell'esecuzione del console confermano che siamo di fronte all'attuazione di una sentenza. Il tribuno Gerelliano si presentò infatti alla casa di Vestino accompagnato dai soldati e da un medico imperiale. Vestino stava banchettando con alcuni amici che furono immediatamente circondati dai soldati. Il console fu portato in camera da letto e, in presenza del medico, gli furono recise le vene. I commensali vennero liberati solo a notte tarda. Nerone, che amava le battute, e anche le battutacce, commentò che «avevano già pagato abbastanza il banchetto del console».[34]

Nerone volle che tutti gli atti dell'inchiesta fossero resi pubblici perché non ci fossero dubbi sulla regolarità delle procedure e sull'equità delle sentenze («Nerone, [...]

convocato il Senato e tenuto un discorso ai senatori, emanò un editto al popolo e fece raccogliere in libri il testo delle denunce e delle confessioni degli accusati»).[35]

La congiura produsse un terremoto nella nomenklatura imperiale. Scalarono posizioni il consolare Petronio Turpilliano e il console designato Cocceio Nerva cui furono concessi, come a Tigellino, gli ornamenti trionfali. Ai pretoriani furono distribuiti duemila sesterzi a testa e ottennero la distribuzione gratuita del frumento che prima pagavano a prezzo di mercato. Milico ricevette la ricompensa in denaro che si aspettava e poté fregiarsi del titolo, un po' comico, di «salvatore». Ninfidio Sabino ebbe le insegne consolari come premio per il contributo dato alla repressione della congiura e, di lì a poco, affiancò Tigellino nella carica di prefetto del pretorio, in sostituzione di Fenio Rufo.

Fu questo il cambiamento più importante e più gravido di conseguenze. La madre di Ninfidio Sabino, figlia del potente ministro di Claudio, Callisto, e di una sarta, era una bella liberta usa a prostituirsi ai domestici della casa imperiale, il padre un gladiatore. Ma Sabino pretendeva di essere figlio nientemeno che di Caligola, cosa non improbabile, dice Tacito, perché dell'imperatore aveva l'alta statura e l'aspetto torvo e perché «Gaio Cesare, a cui piacevano le meretrici, si era divertito anche con la madre di lui».[36]

Tacito fa di Sabino un pessimo ritratto, ma la cosa non stupisce perché lo storico, come sempre, segue il pregiudizio degli aristocratici romani nei confronti di chi, arrivato a una qualche carica, avesse origini plebee e, per soprammercato, irregolari.[37] Di Sabino quindi, a parte queste notizie di letto, sappiamo poco. È molto probabile però che fosse anche lui un esperto di pubblica sicurezza[38] destinato a controbilanciare l'eccessivo potere di Tigellino. Fu comunque, anche questa, una scelta sbagliata perché Ninfidio Sabino sarà determinante nella caduta di Nerone.

La congiura di Pisone ebbe degli strascichi. Pochi mesi dopo furono giustiziati Anneo Mela, Claudia Antonia, Petronio. Mela, amante di Epicari, fratello di Seneca, padre di Lucano, strettamente legato cioè a tre dei congiurati, faceva sicuramente parte del complotto. Lo stesso vale per Antonia, la figlia di Claudio, che avrebbe dovuto accompagnare Pisone davanti ai pretoriani dopo l'assassinio di Nerone. La notizia, fornita da Svetonio, che Nerone uccise Antonia perché aveva rifiutato di sposarlo[39] non ha alcun riscontro e nessuna serietà. Delle figlie di Claudio, Nerone aveva già sposato Ottavia e ne aveva avuto abbastanza. Ed è assurdo che l'imperatore potesse chiedere in sposa la sorella della donna che aveva fatto assassinare.

In quanto a Petronio, si sarebbe trattato, secondo Tacito, di una vendetta trasversale di Tigellino.[40] Petronio è infatti il famoso «Petronio Arbitro», l'autore del *Satyricon*, che Nerone aveva preso a modello di eleganza e di raffinatezza e aveva voluto con sé a corte. Tigellino avrebbe fatto fuori Petronio perché gli contendeva i favori del principe proprio in quel campo dei bagordi e delle orge su cui il prefetto del pretorio contava per tenere legato a sé l'imperatore.

Petronio, lo abbiamo visto, non era affatto un compagno di orge di Nerone, era semplicemente un amante del «bon ton», cosa con la quale Tigellino non aveva nulla a che vedere e per la quale non aveva nulla da competere. Inoltre Tigellino era solo un esecutore di ordini, sia pur eccessivamente zelante, e non aveva certo l'autorità di spingere Nerone a eliminare un caro amico, in una corte in cui gli amici cominciavano a scarseggiare, senza una buona ragione. Il fatto è che Petronio fu accusato da uno schiavo di Scevino di essere stato uno dei complici di Pisone. Processato, si difese debolmente e venne condannato a morte. Petronio inseguì Nerone fino a Cuma per cercare di impietosire il vecchio amico. Ma Nerone non lo volle ricevere. Seppe darsi una morte dignitosa, in stile da perfetto *dandy* quale era vissuto.

Questione tutta diversa è quella di Trasea Peto. Originario di Padova, Trasea Peto era un senatore dai costumi severi e illibatissimi. Fino al 58 era stato un collaboratore del regime neroniano. Aveva avuto il consolato nel 56 e, subito dopo, era stato nominato quadricemviro. In Senato godeva di un indiscusso prestigio e di gran peso. La sua parola era stata decisiva nel far condannare per concussione il governatore della Cilicia, Cossuziano Capitone, nonostante questi fosse un amico del principe. Dopo il 58, quando Nerone aveva preso decisamente un indirizzo popolare, si era messo a osteggiare il regime, ma in modo così balordo da favorirlo. In Senato si metteva a cavillare puntigliosamente su questioni di infima o nulla importanza, esasperando anche i suoi amici, mentre se ne stava zitto e muto quando si discutevano le questioni importanti «intorno alla guerra e alla pace, ai tributi e alle leggi».[41] Però aveva coraggio. Era stato l'unico dei senatori a uscire ostentatamente dalla Curia quando era stata data notizia della morte di Agrippina, dimostrando di non credere affatto alla versione di comodo fornita da Nerone e da Seneca. Così come era stato l'unico a criticare pubblicamente la prima esibizione dell'imperatore agli *Juvenalia*. Nerone, pur giudicandolo un perfetto cretino, oltre che un insopportabile musone, lo rispettava[42] per quell'ammirazione che sovente i padroni di un potere assoluto hanno, e che Nerone comunque aveva, per gli incorruttibili.[43] Più volte, nonostante l'austero senatore fosse ormai passato all'opposizione, Nerone si era detto d'accordo con Trasea.[44] Per fargli però capire il suo disappunto per quella condotta ostruzionistica gli aveva impedito, nel 63, di presenziare alle feste in occasione della nascita della figlia Claudia. Trasea, stolidamente, prese l'avvertimento alla lettera, anzi equivocò sul suo reale significato[45] e cominciò a disertare sistematicamente le sedute del Senato. Allora Nerone, pazientemente, cercò di ricucire i rapporti e, almeno all'inizio, ci riuscì, tanto che Seneca se ne compiacque con lui.[46] Ma fu cosa di breve momento; ben presto Trasea riprese la resistenza passiva. La sua inerzia divenne talmente proverbiale che a Roma, e non solo a Roma, si discuteva su che cosa *non* faceva Trasea Peto.[47]

Il risultato fu che, lui lo volesse o no, attorno a Trasea si radunarono tutti gli scontenti e in particolare i rappresentanti dell'aristocrazia ultraconservatrice, orfani di Seneca. Ora, il Nerone del 66, dopo l'incendio di Roma e la congiura di Pisone, non era più il Nerone del 63. Con l'aristocrazia aveva chiuso e non era più disposto a tollerare un atteggiamento come quello di Trasea e i pericoli che comportava.

Il processo a Trasea iniziò con un minaccioso messaggio alla Curia col quale l'imperatore, senza far nomi, denunciava l'assenteismo dei senatori. Quindi Nerone ebbe la perfidia di affidare l'accusa contro Trasea proprio a Cossuziano Capitone, l'uomo che Trasea aveva contribuito a far condannare e che, riabilitato da qualche anno, si era già distinto per eccesso di zelo nelle delazioni, tentando in questo modo di far dimenticare i suoi trascorsi.

L'accusa di Capitone si articolava in tre punti: 1. da tre anni Trasea non metteva piede nella Curia; 2. da un anno non onorava nemmeno la sua carica di quadricemviro, disertando le cerimonie relative; 3. tale atteggiamento, oltre a essere in sé disdicevole perché il senatore non svolgeva i suoi compiti, «era già un'opposizione nel nome di un partito»[48] e questo doveva essere considerato alto tradimento. Di rincalzo a Capitone venne Eprio Marcello, il più focoso e tenebroso *delatore* di quei tempi («delatore» nel diritto penale romano non aveva lo stesso significato che ha per noi oggi: era colui che sporgeva la denuncia senza la quale nessun processo poteva iniziare. Una sorta di pubblico ministero insomma, solo che si trattava di un privato cittadino, cosa che, naturalmente, poteva intorbidare le acque ed essere usata, come spesso infatti avveniva, per fini che nulla avevano a che fare con la giustizia).[49] Marcello disse che se Trasea avesse criticato, anche aspramente, i singoli provvedimenti dell'imperatore e del Senato, la cosa sarebbe stata accettabile, anzi giusta: i senatori erano lì per quello. Ma ciò che non si poteva assolutamente tollerare era un silenzio che condannava in blocco ogni cosa. «Era per Trasea cosa sgradevole» gridò Marcello «che in tutta la terra ci fosse pace e si avessero vittorie senza perdite d'uomini?»[50]

Trasea, conseguente a se stesso, non volle difendersi. Non si recò nemmeno nella Curia. Il Senato lo condannò a morte per alto tradimento. Altri due accusati, il genero di Trasea, Elvidio e il poeta Montano, se la cavarono più a buon mercato. Elvidio ebbe l'esilio, Montano fu assolto, ma gli fu ingiunto di non occuparsi più di politica.

Tacito e Dione Cassio collegano il processo di Trasea a quello di un altro personaggio eccellente, Barea Sorano, un ex governatore dell'Asia Minore condannato per avervi fomentato la ribellione.[51] Si tratta in realtà di due fatti diversi avvenuti in tempi diversi.[52] La vicenda di Barea è legata alla congiura di Viniciano (estate 66), di cui non sappiamo molto (il racconto di Tacito si arresta prima), ma che dovette essere assai più pericolosa, almeno potenzialmente, di quella di Pisone perché, anche se abortita subito, coinvolgeva numerosi governatori ed ex governatori delle province, alti gradi militari e il più importante generale dell'epoca, Corbulone.

Annio Viniciano si era distinto nella campagna partica di Corbulone, di cui era genero (Barea era imparentato con tutti e due). Proprio per gratificare Corbulone e tenerselo buono, Nerone aveva sempre trattato Viniciano con un occhio di riguardo: lo aveva portato come *adlectus*[53] al rango di senatore e lo aveva nominato console senza che fosse stato prima pretore facendogli quindi saltare qualche gradino nella scala del tradizionale *cursus honorum*. Viniciano aveva avuto anche l'importante incarico di accompagnare Tiridate nel suo viaggio dall'Armenia a Roma.[54] Qui l'imperatore lo aveva trattenuto non lasciandolo ripartire per l'Oriente e raggiungere le sue truppe. Secondo alcuni storici moderni, in particolare Cizek, Nerone diffidava di Viniciano e aveva già intuito qualcosa di quel che bolliva in pentola.[55] In effetti Viniciano non era un tipo del tutto rassicurante per l'imperatore. Suo fratello, Annio Pollione, era stato coinvolto nella congiura di Pisone e, soprattutto, la sua famiglia aveva una tradizione di ostilità nei confronti dei Giulio-Claudii.[56] Il padre di Viniciano, Lucio, aveva cospirato contro Tiberio, era stato il leader della congiura che nel 41 aveva portato all'assassinio di Caligola e nel 42 aveva istigato la rivolta capeggiata da Camillo Scriboniano ai danni di Claudio.[57]

In ogni modo se Nerone temeva Viniciano lo seppe mascherare molto bene. Tanto che lo invitò ad accompagnarlo nel suo imminente viaggio in Grecia. Viniciano, a sua volta incerto sulle reali intenzioni dell'imperatore, decise di affrettare i tempi. Nerone sarebbe stato assassinato a Benevento,[58] sulla strada per la Grecia. Quindi si sarebbero mossi i fratelli Scribonii, Rufo e Proculo, comandanti della Germania superiore e della Germania inferiore. Corbulone, che tirava le fila di tutto il gioco, sarebbe uscito allo scoperto solo a cose fatte per essere proclamato imperatore.[59] Ma a Roma i congiurati agirono con troppa precipitazione e il complotto fu scoperto (evidentemente Tigellino e Ninfidio Sabino conoscevano il loro mestiere). Con Corbulone e gli Scribonii Nerone dovette giocare d'astuzia: sia l'uno che gli altri avevano forze sufficienti per spazzarlo via come un birillo, Corbulone comandava la potentissima armata di stanza in Armenia, gli Scribonii potevano contare su tre legioni a testa.[60] Nerone partì quindi per la Grecia come se nulla fosse. Da qui spedì un messaggio a Corbulone chiamandolo padre e benefattore e invitandolo a raggiungerlo. Ma quando il generale sbarcò a Cencrea, il porto di Corinto, si vide recapitare l'ordine imperiale di uccidersi. «*Axios!*» («Me lo sono meritato!») esclamò il generale.[61] E nessuno ha mai saputo, né mai saprà, se intendesse dire che era stato uno sciocco a fidarsi di Nerone e a separarsi dalle sue truppe o se ammettesse, in quel modo, la sua partecipazione alla congiura.[62] Anche i fratelli Scribonii furono eliminati con lo stesso stratagemma. Invitati in Grecia dovettero suicidarsi appena giunti sul posto.[63]

A Roma, mentre Nerone era ancora in Italia, furono giustiziati Viniciano e Barea Sorano. Altri complici, Marco Licinio Crasso Frugi, console nel 64, e Quinto Sulpicio Camerino, ex governatore d'Africa, furono condannati da Elio, il liberto che, in assenza di Nerone, teneva la reggenza.

La congiura di Viniciano, dopo le crisi del 58, del 61, del 65, diede il colpo di grazia ai rapporti fra Nerone e l'aristocrazia. In fondo, a ben guardare, l'imperatore, nonostante i contrasti, aveva sostanzialmente rispettato il solenne impegno, preso all'esordio del suo regno, di salvaguardare l'autorità e l'autonomia del Senato. I senatori avevano potuto deliberare, per esempio, sull'importante questione dei liberti anche in contrasto con l'imperatore, avevano potuto respingere la sua riforma tributaria, avevano potuto giudicare in piena autonomia nei processi di concussione, condannando funzionari nominati da Nerone o a lui vicini. Persino nel turbine della congiura di Pisone i senatori avevano potuto salvare il loro collega Giunio Gallione, fratello di Seneca, che uno scatenato delatore, Salieno Clemente, voleva trascinare sul banco degli imputati come complice del complotto.[64]

Dopo la vicenda di Viniciano il Senato per Nerone non esisterà più. Tanto che nel 67, quando inaugurerà il taglio dell'istmo di Corinto affermerà di farlo in nome suo e del popolo romano, senza nominare il Senato. E da allora Nerone si fiderà solo di uomini di origini modeste e, in ogni caso, non nobiliari. Tali erano Fonteio Capitone e Verginio Rufo chiamati a sostituire gli Scribonii nelle due Germanie, Licinio Muciano che prese il posto del governatore della Siria, Cestio Gallo, morto nel 66, e lo stesso Vespasiano, cui fu affidato l'incarico di soffocare la ribellione in Giudea.[65]

Una lunga lista di morti di alto lignaggio si era venuta quindi ad aggiungere sul conto di Nerone. Bisogna però considerare che tutti, se si esclude Trasea Peto, erano stati coinvolti in congiure che avevano come obiettivo l'assassinio dell'imperatore. E bisogna tener conto dei tempi. Claudio, il mite Claudio, senza aver dovuto subire attacchi della pericolosità di quelli che avevano minacciato Nerone, mandò a morte trenta senatori e non meno di trecento cavalieri, molto spesso per motivi futili, perché questo o quello era caduto in disgrazia presso Messalina prima e Agrippina poi.[66] E sotto Domiziano sarà sufficiente comportarsi non come Trasea Peto, ma semplicemente scriverne una biografia per essere condannati alla pena capitale (è quanto accadde allo storico Aruleno Rustico, che era stato amico di Trasea).[67]

Nel 66, dopo la morte di Poppea, Nerone sposò la bella, elegante e raffinata Statilia Messalina che era al suo quinto matrimonio.[68] Di lei sappiamo poco. Ma doveva essere una donna di larghe vedute se tollerò che Nerone «sposasse» l'eunuco Sporo, così somigliante a Poppea, e se lo portasse con sé in quel viaggio in Grecia che doveva essere il suo canto del cigno.

Note

[1] Tacito, *Annali*, XV, 55.
[2] M.A. Levi, *L'Impero romano*, *op. cit.*, p. 313.
[3] M.A. Levi, *Nerone e i suoi tempi*, *op. cit.*, pp. 146-147.
[4] Le province si dividevano in «imperiali» e «senatorie»; in queste ultime la nomina dei governatori spettava al Senato.
[5] M. Grant, *Nerone*, *op. cit.*, p. 213.
[6] Tacito, *Annali*, XV, 65.
[7] Scoliasta a Giovenale, V, 109.
[8] E. Cizek sostiene che Pisone propugnava un «neronismo moderato». E. Cizek, *Néron*, *op. cit.*, p. 229. Un grande elogio di Pisone aveva fatto il poeta di corte Calpurnio Siculo con la sua *Laus Pisonis* scritta negli ultimi anni del regno di Claudio.
[9] Tacito, *Annali*, XV, 51.
[10] Per la ricostruzione del giorno esatto della congiura vedi P. Treves, *op. cit.*, p. 509.
[11] Tacito, *Annali*, XV, 54.
[12] *Ibidem*.
[13] *Ibidem*, XV, 56.
[14] *Ibidem*, XV, 57.
[15] *Ibidem*.
[16] P. Treves, *op. cit.*, p. 513.
[17] In questo senso, fra gli altri, P. Treves, *op. cit.*; R.S. Rogers, *op. cit.*, p. 208; B.W. Henderson, *op. cit.*, pp. 280-283; C. Questa, *Studi sulle fonti degli «Annali» di Tacito*, Edizioni dell'uomo, Roma 1963, pp. 202-204. Anche l'ultrasenechiano Grimal scrive: «Dietro Pisone si intravede la sagoma di Seneca», P. Grimal, *op. cit.*, p. 141. Contro questa ipotesi si è pronunciato l'autorevole storico inglese R. Syme, *Tacitus*, I-II, Oxford 1958, ma è una voce isolata.
[18] Tacito, *Annali*, XV, 64.
[19] *Ibidem*.
[20] Dione Cassio, 62, 64, I.
[21] Tacito, *Annali*, XV, 60.
[22] P. Treves, *op. cit.*, p. 516.
[23] Tacito, *Annali*, XIV, 65; R.S. Rogers, *op. cit.*, p. 206.
[24] Tacito, *Annali*, XV, 61.
[25] M. Grant, *Nerone*, *op. cit.*, p. 214
[26] Tacito, *Annali*, XV, 62.
[27] *Ibidem*, XV, 64.
[28] *Ibidem*.
[29] *Ibidem*, XV, 66.
[30] *Ibidem*, XV, 67.
[31] *Ibidem*.
[32] Fra gli esiliati ci furono gli amici accusati da Senecione e Quinzano: Glizio Gallo e Annio Pollione. Evidentemente l'imperatore non aveva creduto fino in fondo a quelle denunce.
[33] Svetonio, «Nerone», XXXIV.

34 Tacito, *Annali*, XV, 69.
35 *Ibidem*, XV, 63.
36 *Ibidem*, XV, 72.
37 M. Grant, *Nerone, op. cit.*, p. 216.
38 *Ibidem*; E. Cizek, *Néron, op. cit.*, p. 197.
39 Svetonio, «Nerone», XXXV.
40 Tacito, *Annali*, XVI, 18.
41 *Ibidem*, XIII, 49.
42 Plutarco, *Praecepta Reipublicae Gerundae*, 810 A.
43 Una volta chiesi a Susanna Agnelli quale tipo d'uomo suo fratello Gianni ammirasse di più e lei mi rispose: «Se Gianni potesse incontrare l'Incorruttibile credo che questo sarebbe il suo sogno. Ma devo anche dire che lui sostiene che non esiste l'Incorruttibile. [...] La felicità di mio fratello sarebbe il giorno che lui trovasse un uomo che non può corrompere». (M. Fini, *Gianni Agnelli visto da una Agnelli*, in «Europeo», 20 febbraio 1975.)
44 Vedi sopra p. 86.
45 O. Murray, *op. cit.*, p. 55.
46 Tacito, *Annali*, XV, 23.
47 *Ibidem*, XVI, 22.
48 *Ibidem*.
49 Vedi B.H. Warmington, *op. cit.*, pp. 206-207. Un altro famoso «delatore» del tempo di Nerone fu il giovane Aquilio Regolo (Tacito, *Storie*, IV, 42).
50 Tacito, *Annali*, XVI, 28.
51 *Ibidem*, XVI, 23.
52 M. Grant, *Nerone, op. cit.*, pp. 219, 263; Tacito, *Storie*, IV, 40.
53 Il senatore *adlectus* era scelto direttamente dall'imperatore con procedura straordinaria.
54 Dione Cassio, 52, 23, 6.
55 E. Cizek, *Néron, op. cit.*, pp. 270-271.
56 B.H. Warmington, *op. cit.*, p. 208; R.S. Rogers, *op. cit.*, p. 196.
57 R.S. Rogers, *op. cit.*, p. 196; B.H. Warmington, *op. cit.*, p. 208.
58 Svetonio, «Nerone», XXXVI.
59 E. Cizek, *Néron, op. cit.*, pp. 270, 312.
60 M. Grant, *Nerone, op. cit.*, p. 221.
61 Dione Cassio, 63, 17, 4-6.
62 E. Cizek, *Néron, op. cit.*, p. 272.
63 Dione Cassio, 63, I, 2.
64 E. Paratore, *Tacito, op. cit.*, pp. 792-793.
65 B.H. Warmington, *op. cit.*, p. 208.
66 M. Grant, *Nerone, op. cit.*, p. 31.
67 B.H. Warmington, *op. cit.*, p. 199.
68 PIR[1] S 625.

VIII
Il canto del cigno: viaggio in Grecia

Alla fine dell'estate 66 Nerone coronò il sogno che aveva coltivato fin da ragazzo: il viaggio in Grecia. Vi sarebbe rimasto un anno. Nessun imperatore era mai stato lontano da Roma per così tanto tempo.

In tredici anni di regno Nerone non si era quasi mosso da Roma. Una puntata ad Ancona per accogliere Tiridate, qualche capatina a Napoli e Baia, l'estate ad Anzio a fare i bagni, brevi crociere nel Mediterraneo lungo le coste laziali e campane. Tutto qui.

Per la verità ad andare in Grecia Nerone ci aveva già provato, qualche anno prima, ma arrivato a Benevento era tornato indietro. Non sappiamo perché. In un'altra occasione, nel 64, aveva progettato di andare in Egitto. Aveva già organizzato tutto ed emanato un editto in cui assicurava che la sua assenza non sarebbe stata lunga e che Roma sarebbe rimasta comunque in buone mani. Ma la plebe si era opposta, quasi fisicamente, implorandolo di rimanere. Il popolo adorava questo imperatore col quale il divertimento era garantito, ma temeva anche che, in sua assenza, potessero scarseggiare le vettovaglie. Nerone rinunciò al suo viaggio non senza aver graziosamente sottolineato «quanto grande era su di lui l'influsso del popolo romano, che ora lo tratteneva, e al quale egli sentiva di dover obbedire».[1]

Ma questa volta era deciso a non aspettare più. Eppure il momento era dei meno felici. La congiura di Viniciano, che aveva messo in serio dubbio la fedeltà dei supremi comandi militari, se non delle stesse truppe, era stata un preciso e grave segnale d'allarme. Ma Nerone non lo aveva voluto ascoltare. Forse aveva sottovalutato la congiura. O, forse, l'imperatore sentiva, oscuramente, che la sua clessidra si stava vuotando e che non c'era più tempo da perdere.

Il viaggio in Grecia non era solo la realizzazione dell'antico sogno di un ragazzo; aveva anche, come sempre ogni atto pubblico di Nerone, un preciso significato politico. Era la consacrazione di quella rivoluzione culturale, nel segno di una modificazione del costume in senso filoellenistico, che l'imperatore aveva intrapreso fin dai primi anni del suo regno. Inoltre la stessa durata della permanenza in Grecia era un messaggio: sottolineava la parità fra paesi occidentali e paesi orientali e il ruolo universale dell'Impero e del suo capo, sovrano non solo di Roma e dei quiriti, ma di tutti.[2]

Accompagnavano Nerone mille pretoriani e un variopinto seguito di circa cinquemila persone fra cui, oltre agli Augustani, che erano la maggioranza, generali, uomini di lettere, musicisti, cantanti, costumisti e qualche raro senatore. L'imperatore aveva portato con sé la terza moglie, Statilia Messalina, l'eunuco Sporo (che «sposò» proprio in quel viaggio), il segretario particolare Epafrodito, il liberto Febo, tesoriere di corte, il gran cerimoniere dei giochi, Cluvio Rufo, Vespasiano e Ofonio Tigellino.[3] A Roma erano rimasti Ninfidio Sabino e, a reggere l'amministrazione in assenza dell'imperatore, i liberti Elio e Policlito. Prima di partire Nerone si rifiutò di scambiare i tradizionali baci augurali con i senatori.

All'inizio di ottobre l'imperatore sbarcò a Corfù[4] e subito, a Corcira, diede il suo primo concerto cantando presso l'altare di Giove Cassio. Si esibì successivamente a Nicopoli, ai giochi di Azio che Augusto aveva istituito dopo la battaglia vittoriosa contro Antonio e Cleopatra. Ma la meta era Corinto, che l'imperatore elesse a sua residenza in Grecia. Nerone scelse Corinto non solo perché era la capitale della provincia, ma per motivi politici e culturali. Infatti Corinto, odiata dagli aristocratici romani più conservatori,[5] rappresentava la Grecia moderna, ellenistica, impregnata quindi di cultura orientale, laddove Atene, Sparta ed Eleusi, che l'imperatore evitò, incarnavano quella classica.[6]

A Corinto Nerone svernò fino all'aprile del 67. Impiegò questa pausa per affrontare alcune importanti questioni di Stato. Proprio all'inizio dell'anno nominò il cinquantasettenne Vespasiano al comando della Giudea con l'incarico di reprimere la rivolta che vi era scoppiata. Le solite fonti, spettegolando, riferiscono che Nerone approfittò dell'occasione per allontanare Vespasiano, che detestava perché si addormentava durante le sue esibizioni oppure, ed è almeno una ragione più seria, perché era stato amico di Trasea Peto e Barea Sorano. Ma è difficile crederlo. Se Nerone avesse odiato il generale non lo avrebbe certamente portato con sé, né avrebbe mantenuto, fino all'ultimo, il fratello maggiore di Vespasiano, Flavio Sabino, nella prestigiosa carica di prefetto dell'Urbe.[7] In realtà Vespasiano era uno di quei personaggi di umili origini cui Nerone aveva deciso di affidarsi dopo la definitiva rottura con l'aristocrazia. Se non era di nobili natali, aveva in compenso tutti i requisiti del buon generale. Si era distinto sotto Caligola come tribuno militare in Tracia, questore a Creta e a Cirene, edile e pretore a Roma; negli anni 41 e 42, con Claudio, era stato legato in Germania, poi in Britannia dove aveva ottenuto gli ornamenti trionfali; da ultimo si era acquisito altri meriti come proconsole in Africa.[8] E infatti Vespasiano si comportò ottimamente in Giudea, con accortezza ed efficacia, e, con l'aiuto del figlio Tito (anche lui futuro imperatore), domò la rivolta. Ma Nerone non poté assistere al trionfo del suo generale perché la conclusione della campagna, con la riconquista di Gerusalemme, si ebbe quando l'imperatore era già morto.

Da Corinto Nerone liquidò anche, nei modi che sappiamo, la spinosa questione di Corbulone e degli Scribonii. Inoltre in quell'inverno l'imperatore fu assorbito, insieme al suo staff, dalle misure amministrative che intendeva prendere a favore della Grecia.[9]

Ma indubbiamente il viaggio in Grecia fu soprattutto una *tournée* artistica durante la quale, per lunghi mesi, l'imperatore poté dimenticarsi di essere tale. In primavera e in estate prese parte a tutti e quattro i giochi panellenici: Olimpici, Pitici, Istmici, Nemei. Per compiacerlo erano stati accorpati nello stesso anno. Anche il programma di alcuni giochi subì delle variazioni. Negli Olimpici furono introdotte, per l'occasione, gare musicali per permettere a Nerone di esibirsi come citaredo, il suo pezzo forte (e per questo motivo furono successivamente invalidati).

Naturalmente Nerone vinse in tutti i giochi e collezionò la bellezza di mille e ottocentootto medaglie. Sconfisse i più celebri musicisti dell'epoca, a cominciare dal suo maestro Terpno. Fu proclamato *Periodonikes,* titolo che spettava a chi vinceva tutti e quattro i maggiori giochi, una specie di Grande Slam.

Nerone era alle stelle, felice come un bambino. Cosa che non gli impedì, poiché le sue casse erano esauste, di riscuotere i premi in denaro che accompagnavano le ghirlande dei vincitori. Il popolo dell'Impero assisteva sbalordito: il signore del mondo occidentale si era trasformato in un artista professionista.[10]

Dopo questi trionfi l'imperatore tornò a Corinto e pose mano a un'opera grandiosa alla quale pensava da tempo: il taglio dell'istmo. Questo progetto era già stato accarezzato settecento anni prima dal saggio tiranno di

Corinto, Periandro, e studiato in seguito da Cesare e da Caligola. Ma nessuno ne aveva cavato nulla. Nerone convocò a Corinto ingegneri e geologi egiziani per esaminare la fattibilità del progetto e stabilire il tracciato del canale. Si trattava di tagliare una striscia di terra di sei chilometri con una via navigabile profonda un'ottantina di metri. I vantaggi di una simile opera erano evidenti: avrebbe evitato la circumnavigazione del Peloponneso (e il pericolo di doppiare l'insidioso capo Matapan che ogni anno esigeva un pesante tributo di vite umane) accorciando le distanze con l'Oriente e agevolando i relativi traffici.

Molti tuttavia si opponevano. Sia per motivi religiosi (se gli dei in quel punto avevano voluto un istmo e non un braccio di mare una ragione ci doveva pur essere)[11] sia perché si temeva che il livello delle acque, dalle due parti dell'istmo, fosse diverso e che una volta scavato il canale un mare si sarebbe riversato nell'altro sommergendo la terraferma e provocando un'immane catastrofe.[12] Non era una decisione facile. Sbagliare significava giocarsi la testa. Nerone, in base alle conoscenze della fisica dell'epoca, riteneva che tutti i mari dovessero essere allo stesso livello[13] e, dopo un'ultima consultazione con i suoi tecnici, diede inizio alla parte operativa del progetto. Si fece mandare da Vespasiano seimila prigionieri di guerra ai quali aggiunse qualche migliaio di condannati ai lavori forzati, fatti venire da ogni angolo dell'Impero, e i suoi pretoriani. In tutto una forza lavoro di diecimila uomini. Fu Nerone a dare il primo colpo di vanga, d'oro naturalmente, e «messa la terra in un cesto la portò a spalla».[14]

La malafede di certe fonti è pantografata, per così dire, da Dione Cassio il quale scrive che Nerone si accinse a questo progetto «per noia».[15] Ora, la realizzazione di grandi opere pubbliche è una costante del principato neroniano, a partire almeno dal 64. Il taglio dell'istmo rientrava in questa politica, attribuirlo a una decisione casuale, al ghiribizzo o, peggio, alla «noia» dell'imperatore è ridicolo. Più obiettive sono le altre fonti antiche. Flavio Filostrato ritiene che si tratti della decisione più importante di Nerone,[16] Filostrato di Lemno sottolinea i benefici che sarebbero venuti ai commerci,[17] anche per Svetonio il provvedimento è positivo,[18] mentre per Plinio il Vecchio, che in quanto storico della scienza ha particolare autorità in materia, è addirittura necessario.[19]

Il taglio dell'istmo cominciò dalla parte occidentale, in corrispondenza del porto di Lecheo. Si scavò un quinto del canale, ma i lavori furono sospesi alla morte dell'imperatore e il progetto fu lasciato cadere dai suoi successori. Quando diciotto secoli dopo, alla fine dell'Ottocento, si diede di nuovo mano a quest'opera, i lavori, che durarono tredici anni, dal 1881 al 1893, vennero ripresi proprio dal punto in cui li aveva iniziati Nerone seguendo il tracciato che i suoi formidabili tecnici avevano disegnato.

A metà novembre l'imperatore inviò una circolare a tutte le città della Grecia perché quanti più cittadini possibile si radunassero il 28 di quel mese a Corinto: aveva importanti comunicazioni da fare. Il 28 novembre del 67 Nerone comparve nello stadio di Corinto, colmo fino all'inverosimile, e dichiarò libera la Grecia. Fu una decisione che fece epoca. In precedenza, qua e là nell'Impero, era stata resa libera qualche città, mai un'intera provincia.

Evidentemente non si trattava di una libertà piena, perché la politica estera restava sotto il controllo di Roma,[20] ma nemmeno di un gesto formale se Vespasiano, divenuto imperatore, si affrettò ad annullarlo.[21] Con questo provvedimento infatti la Grecia non era più soggetta a un governatore romano. Inoltre fu anche esentata dal pagamento dei tributi.[22] Ma quello di Nerone era soprattutto un gesto dall'enorme valore simbolico. La

Grecia, per quanto decaduta e impoverita, era pur sempre il centro ideale del mondo orientale e il provvedimento di Nerone sanzionava ufficialmente quel processo di ellenizzazione socioculturale dell'Impero al quale il principe lavorava.

Il discorso di Nerone è conservato in una tavoletta di bronzo della cittadina di Karditsa, in Beozia, a nord-ovest di Atene. Eccone il passo più importante: «È da voi inatteso il dono che ora vi faccio, abitanti della Grecia, benché, forse, nulla si possa ritenere inatteso da una munificenza pari alla mia, un dono tanto grande che mai potreste sperare di chiedermelo. Magari avessi potuto compiere questo gesto quando l'Ellade era al culmine del suo splendore, in modo che un maggior numero di uomini avesse potuto godere della mia grazia. Tuttavia non per pietà, ma per benevolenza vi offro ora questo beneficio e ringrazio i vostri dèi, la cui vigile provvidenza ho sperimentato sulla terra e sul mare e mi ha concesso l'opportunità di un dono tanto grande. Gli altri imperatori hanno liberato delle città, Nerone una provincia».[23]

L'imperatore osservò inoltre che i greci non erano mai stati eguali fra di loro, che non lo erano nemmeno adesso («siete sempre stati schiavi, o di un'altra potenza straniera o di altri greci, fra di voi»),[24] e che bisognava quindi mettersi a lavorare per quella vera unità dell'Ellade che era stato il sogno dei suoi figli migliori. A questo fine indisse l'assemblea dei delegati di tutte le città greche (a eccezione di Sparta, che detestava per il suo militarismo e per altri intuibili motivi: Nerone era tutto fuorché «spartano»).

La decisione di Nerone provocò, in Grecia e in tutto l'Oriente, un entusiasmo enorme. Monete coniate in Grecia lo proclamano «Giove liberatore».[25] Ad Apollonia, sul mar Jonio, altre monete salutano «il patrono della Grecia».[26] Ad Alessandria d'Egitto lo si paragona ad Apollo, a Poseidone, a Giove Olimpico.[27]

Come documentano Plutarco e Pausania,[28] l'imperatore, maledetto altrove, rimarrà sempre nel cuore dei greci. Peraltro Nerone ottenne questo importante successo diplomatico, che rinsaldava la fedeltà, a lui e all'Impero, delle popolazioni orientali, abbastanza a buon mercato. Fu un capolavoro di intelligenza politica: la libertà dell'Ellade gli costava poco, gli rendeva molto e, nello stesso tempo, era vantaggiosa per i greci. «La regione» scrive Warmington «era povera e fruttava una rendita piuttosto magra; per i greci, al contrario, l'immunità dal tributo costituiva un vantaggio tutt'altro che irrilevante.»[29]

Se le cose andavano straordinariamente bene in Oriente, si mettevano invece male a Roma. Elio aveva scritto ripetutamente all'imperatore pregandolo di rientrare. I rapporti di polizia erano tutt'altro che rassicuranti: l'aristocrazia covava il suo sordo rancore cui la prolungata assenza dell'imperatore dava ampi spazi di manovra, la plebe era scontenta per l'irregolarità dell'arrivo delle navi frumentarie, alcune delle quali erano state requisite per la guerra in Giudea, e anche fra i soldati serpeggiava il malcontento perché, a causa delle ristrettezze della finanza pubblica, dovevano ancora riscuotere paghe arretrate.[30]

Ma Nerone non aveva dato retta al suo liberto. Progettava anzi di proseguire il suo viaggio: in Egitto[31] e, forse, in Siria e in Armenia.[32] Qualche autore ha ipotizzato che Nerone volesse trasferire la capitale in Oriente, probabilmente ad Alessandria, che era la seconda città dell'Impero,[33] o, quantomeno, che intendesse creare un nuovo polo politico prefigurando così, molto prima di Costantino, la creazione di una monarchia bicefala.[34] Ma è poco probabile. Come scrive Cizek, «Nerone cercava di far esplodere non la struttura politica dell'Impero, ma la mentalità romana conservatrice».[35]

In ogni caso quando, nel gennaio del 68, Elio, allarmatissimo, si precipitò di persona in Grecia scongiurandolo di ritornare a Roma, Nerone non indugiò più. Fu preso anzi da una grandissima fretta. Salpò in pieno inverno sfidando una tempesta, si salvò per un pelo dal naufragio e, mettendo alla frusta i suoi marinai, traversò l'Adriatico in sette giorni al posto dei consueti venti. Sbarcò a Brindisi, proseguì per Napoli, dove si fermò brevemente, quindi via verso Anzio, Alba Longa e, finalmente, Roma.

La capitale lo attendeva in festa, in un tripudio di bandiere e di bandierine che i cittadini sventolavano al suo passaggio. Certo era un ben strano sovrano quello che, dopo un anno di assenza, si presentava ai suoi sudditi: i capelli ormai lunghi fino alla schiena, rivestito di un abito di porpora e di un mantello scintillante di stelle, coronato con l'olivo selvatico, mostrando nella mano l'alloro dei vincitori di Olimpia, l'imperatore stava in piedi su un carro dorato, tirato da due cavalli bianchi, insieme a Diodoro, uno dei famosi citaredi da lui battuti in Grecia. Davanti marciavano gli Augustani portando le milleottocentootto ghirlande delle sue vittorie e cartelli che indicavano i luoghi dove le aveva conseguite. Dietro seguivano militari, senatori, cavalieri. La folla lo accolse in delirio, offrendo doni, bruciando incensi e acclamandolo: «Salve, vincitore di Olimpia! Salve, vincitore Pitico! Augusto! Augusto! Nerone Apollo! Nerone Ercole! Unico vincitore di tutte le gare! Unico e supremo signore! Augusto, Augusto!».

Nerone volle dare alla cerimonia il carattere del trionfo militare, riservato ai generali vittoriosi. Solo che questa volta si trattava di un trionfo delle arti anziché delle armi. Come nota Grant, «va sottolineato il risultato di aver volto il classico sanguinario trionfo a scopi di pace».[36] Con ciò Nerone non voleva negare il valore del tradizionale *triumphus* né, tantomeno, metterlo in parodia, ma ribadire ancora una volta, come aveva fatto con la cerimonia di Tiridate di due anni prima, che le vittorie pacifiche avevano un'importanza almeno pari a quelle militari.[37] Era il coronamento di tutta la sua politica, un messaggio lanciato ai posteri che il futuro non avrebbe raccolto.

Il corteo seguì il percorso di ogni trionfo, sfilò per la via Sacra e il Foro, ma, invece di dirigersi verso il Campidoglio, destinazione finale e culminante della cerimonia militare, deviò verso il Palatino, dove l'imperatore dedicò le sue ghirlande ad Apollo, il dio delle arti, nel magnifico tempio che aveva fatto appena costruire.

Più tardi però, geloso e goloso, fece trasportare le ghirlande nella sua camera da letto, per potersele meglio godere e rimirare,[38] ma poiché risultarono troppo ingombranti e non ci stavano tutte le fece alla fine sistemare sull'obelisco del Circo Massimo.

Fu la sua apoteosi. Alla quale doveva seguire, improvvisa, la più rovinosa delle cadute.

Note

1 Tacito, *Annali*, XV, 36.
2 M. A. Levi, *L'Impero romano, op. cit.*, p. 302.
3 M. Grant, *Nerone, op. cit.*, pp. 228-229.
4 Sull'itinerario del viaggio e le date vedi G. Schumann, *Hellenistische und griechische Elemente in der Regierung Neros*, Lipsia 1930, pp. 68 e sgg.; O. Brooner, *Excavations at Isthmia*, in «Hespera», 31, 1962, pp. 1 e sgg., S. Vogt, *Die Alexandrinieschen Münzen*, Stoccarda 1924.
5 Vedi Cicerone, *De lege agraria*, 2, 32, 87.
6 E. Cizek, *Néron, op. cit.*, p. 152.
7 Vedi G. Vitucci, *op. cit.*, p. 553.
8 Svetonio, «Vespasiano», II, III, IV.
9 E. Cizek, *Néron, op. cit.*, p. 151.
10 M. Grant, *Nerone, op. cit.*, p. 15.
11 Dietro questi timori religiosi parlava in realtà la sapienza antica. Tutte le civiltà preindustriali erano consce dell'estrema pericolosità di andare a toccare la natura e alterarne i delicati equilibri. I disastri provocati dalla

rivoluzione industriale ci dicono, con la drammaticità dell'evidenza, che quella sapienza era nel giusto (su questa questione vedi M. Fini, *La Ragione aveva Torto?*, Camunia, Brescia 1985, pp. 169-181). Ma questo lo si sarebbe saputo dopo. Non si può certamente mettere sul conto di Nerone di non aver preso in considerazione nel I secolo un problema che si sarebbe affacciato nel XX. Nerone era un anticipatore e, come tale, destinato a scontrarsi con il costume e le credenze dei suoi tempi. Insomma a quell'epoca la fiducia nella tecnologia è una prova di apertura mentale laddove la stessa fiducia, oggi, lo è di cecità.

[12] Filostrato di Lemno, *Nerone o dello scavo dell'istmo.*

[13] *Ibidem.*

[14] Svetonio, «Nerone», XIX; Filostrato di Lemno, *op. cit.*

[15] Dione Cassio, 63, 16, I.

[16] Flavio Filostrato, *Vita di Apollonio*, 5, 7.

[17] Filostrato di Lemno, *op. cit.*

[18] Svetonio, «Nerone», XIX.

[19] Plinio il Vecchio, *Storia naturale*, 4, 10. Sulla realizzazione e la portata dei lavori vedi B. Gerster, *L'Isthme de Corinthe*, in «Bulletin de Correspondance Hellénique», 8, 1884, pp. 225 e sgg.; G. Schumann, *op. cit.*, p. 75; J. Korver, *Néron et Musonius. A propos du dialogue du Pseudo Lucien, «Néron ou sur le percement de l'isthme de Corinthe»*, in «Mnemosyne», 3, 1950, pp. 319-329.

[20] A. Momigliano, *Nerone, op. cit.*, p. 236.

[21] Pausania, *Periēgēsis tês Hellādos*, 7, 17, 4; Svetonio, «Vespasiano», VIII.

[22] La libertà di una città o, come in questo caso, di una provincia non comportava automaticamente l'esenzione fiscale. M. Grant, *Nerone, op. cit.*, p. 231.

[23] M. Smallwood, *op. cit.*, n. 64.

[24] *Ibidem.*

[25] *Ibidem*, n. 66.

[26] *Catalogue of Greek Coins in the British Museum*, n. 85.

[27] M. Smallwood, *op. cit.*, n. 65.

[28] E. Cizek, *Néron, op. cit.*, pp. 155-156.

[29] B. H. Warmington, *op. cit.*, p. 159.

[30] M. Grant, *Nerone, op. cit.*, p. 232.

[31] G. Schumann, *op. cit.*, pp. 16-20.

[32] E. Cizek, *Néron, op. cit.*, p. 156.

[33] M. A. Levi, *L'Impero romano, op. cit.*, pp. 222, 302.

[34] E. Cizek, *L'époque de Néron et ses controverses idéologiques, op. cit.*, tesi poi rigettata dallo stesso autore, E. Cizek, *Néron, op. cit.*, p. 157.

[35] E. Cizek, *Néron, op. cit.*, p. 157.

[36] M. Grant, *Nerone, op. cit.*, p. 232.

[37] E. Cizek, *Néron, op. cit.*, p. 159.

[38] Svetonio, «Nerone», XXV.

IX
La fine

Tornato a Roma Nerone si immerse in un'atmosfera di festa permanente: spettacoli, gare, concerti il cui *clou*, naturalmente, era quasi sempre un'esibizione dell'imperatore. Nei concorsi cui partecipò in questo ultimo periodo acconsentì anche, talvolta, a essere sconfitto. Poteva permetterselo: ormai era *Periodonikes*. La doppia personalità, di imperatore e di artista professionista, che Nerone aveva di fatto assunto, cominciava però a procurare dei seri imbarazzi al suo stesso *entourage* e metteva il sovrano in situazioni paradossali. Un pretore, Aulo Larcio, arrivò a offrirgli un milione di sesterzi perché suonasse la lira in casa sua.[1] Nerone declinò sorridendo l'offerta, ma Tigellino, quando lo seppe, convocò l'impudente e imprudente Larcio e gli fece scucire ugualmente la somma a titolo di riscatto della vita.[2]

Fra un concerto e l'altro Nerone non rinunciava ai grandi progetti. Preparava una spedizione nel Caucaso. Già due anni prima aveva inviato alcuni distaccamenti a esplorare la zona. Adesso intendeva occuparla e aveva già iniziato i necessari reclutamenti di truppe, in Italia, Germania, Bitinia e sul Danubio. Per tutta la durata del suo regno Nerone si era sforzato di trasformare il mar Nero in un lago romano, l'occupazione del Caucaso avrebbe concluso quel tentativo.[3] Ma era solo il primo passo di un disegno molto più ambizioso. Sottomesse le selvagge tribù del Caucaso, l'imperatore avrebbe preso personalmente il comando di una spedizione che, aggirato il mar Caspio, si sarebbe inoltrata nella Russia profonda e poi, avanti, verso la Cina, sulle orme, spudoratamente, di Alessandro Magno. A sottolineare l'ardito parallelo Nerone aveva già formato un corpo di reclute sceltissime chiamato, appunto, «Falange di Alessandro Magno».

La decisione di imitare il grande macedone era, in realtà, un'ultima provocazione. Alessandro non era infatti amato dagli intellettuali romani i quali, da buoni pragmatisti, un po' gretti, preferivano i risultati concreti, e immediatamente visibili, ai voli della fantasia. Seneca considerava Alessandro poco meno che un folle[4] e Lucano un megalomane infelice.[5] Invece a Nerone di Alessandro piaceva proprio quello che disturbava gli intellettuali più conservatori: infatti non erano tanto le vittorie del macedone ad affascinarlo, quanto il suo animo visionario, quel suo inesausto voler andare «oltre», verso l'ignoto. E il progetto di Nerone, se si esclude il consolidamento del potere romano sul mar Nero, aveva più le caratteristiche di un'esplorazione oltre i confini del mondo che di una spedizione militare vera e propria.

Questi progetti furono interrotti, alla metà di marzo, dalla notizia che il giovane governatore della Gallia Lugdunense, il trentaquattrenne Giulio Vindice, si era ribellato. Nerone, che in quel momento si trovava a Napoli, non dette gran peso alla cosa. In effetti Vindice disponeva di forze piuttosto scarse e, oltretutto, il capoluogo della provincia, Lugdunum (Lione), tradizionalmente fedele a Nerone, non aveva seguito il governatore nella sollevazione. Però l'imperatore avrebbe dovuto allarmarsi almeno per la personalità del ribelle: Vindice lo aveva nominato lui e proprio perché ne stimava il coraggio, l'audacia, l'intelligenza.[6] Invece Nerone restò ancora otto giorni a Napoli, senza prendere alcuna decisione, facendo la consueta vita fra palestra e teatro. Da Roma gli giunse un messaggio di Elio e Policlito i quali sottolineavano la gravità della situazione. Quali che fossero le reali forze di Vindice il fatto era là, nudo e crudo: per la prima volta un governatore si era ribellato apertamente. Solo allora Nerone si decise a scrivere una lettera al Senato scusando la propria assenza per un'infezione alla gola e chiedendo alla Curia di bandire Vindice. Poi rientrò nella capitale e convocò il proprio Consiglio. Ma si trattò di una consultazione molto breve, «l'imperatore passò il resto della giornata a mostrare ai suoi consiglieri degli organi idraulici di modello nuovo e sconosciuto, e ne fece esaminare ogni singola parte, illustrando il meccanismo e le complesse strutture».[7] Annunciò anche che li avrebbe presto usati in teatro, «sempre che Vindice me lo permetta» aggiunse ironicamente.[8]

Nel frattempo Vindice non era rimasto con le mani in mano. Aveva inviato un messaggio al governatore della Spagna Citeriore, Galba, invitandolo a unirsi alla rivolta e promettendogli il suo appoggio se avesse accettato di farsi proclamare imperatore.[9]

Servio Sulpicio Galba era un senatore di settantatré anni, ricchissimo e avaro, che Nerone aveva nominato governatore della Spagna nel 60 quando era ancora in rapporti abbastanza buoni con l'aristocrazia. Nel suo incarico Galba si era distinto per un misto di crudeltà e di indolenza.[10] Il suo motto era: «Nessuno deve rendere conto di ciò che non fa».[11] Per questo si era messo in urto con i legati dell'imperatore e aveva buoni motivi di temere la collera di Nerone che non amava i fannulloni. Era un uomo scialbo e pavido e il messaggio di Vindice lo mise nelle più grandi ambasce: a tradire l'imperatore si rischiava la testa, a non tradirlo la si rischiava ugualmente. Cercò di temporeggiare. Ma il governatore dell'Aquitania (Francia sud-occidentale) gli inviò una lettera sollecitandone l'aiuto contro Vindice. Il legato di Galba, Tito Vinio, gli fece giustamente notare che anche solo discutere una simile richiesta equivaleva a un tradimento: bisognava quindi decidere subito, in un senso o nell'altro. Ma non fu questo ineccepibile ragionamento a smuovere il vecchio Galba, bensì i pressanti incitamenti a rompere gli indugi che gli venivano da Roma. Se infatti la rivolta era partita dalle province, aveva però il suo vero centro ispiratore nella capitale, nel Senato.[12] Era l'aristocrazia che voleva sbarazzarsi, una volta per tutte, di Nerone.

Si è discusso a lungo fra gli storici moderni su quali siano state le cause profonde che provocarono la caduta di Nerone. L'odio dei senatori nei confronti dell'imperatore per la sua politica filopopolare è fuori discussione, ma da solo non sarebbe bastato, doveva agganciarsi a un malcontento più generale per coinvolgere il resto della società romana. Qualche autore punta sulle difficoltà economiche che avrebbe incontrato il regime neroniano.[13] Ma è una tesi poco convincente. È vero che le casse imperiali erano cronicamente a secco per la politica di grande spesa attuata da Nerone dopo il 64, ma l'Impero, nel suo complesso, godeva di una grande floridezza. Oltretutto la rivolta partì dalla Gallia che durante tutto il regno neroniano aveva vissuto una straordinaria espansione economica.[14] Se ragioni di questo genere ci furono, per qualche ristrettezza momentanea, giocarono un ruolo marginale.

Nerone non cadde nemmeno per la sua crudeltà. Questo è un motivo che è diventato elemento di propaganda dopo la morte dell'imperatore. Nerone fu molto meno crudele dei suoi predecessori, colpì un ristretto, e ben individuato, gruppo di persone, una quarantina in tutto. Appartenevano però al ceto che produsse i suoi biografi e ciò ha dato origine alla cattiva fama *postuma* dell'imperatore anche da questo punto di vista.[15] Le stesse pene inflitte ai cristiani sono crudeli per noi, non per i contemporanei di Nerone. Scrive Warmington: «Il termine crudele ha un significato relativo per i romani, ad esempio, esso non comprendeva né la crocefissione, né l'esposizione alle belve o le torture del fuoco, cioè nessuna delle feroci punizioni inflitte agli schiavi e ai non cittadini ritenuti colpevoli di qualche delitto».[16] E in ogni modo, se si eccettuano i cristiani, Nerone aveva sempre evitato di calcare la mano con pene troppo severe.

Ciò che perdette Nerone, oltre, naturalmente, la sua politica filopopolare, fu l'enorme scandalo che finì per suscitare la sua rivoluzione culturale, il tentativo di sromanizzare e sprovincializzare l'Impero, di diffondere la *paideia*, l'educazione greca, fra la popolazione italica,[17] di ellenizzare la società, di spostarne il baricentro verso Oriente e, infine, di proporsi egli stesso come artista, cosa che di tutta questa politica era il naturale completamento. Nerone si era spinto troppo oltre su questa strada, più di quanto la mentalità romana dell'epoca, anche negli ambienti a lui favorevoli,[18] potesse sopportare. La caduta di Nerone coincide col fallimento della sua rivoluzione culturale. Le monete che saranno emesse da Vindice e da Galba nei giorni della ribellione indicano chiaramente i reali motivi che ne furono la causa: battono tutte sul tasto della «romanità», parlano di «rinascita di Roma» e di «restaurazione di Roma».[19]

Finalmente il 2 aprile Galba si decise a entrare in azione. Con un proclama emesso a Carthago Nova (Cartagena) si schierò apertamente contro Nerone definendosi «rappresentante del Senato e del popolo romano». Al proprio fianco aveva il suo legato, Tito Vinio, il questore della Betica, Aulo Cecina, e, soprattutto, Marco Otone, il governatore della Lusitania e antico amico di Nerone. Fedeli all'imperatore nella penisola iberica erano invece rimasti il governatore della Betica, Obultronio Sabino, e il suo legato, Cornelio Marcello, che, dopo la morte di Nerone, Galba, il quale sarà protagonista di un bagno di sangue, farà eliminare.[20]

Alla notizia del proclama di Galba, Nerone svenne. Quando tornò in sé disse alla nutrice che cercava di consolarlo: «Sono finito».[21] Ma si riprese. Improvvisò alcuni versi in cui sbeffeggiava i capi della rivolta e la sera, come sempre, andò a teatro dove trovò il tempo di mandare un biglietto di congratulazioni a un attore che gli era particolarmente piaciuto.

Solo il giorno dopo cominciò a prendere delle contromisure. Fece dichiarare Galba, dal Senato, nemico pubblico e adottò i provvedimenti militari necessari. Consegnò due legioni, che erano state richiamate dal Danubio e dalla Bitinia per la progettata spedizione nel Caucaso, più la XIV Gemina, che era famosa per la sua devozione all'imperatore, a Petronio Turpilliano e a Rubrio Gallo perché si attestassero nell'Italia settentrionale. Inviò la nuovissima Falange di Alessandro Magno a difendere la fedele Lugdunum. Cominciò anche a reclutare un'altra legione fra i marinai di capo Miseno. Alla fine di aprile l'imperatore assunse da solo il consolato, come voleva la tradizione nei casi di emergenza.

Nerone fece quindi tutto ciò che doveva fare. Ma lo fece fiaccamente, senza convinzione e senza nerbo. Lui, in genere così vitale, pareva completamente svuotato di energie. Si direbbe quasi che non avesse voglia di difendersi. Probabilmente non reggeva più la schizofrenia della sua situazione – imperatore per obbligo, artista per vocazione – e, oscuramente, inconsciamente, desiderava liberarsene.

In ogni modo, in quel momento, il suo destino non dipendeva tanto da lui e dalle sue fiacche operazioni, quanto dal governatore della Germania superiore. Infatti nella parte occidentale dell'Impero l'unica grossa concentrazione di truppe era stanziata sul Reno dove, al comando di tre legioni, c'era Lucio Verginio Rufo, uno stimatissimo personaggio di Mediolanum (Milano), membro fra i più importanti di un gruppo di illustri nord-italiani. Rufo, con le sue ingenti forze, era il più vicino ai rivoltosi e le sorti della lotta dipendevano dal suo comportamento. Fin dall'inizio della ribellione Rufo era stato sollecitato da Vindice a unirsi a lui. Nerone invece non aveva fatto nessuna pressione. Sarebbe stato infatti un segno di debolezza non dare per scontata la lealtà del governatore. Rufo, quale comandante dell'esercito più prossimo alla zona ribelle, sapeva perfettamente quale era il suo dovere: muovere contro Vindice. Cosa che fece, anche se, forse, con eccessiva lentezza. Verso la fine di maggio, a Vesantio (Besançon), Rufo affrontò Vindice, che era riuscito a mettere insieme una forza di ventimila uomini, ma raccogliticcia, e ne ebbe facilmente ragione.[22] Vindice si uccise. Quando Galba lo seppe inviò a Verginio una lettera disperata in cui lo implorava di schierarsi con lui. Avutone un netto rifiuto si ritirò tremebondo, con la sua unica legione, nella remota città iberica di Clunia, in attesa del peggio.[23]

A questo punto Nerone aveva di nuovo la situazione in pugno. Le truppe del Reno erano con lui. A Verginio Rufo si era aggiunto anche il comandante della Germania inferiore, Fonteio Capitone. I governatori della Dalmazia e della Pannonia avevano preso pubblicamente posizione a suo favore. Le province orientali rimanevano fedeli. In quanto agli altri governatori mantenevano una posizione di prudente neutralità, in attesa di un gesto decisivo dell'imperatore. Probabilmente sarebbe bastato che Nerone si fosse messo personalmente alla testa di qualcuna delle legioni a lui fedeli per marciare contro Galba e avrebbe avuto facilmente partita vinta. Ma questo gesto decisivo non venne. Ne vennero anzi altri che gettavano nella costernazione i suoi sostenitori. Più passavano i giorni più Nerone dava segni di un'incertezza e di un'apatia quasi suicide. Il suo atteggiamento personale era tale da non ispirare alcuna fiducia.[24] Vagheggiava di rifugiarsi in Egitto e di governare l'Impero da lì o di dividerlo con Galba. In altri momenti pensava di abbandonare tutto, «tanto» diceva «l'arte mi darà pur sempre da vivere». Erano comportamenti che scoraggiavano chi gli stava vicino e davano lena ai suoi avversari. In un'altra occasione, mentre usciva dal triclinio dopo un banchetto, appoggiandosi alle spalle degli amici, disse: «Appena sarò arrivato nelle province, mi presenterò senz'armi davanti all'esercito e non farò nient'altro che mettermi a piangere, e così, portati i ribelli al pentimento, il giorno dopo canterò un inno di vittoria, lieto fra persone liete; anzi, è necessario che cominci fin d'ora a comporlo».[25] Nerone aveva perso completamente il contatto con la realtà. L'ubriacatura greca e l'anno passato lontano da Roma gli erano stati fatali.

I governatori indecisi cominciarono a spostarsi verso Galba e anche fra quelli che gli erano fedeli serpeggiava il dubbio che l'imperatore non fosse in grado di tener testa alla situazione. La defezione più clamorosa fu quella di Rubrio Gallo, proprio uno dei due generali inviati da Nerone contro Vindice, il quale passò al nemico paralizzando così il collega Turpilliano che, pur rimasto fedele all'imperatore, non poté far nulla per salvarlo.[26]

Adesso Nerone li aveva contro proprio tutti, o quasi: aristocrazia, intellettuali, cavalieri, reparti consistenti dell'esercito. Certo una parte abbastanza importante la giocò il fatto che Nerone, contrariamente a tutti i suoi predecessori, non avesse mai visitato le truppe, che non fosse mai stato su un campo di battaglia e che, dopo i primi rudimenti che gli aveva dato Afranio Burro nella sua fanciullezza, non si fosse mai addestrato al mestiere delle armi. Al *certamen* aveva sempre preferito l'*agon*, alle arti marziali l'atletica.

Sui muri di Roma cominciarono ad apparire scritte insultanti e canzonatorie. Qualcuno mise una treccia in testa a una sua statua con la scritta: «Adesso che comincia la lotta sparisci!». Un'altra «pasquinata» diceva: «I tuoi canti hanno svegliato persino i galli!».[27]

A Nerone rimaneva solo la plebe. L'imperatore credeva di esserne ancora amato, tanto è vero che fra le sue carte venne trovato l'abbozzo di un suo appello al popolo. E in effetti il popolo lo amava ancora ma, come nota Warmington, «il proletariato aveva più peso quando era ostile che quando era favorevole».[28]

Nonostante tutto questo Nerone avrebbe forse potuto ancora cavarsela, perché Galba, sempre rintanato a Clunia, non era meno indeciso e impaurito di lui, se, alla fine, non fosse stato abbandonato anche dai prefetti del pretorio.

Il primo a defilarsi fu Tigellino che, con la scusa che era malato, si allontanò da Roma alla chetichella. Non si sa se abbia tradito Nerone attivamente o solo piantandolo in asso nel momento cruciale. Quest'ultima ipotesi è la più probabile perché effettivamente Tigellino era malato di cancro.[29] Certo è che non mosse un dito per salvare l'imperatore. E Galba lo premiò risparmiandogli la vita nonostante la folla inferocita ne chiedesse a gran voce la testa.[30] Ma fece ugualmente una brutta fine. Quando Otone scalzò Galba, alla sua caccia si misero tanto i partigiani di Nerone, che non gli perdonavano il tradimento, quanto i nemici dell'imperatore, che non gli perdonavano i delitti. Braccato ai bagni di Sinuessa, dove gozzovigliava con alcune puttane, si tagliò la gola con un rasoio.[31]

Dileguatosi Tigellino, la situazione restò completamente nelle mani dell'altro prefetto del pretorio, Ninfidio Sabino, che ebbe un ruolo determinante nella caduta di Nerone. Là dove avevano fallito il Senato, i generali, i governatori, riuscì Ninfidio Sabino. Come nota Warmington, «le fonti sembrano sottovalutare la sua funzione, come se risultasse increscioso ammettere che nella caduta di Nerone avesse avuto tanta importanza un personaggio così spregevole, macchiatosi più tardi anche della colpa di aver tradito Galba».[32] Ma fu Sabino a far circolare false voci per persuadere Nerone che ormai l'intero esercito era contro di lui. Gli disse che la lealtà di Verginio Rufo non era più così sicura, che anche il governatore dell'Egitto, Tiberio Alessandro, esitava[33] e che persino il fedelissimo Turpilliano aveva tradito. Era tutto falso.[34] Ma l'imperatore, ormai tagliato fuori dalle comunicazioni, ci credette. «Nerone» scriverà Tacito nelle sue *Storie* «l'aveva rovesciato più il diffondersi di certe notizie che le armi.»[35] Dopo essersi ben bene lavorato l'imperatore, Sabino lo convinse ad abbandonare la Domus Aurea e a trasferirsi in un altro palazzo, agli Orti Serviliani. Qui lo lasciò e, insieme ad alcuni senatori con cui era già d'accordo, si precipitò al Castro Pretorio dove annunciò ai pretoriani che Nerone era fuggito in Egitto. A nome di Galba promise del denaro ai soldati e li indusse a proclamarlo imperatore. Trentamila sesterzi per ogni pretoriano, seimila a ogni legionario, questo fu il prezzo del tradimento che Galba non pagò mai.[36]

La mattina del 9 giugno[37] quando, dopo un breve sonno, si svegliò, Nerone notò subito che qualcosa non andava: il Palazzo era immerso in un innaturale, impressionante silenzio. I pretoriani che lo presidiavano erano spariti portandosi via tutto quel che potevano, compresa la pisside d'oro dove l'imperatore teneva nascosto il veleno. Accanto a Nerone rimanevano solo Faone, Epafrodito, Neofito e Sporo.[38] Statilia Messalina se l'era squagliata con eleganza.[39]

Da questo punto in poi possediamo solo il racconto di Svetonio che tende a dare un quadro il più possibile avvilente e umiliante delle ultime ore di Nerone.[40] Ma questo è ciò che abbiamo e a esso è d'obbligo attenersi.

L'imperatore, privato del veleno, mandò a cercare il

gladiatore Spiculo, suo antico compagno di bagordi, o un altro qualsiasi che volesse ucciderlo. Ma poiché non fu trovato nessuno, Nerone, al quale nonostante tutto rimaneva ancora un po' di *humor*, nero, è il caso di dirlo, esclamò: «Dunque non ho più un amico e nemmeno un nemico!».[41]

Faone gli offrì di rifugiarsi nella modesta villetta di campagna[42] a quattro miglia da Roma, tra la Salaria e la Nomentana. Il piccolo gruppo partì a cavallo. Nerone si era buttato sulle spalle un mantelluccio poco vistoso, calandosi sul volto uno di quei berretti da schiavo col quale, anni prima, soleva mimetizzarsi fra la plebe romana. Passando vicino al Castro Pretorio sentì i soldati che acclamavano Galba imperatore. Da un crocchio che sostava lungo la strada un tale, vedendoli andare di gran carriera, disse: «Quelli stanno inseguendo Nerone!».[43] Invece un vecchio pretoriano in congedo, che lo riconobbe, lo salutò cordialmente. Quando il gruppetto arrivò alla villa di Faone, dalla parte posteriore per non dare nell'occhio, fu necessario abbandonare i cavalli. Si dovette procedere fra pruni e cespugli. Faone stese davanti a Nerone, che era a piedi nudi, il proprio mantello. I cinque avanzavano molto lentamente. Giunti davanti a una piccola cava di sabbia Faone consigliò all'imperatore di nascondersi lì, per un poco, mentre gli altri gli avrebbero aperto un passaggio in quel ginepraio. Nerone rifiutò. «Non voglio» disse «andar sottoterra mentre sono ancora vivo.»[44] Aspettò in piedi sul posto, poi si fece strada fra i rovi, lacerandosi il mantello e la pelle, e, a quattro zampe, con la sola tunica addosso, entrò in un cunicolo segreto che portava alla casa. Finalmente poté sdraiarsi su un lettuccio sul quale era stato disteso un vecchio mantello. I liberti lo esortavano a darsi la morte subito, prima che i sicari di Galba lo raggiungessero sottoponendolo ai prevedibili oltraggi. Ma lui indugiava. Per Nerone abbandonare il potere era ormai, con tutta probabilità, una liberazione, ma di morire non aveva alcuna voglia. Fantasticava ancora di rifugiarsi in Egitto e lì, liberato dal peso dell'Impero, vivere della sua cetra. Ma i liberti lo riportarono alla dura realtà: doveva morire.

Diede ordine di scavare davanti ai suoi occhi una fossa della misura del proprio corpo, di mettervi attorno qualche pezzetto di marmo, se lo potevano trovare, e di portare l'acqua e la legna per rendere poi gli onori al suo cadavere. Pare che durante questi preparativi abbia esclamato più volte: «Quale artista muore con me!» («*Qualis artifex pereo!*»).[45]

Arrivò un corriere con un plico che consegnò a Faone: annunciava che Nerone era stato dichiarato dal Senato «nemico della patria» ed era ricercato per subire la condanna secondo il costume degli antichi. Nerone, per farsi paura e trovare la forza di uccidersi, si fece spiegare nei dettagli in che cosa consistesse questa condanna. Saputo che «l'uomo veniva spogliato e, passatagli una forca attorno al collo, veniva battuto con le verghe fino alla morte»,[46] prese il pugnale, ne provò il filo, ma poi, rimettendolo nel fodero, disse: «Non è ancora giunta l'ora segnata dal destino».[47] Sentendo i cavalieri che stavano avvicinandosi, con l'ordine di prenderlo vivo, trovò ancora il modo di fare una citazione classica, dall'Iliade: «Un galoppo di feroci corsieri ferisce le mie orecchie!».[48] Poi si riscosse: «Questo modo di fare è ignobile, turpe, è indegno di Nerone, proprio indegno. Ci vuole sangue freddo in questi momenti. Via, svegliati!».[49] E, afferrato il pugnale, se lo affondò nella gola. In un lampo Epafrodito gli fu sopra e glielo conficcò fino in fondo. In quel momento fece irruzione un centurione che, vedendo l'imperatore steso a terra, morente, si precipitò a tamponargli la ferita. Nerone, equivocando su quel gesto, rantolò: «Questa è fedeltà». Poi, in un soffio: «È troppo tardi».[50] E finalmente gli occhi si sbarrarono nella fissità della morte. Aveva trent'anni.

Note

[1] Svetonio, «Nerone», XXI; Dione Cassio, 63, 21, 2.
[2] M. Grant, *Nerone, op. cit.*, p. 233.
[3] *Ibidem*, p. 235.
[4] Seneca, *Lettere a Lucilio*, 94.
[5] Lucano, *Farsaglia*, X, vv. 26-28.
[6] PIR^2 J, 628; R. Syme, *Ten Studies in Tacitus*, Oxford 1970, p. 27; J.B. Hainsworth, *Verginius and Vindex*, in «Historia», 11, 1962, pp. 86 e sgg.
[7] Svetonio, «Nerone», XLI.
[8] *Ibidem*.
[9] Plutarco, *Vita di Galba e Otone*, 4; Dione Cassio, 63, 23, 1.
[10] Svetonio, «Galba», IX.
[11] *Ibidem*.
[12] E. Cizek, *Néron, op. cit.*, pp. 385, 388; G. Fusar Imperatore, *op. cit.*, p. 121.
[13] M.A. Levi, *L'Impero romano, op. cit.*, p. 304.
[14] G. Ch. Picard, *op. cit.*, pp. 245-246.
[15] Che Nerone cadde per la sua crudeltà è la tesi, naturalmente, di Tacito (*Storie*, 1, 16).
[16] B.H. Warmington, *op. cit.*, p. 217.
[17] E. Paratore, *Un evento clamoroso nella Roma di millenovecento anni fa, op. cit.*, p. 498.
[18] Molti degli insorti, fra cui lo stesso Vindice, propugnavano un neronismo moderato, un neronismo senza Nerone. E, dopo la caduta di Galba, Otone e Vitellio tentarono esplicitamente di restaurare il neronismo. E. Cizek, *Néron, op. cit.*, pp. 388, 400, 401.
[19] B.H. Warmington, *op. cit.*, p. 211.
[20] Galba, al suo ingresso in Roma, fece trucidare migliaia di soldati e di marinai, fedeli a Nerone, che si erano consegnati inermi nelle sue mani (Tacito, *Storie*, 1, 6, 31). Inaugurò quindi un periodo di feroci purghe eliminando, senza processo, oltre a Sabino e Marcello, Petronio Turpiliano, il console designato Cingonio Varrone, Betuo Cilone, Fonteio Capitone, Clodio Macro, vale a dire tutti quei militari che, per essere stati fedeli a Nerone o per averlo abbandonato solo all'ultimo, non davano sufficienti garanzie (Tacito, *Storie*, 1, 6, 37). Che Galba fosse ben peggio di Nerone lo attesta, di passata, lo stesso Tacito quando, parlando dei motivi della ribellione di Otone al nuovo imperatore, scrive: «Con Galba non c'era da aspettarsi il confino abbinato a una carica in una seconda Lusitania» (Tacito, *Storie*, 1, 21). In realtà, anche a prescindere da Galba, dopo la morte di Nerone «Roma visse un periodo rispetto al quale i re-

gni di Tiberio e di Nerone, così aspramente denunciati da Tacito, appaiono paradisiaci» (M. Cazenave, R. Auguet, *op. cit.*, p. 192).

[21] Svetonio, «Nerone», XLII.

[22] Svetonio, «Galba», II; Plutarco, *Vita di Galba e Otone*, 7; Dione Cassio, 63, 24, 3-4.

[23] Ne sarebbe riemerso solo dopo la morte di Nerone, alla notizia che a Roma i pretoriani lo avevano acclamato imperatore.

[24] M. Grant, *Nerone*, *op. cit.*, p. 245.

[25] Svetonio, «Nerone», XLII.

[26] Tacito, *Storie*, 1, 6.

[27] Svetonio, «Nerone», XLV.

[28] B.H. Warmington, *op. cit.*, p. 219.

[29] Plutarco, *Vita di Galba e Otone*, 2.

[30] Svetonio, «Galba», XV; Tacito, *Storie*, 1, 72.

[31] Tacito, *Storie*, 1, 72.

[32] B.H. Warmington, *op. cit.*, p. 216.

[33] E. Cizek, *Neron*, *op. cit.*, p. 388.

[34] D.C.A. Shotter, *A Time Table for the Bellum Neronis*, in «Historia», 24, 1975, pp. 70-71.

[35] Tacito, *Storie*, 1, 89.

[36] Fu questo uno dei motivi che, nel giro di soli otto mesi, determinò il rovesciamento di Galba a favore di Otone. La fine di Galba fu abbastanza ignominiosa. Sbalzato dalla lettiga, sulla quale fuggiva, fu travolto dai suoi stessi portatori. Da terra implorò i soldati che gli concedessero pochi giorni per pagare ciò che aveva promesso. Un soldato gli trapassò la gola, «gli altri gli dilaniarono orrendamente gambe e braccia (il petto era coperto dalla corazza); molte ferite gli vennero inferte per disumana ferocia quando era ormai un corpo smembrato» (Tacito, *Storie*, 1, 41). Il corpo di Galba «fu lasciato sul posto fino a quando un semplice soldato, che tornava dall'aver ritirato le razioni, buttato il proprio carico, gli tagliò la testa e, non potendola afferrare per i capelli, se la nascose in grembo; quindi, infilatole il pollice in bocca, la portò a Otone. Questi la regalò ai facchini e ai cuochi che, infissala su un bastone, e sogghignando, la portarono in giro per gli accampamenti» (Svetonio, «Galba», XX). Anche Ninfidio Sabino fece una brutta fine. Dopo aver tradito Nerone tradì anche Galba, perché coltivava ambizioni personali al trono. Scoperto, cercò rifugio nella stanza di un soldato, ma fu massacrato senza pietà dai suoi stessi pretoriani.

[37] La data del 9 giugno è quella generalmente accettata. Alcuni storici hanno proposto la data dell'11: E. Cizek, *Néron*, *op. cit.*, p. 400; K.R. Bradley, *op. cit.*, pp. 211, 292.

[38] Pseudo Aurelio Vittore, *Epitome dei Cesari*, V, 7.

[39] Statilia Messalina era indubbiamente una donna che sapeva navigare. Otone, divenuto imperatore, la chiese in moglie, ma lei, prevedendo il peggio, rifiutò (il regno di Otone durò tre mesi). Era ancora una delle regine dei «salotti romani» sotto Domiziano (81-96).

[40] A Nerone è stata rimproverata anche la morte, considerata vile perché indugiò prima di suicidarsi. Abbiamo già visto come sia morto Galba (vedi sopra, nota 36). Ma un utile raffronto si può fare anche con la

morte di uno degli immediati successori di Nerone, Aulo Vitellio, che era un militare e quindi vocato, almeno in teoria, al coraggio: «Si nascose in una portantina, poi, accompagnato da due sole persone, il suo fornaio e il suo cuoco, raggiunse segretamente l'Aventino e la casa paterna, donde contava di fuggire in Campania; ma poi, avendo dato credito a una voce vaga e incerta secondo cui la pace era stata conclusa, si lasciò riportare al Palazzo. Avendolo trovato deserto ed essendosi dileguati anche i suoi compagni, si munì di un cinturone riempito di monete d'oro e si rifugiò nell'alloggio del portiere e, dopo aver attaccato il cane fuori della porta, la barricò con il letto e il materasso. [...] Lo tirarono fuori dal suo nascondiglio e, poiché non lo conoscevano, gli chiesero chi fosse e se sapeva dove si trovasse Vitellio. Dapprima egli mentì, ma poi, riconosciuto, chiese a gran voce di esser custodito, sia pur in prigione, col pretesto di avere delle rivelazioni importanti da fare riguardanti la vita di Vespasiano. Infine gli legarono le mani dietro la schiena, gli misero una corda al collo, gli strapparono le vesti, e lo trascinarono, seminudo, nel Foro, ricoprendolo per tutto il percorso lungo la via Sacra di scherni e oltraggi e infliggendogli ogni sorta di maltrattamenti: lo obbligarono a rovesciare la testa all'indietro tirandogli i capelli come si fa con i criminali, gli puntarono una spada sotto il mento perché mostrasse bene il volto; alcuni del popolino gli gettarono addosso immondizie e fango, altri lo chiamavano incendiario o ingordo, altri ancora gli rinfacciavano i difetti fisici; aveva, infatti, una statura enorme, il viso solitamente rubizzo per il vino, il ventre prominente, una coscia indebolita dall'urto di una quadriga riportato quando assisteva Caligola nelle corse dei carri. Infine, presso le Gemonie, fu scarnificato a furia di minutissimi colpi, poi finito e da lì trascinato con un arpione nel Tevere» (Svetonio, «Vitellio», XVI). Si può notare, di passata, che un linciaggio pubblico (così simile alla macelleria di piazzale Loreto del 1945) come quelli subiti da Vitellio, da Galba e da molti altri dopo la crisi del 68, non si registra in tutti i quattordici anni del regno di Nerone, nemmeno nei confronti del più misero dei cittadini.

41 Svetonio, «Nerone», XLVII.

42 Evidentemente il liberto Faone, contrariamente a tanti altri suoi colleghi, non si era arricchito durante i lunghi anni in cui aveva prestato il suo prezioso servizio all'imperatore.

43 Svetonio, «Nerone», XLVIII.

44 *Ibidem.*

45 *Ibidem*, XLIX. Secondo il fine latinista e grecista R. Cantarella, *artifex* non vorrebbe dire *artista*, ma *attore*, quindi la famosa frase suonerebbe: «Quale attore muore con me!». R. Cantarella, *Le ultime parole di Nerone morente*, in «Il mondo classico», 1, 2, 1931, pp. 53-58.

46 Svetonio, «Nerone», XLIX.

47 *Ibidem.*

48 Omero, *Iliade*, X, v. 535.

49 Svetonio, «Nerone», XLIX.

50 *Ibidem.*

Cronologia

37 d.C. (15 dicembre) Lucio Domizio Enobarbo, il futuro Nerone, nasce ad Anzio da Agrippina Minore e Gneo Domizio Enobarbo.

39 d.C. Agrippina, coinvolta in una congiura, è esiliata dall'imperatore Caligola. Lucio è accolto nella casa della zia materna, Domizia Lepida.

40 d.C. Morte del padre.

41 d.C. Assassinio di Caligola. Gli succede Claudio.
Agrippina è richiamata dall'esilio.

48 d.C. Claudio fa uccidere la moglie, Messalina.

49 d.C. Claudio sposa Agrippina.
Seneca diventa precettore del dodicenne Lucio.
Lucio viene fidanzato a Ottavia, figlia di Claudio, che ha otto anni.

50 d.C. Claudio adotta Lucio, che assume il nome di Nerone.

51 d.C. Afranio Burro diventa prefetto del pretorio.

53 d.C. Nerone sposa Ottavia.
Primi discorsi in pubblico.

54 d.C. Agrippina avvelena Claudio.
Nerone è proclamato imperatore (13 ottobre).

55 d.C. Morte di Britannico, figlio di Claudio, potenziale rivale di Nerone.
Inizio della guerra contro i parti. Corbulone assume il comando delle truppe.

56 d.C. Seneca pubblica il *De clementia,* dedicato a Nerone.

58 d.C. Riforma tributaria. Nerone propone l'abolizione di tutte le tasse indirette. Il Senato boccia il progetto. L'im-

peratore ripiega su alcuni provvedimenti fiscali di minor portata.

59 d.C. Assassinio di Agrippina.
Prende corpo la rivoluzione culturale voluta da Nerone, tesa a ellenizzare i costumi dei romani.
Giochi della Gioventù (*Juvenalia*).

60 d.C. Rivolta in Britannia.
Primi giochi Neroniani (*Neronia*).

61 d.C. Si acuiscono i contrasti con l'aristocrazia.

62 d.C. Morte di Burro. Gli succedono Ofonio Tigellino e Fenio Rufo.
Seneca offre le sue dimissioni a Nerone.
Nerone ripudia Ottavia e sposa Poppea. Assassinio di Ottavia.
Peto viene sconfitto dai parti a Randeia.

63 d.C. Nasce e, dopo quattro mesi, muore Claudia, la figlia di Nerone e Poppea.
Corbulone riprende in mano la situazione sul fronte orientale. Tiridate, re d'Armenia, si riconosce vassallo di Roma. Pace con i parti.
La rivolta in Britannia è soffocata. Nerone impone ai suoi generali una politica di pacificazione e conciliazione.

64 d.C. Svalutazione monetaria.
A Napoli prima esibizione pubblica di Nerone come citaredo.
L'incendio di Roma (19 luglio). Vengono accusati i cristiani.
Ricostruzione della città. La Domus Aurea. Nerone dà inizio a una politica di grande spesa legata soprattutto all'edificazione di opere pubbliche.

65 d.C. La congiura aristocratica di Pisone. Seneca è costretto al suicidio.
Ninfidio Sabino affianca Tigellino nella carica di prefetto del pretorio.
Seconda edizione dei *Neronia*.
Poppea, incinta, muore.

66 d.C. Processo e condanna dell'ultraconservatore Trasea Peto.
Nerone sposa Statilia Messalina.
Inizio della rivolta in Giudea.

Dopo un viaggio di otto mesi, Tiridate giunge a Roma per rendere omaggio a Nerone. Chiusura del tempio di Giano.
Viene scoperta e stroncata la congiura di Viniciano nella quale è coinvolto Corbulone.
Viaggio in Grecia.

67 d.C. Nerone partecipa ai giochi panellenici e viene proclamato *Periodonikes*. Dà inizio agli scavi dell'istmo di Corinto. Dichiara libera la Grecia.
Il liberto Elio si reca in Grecia scongiurando Nerone di rientrare nella capitale.

68 d.C. Precipitoso ritorno di Nerone in Italia. A Roma celebra il trionfo artistico equiparandolo a quello militare.
Progetta una spedizione in Cina sulle orme di Alessandro Magno.
Rivolta di Vindice in Gallia.
Galba, governatore della Spagna, si unisce a Vindice.
Verginio Rufo sconfigge, a Vesantio, Vindice che si suicida.
Tigellino abbandona Nerone. Ninfidio Sabino passa con Galba.
Nerone muore suicida (9 giugno).

Fonti antiche

Le fonti principali su Nerone e il suo principato sono Publio Cornelio Tacito (gli *Annali* e, molto in subordine, le *Storie*), Caio Tranquillo Svetonio (*Vite dei Cesari*), Dione Cassio (*Storia romana*). I primi due scrivono a una cinquantina d'anni dalla morte dell'imperatore, Dione un secolo e mezzo dopo. Tutti si avvalgono di fonti più antiche, contemporanee a Nerone, e cioè delle opere di Plinio il Vecchio (*Historia a fine Aufidi Bassi*), Cluvio Rufo, Fabio Rustico, che non ci sono pervenute. La storiografia moderna, nonostante un notevole sforzo ermeneutico, non è stata in grado di stabilire in che misura e proporzione Tacito, Svetonio e Dione abbiano utilizzato le fonti originarie, se ciascuno di essi le usò tutte e tre o solo alcune e quale privilegiò. Solo Svetonio si prese la briga di compulsare direttamente documenti coevi al principato neroniano, facendo lavoro di archivista, e di sentire testimoni diretti ancora in vita, mentre Tacito e, ovviamente, Dione si sono basati esclusivamente sulle opere dei loro predecessori. Plinio, Rustico e Rufo, che scrissero dopo la morte dell'imperatore, furono tutti e tre ostili a Nerone, ma da un passo di Flavio Giuseppe (*Bellum Iudaicum*, XX, 8, 3) sappiamo che esistette anche una storiografia favorevole. Proprio Flavio Giuseppe, che conobbe sicuramente Poppea e forse lo stesso imperatore, è l'unico storico contemporaneo a Nerone di cui ci siano rimaste le opere (oltre al *Bellum Iudaicum*, il *De vita sua*). Ma si tratta di notizie frammentarie.

Infine fra le principali fonti su Nerone va menzionato lo storico del IV secolo Sesto Aurelio Vittore (*Liber de Caesaribus* ed *Epito-*

me de Caesaribus) che sembra attingere a fonti ignorate da Tacito e Svetonio o a loro sconosciute.

Notizie su Nerone sono reperibili anche nelle seguenti opere storiche o letterarie o religiose:

Anonimo (Pseudo-Seneca), *Ottavia*;
Antologia Palatina;
Atti degli Apostoli;
Calpurnio Siculo, *Bucoliche*;
Dione Crisostomo, *Orazioni*;
Filostrato di Lemno, *Nerone o dello scavo dell'istmo*;
Filostrato Flavio, *Vita di Apollonio*;
Giovanni, *Apocalisse*;
Giovenale, *Satire*;
Lucano, *Farsaglia*;
Marziale, *Epigrammi*;
Paolo, *Epistola ai romani*;
Pausania, *Periēgēsis tês Hellādos*;
Persio, *Satire*;
Petronio, *Satyricon*;
Pietro, *Epistole*;
Plinio il Vecchio, *Storia naturale*;
Plutarco, *Praecepta Reipublicae Gerundae*; *Vita di Galba e Otone*;
Seneca, *Apokolokyntosis divi Claudii*; *De clementia*;
Servio, *Commento a Virgilio*;
Severo Sulpicio, *Chronica*;
Tertulliano, *Alle Nazioni*; *Apologetico*.

Molto importanti per l'interpretazione del principato neroniano e del suo protagonista sono le epigrafi, i documenti, i papiri, le monete. Esistono varie raccolte, più o meno complete, o mirate, di cui diamo le più importanti:

Acta Fratrum Arvalium, a cura di A. Pasoli, 1950;
Coins of the Roman Empire in the British Museum, a cura di H. Mattingli, 1936;
Corpus Inscriptionum Latinarum, a cura di T. Mommsen, H. Dessau e altri, 1863 e sgg.;
Documents illustrating the Principates of Gaius, Claudius and Nero, M. Smallwood, Cambridge, 1967;

From Imperium to Auctoritas. A Historical Study of Aes Coinage in the Roman Empire 49 B.C.-A.D. 14, a cura di M. Grant, 1946;
Inscriptiones Latinae Selectae, a cura di H. Dessau, 1892-1916;
Monete da Augusto a Traiano, a cura di G.G. Belloni, 1974;
Orientis Graecis Inscriptiones Selectae, a cura di W. Dittemberger, 1903-1905;
Prosopographia Imperii Romani saec. I, II, III, a cura di E. Klebs, H. Dessau, P. von Rohden, 1896-1898;
Prosopographia Imperii Romani saec. I, II, III, a cura di E. Groag e A. Stein, 1933;
The Coinage of Nero, a cura di E.A. Sydenham, 1920.

Bibliografia

Alfieri V., *Del principe e delle lettere*, a cura di L. Russo, Le Monnier, Firenze 1943;

Anderson S.C., *Traian on the Quinquennium Neronis*, in «Journal of Roman Studies», 1, 1911;

Bardon H., *Les poésies de Néron*, in «Revue des études latines», XIV, 1963;

Baldwin B., *Executions, Trials and Punishment in the Reign of Nero*, in «La parola al passato», XXII, 1967;

Beaujeu J., *L'incendie de Rome en 64 et les Chrétiens*, in «Latomus», 19, 1960;

Belloni G.G., *Monete da Augusto a Traiano*, in «Aufstieg und Niedergang der Römischen Welt», Berlino-New York 1974;

Bishop J., *Nero, the Man and the Legend*, Londra 1964;

Bolin S., *State and Currency in the Roman Empire to 300 A.D.*, Stoccolma 1958;

Bonfante P., *Storia del diritto romano*, Istituto di diritto romano, Roma 1934;

Bonner S.F., *L'educazione nell'antica Roma*, Armando, Roma 1986;

Bradley K.R., *Svetonius' Life of Nero, an Historical Commentary*, Bruxelles 1978;

Brooner O., *Excavations at Isthmia*, in «Hespera», 31, 1962;

Bruhl A., *Le souvenir d'Alexandre le Grand et les Romains*, in «Melanges d'Archeologie et d'Histoire de l'Ecole Française de Rome», 48, 1930;

Caiati G., *L'incendio di Roma e la congiura di Pisone*, Roma 1969;

Cantarella R., *Le ultime parole di Nerone morente*, in «Il mondo classico», 1, 2, 1931;

Cazenave M., Auguet R., *Gli imperatori folli*, Red edizioni, Como 1990;
Charlesworth M.P., *Nero: some aspects*, in «Journal of Roman Studies», 40, 1950;
Cizek E., *L'époque de Néron et ses controverses ideologiques*, Leida 1972; *Néron*, Fayard, Parigi 1982;
Colin J., *Juvénal et le marriage mystique de Gracchus (Juv. Sat., II, 117-142)*, in «Atti dell'Accademia delle Scienze di Torino, classe di Scienze Morali, Storiche e Filologiche», 90, 1955-6;
De Franco U., *L'incertezza di Tacito e le ipotesi recenziori sull'incendio neroniano*, Laterza, Bari 1946;
Della Corte F., *Svetonio, eques romanus*, La Nuova Italia, Firenze 1967;
Diderot D., *Saggio sui regni di Claudio e Nerone e sui costumi e gli scritti di Seneca*, Sellerio, Palermo 1987;
Fini M., *La Ragione aveva Torto?*, Camunia, Brescia 1985;
Fusar Imperatore G., *Saggio di analisi critica della bibliografia neroniana dal 1934 al 1975*, Cisalpino-Goliardica, Milano 1978;
Garzetti A., *L'Impero da Tiberio agli Antonini*, Cappelli, Bologna 1960;
Gatti C., *Nerone e il progetto di riforma tributaria del 58 d.C.*, in «La parola al passato», XXX, 1975;
Gerster B., *L'Isthme de Corinthe*, in «Bulletin de Correspondance Hellénique», 8, 1884;
Gervaso R., *Nerone*, Bompiani, Milano 1990;
Giancotti F., *Seneca antagonista di Agrippina*, in «Rendiconti dell'Accademia dei Lincei», VIII, serie 8, 1953;
Giannelli G., Mazarino S., *Trattato di storia romana*, II, Tumminelli, Roma 1953-6;
Goguel M., *La renaissance du Christianisme*, Parigi 1955;
Grant M., *La civiltà di Roma*, Il Saggiatore, Milano 1961; *Nerone*, Librex, Milano 1971;
Griffin M., *Seneca. A Philosopher in Politics*, Oxford 1976;
Grimal P., *Seneca*, Garzanti, Milano 1992; *Tacito*, Garzanti, Milano 1991;
Hainsworth J.B., *Verginius and Vindex*, in «Historia», 11, 1962;
Hanslik R., *Beiträge zur Geschichte der Urchristentums*, in «Jahrbuch der österr Leo-Ges», 1933;
Henderson B.W., *The Life and Principate of Emperor Nero*, Londra 1905;
Herrmann L., *La genèse du senatus consultum Silanianum*, in «Ar-

chives d'histoires du droit oriental», I, 1952; *Quels chrétiens ont incendié Rome*, in «Revue Belge de Philologie et Histoire», 27, 1949;

Korver J., *Néron et Musonius. A propos du dialogue du Pseudo Lucien, «Néron ou sur le percement de l'isthme de Corinthe»*, in «Mnemosyne», 3, 1950;

Levi M.A., *L'Impero romano*, Il Saggiatore, Milano 1967; *Nerone e i suoi tempi*, Istituto editoriale cisalpino, Milano-Varese 1949;

Maiuri A., *Dell'opposizione ai ludi gladiatori*, in «Atene e Roma», 2, 1952;

Mc Alindon B., *Senatorial Opposition to Claude and Nero*, in «American Journal of Philology», 77, 1956;

Meise E., *Untersuchung zur Geschichte der Julisch-Claudische Dynastie*, Monaco 1969;

Michel A., *Tacito e il destino dell'Impero*, Einaudi, Torino 1975;

Momigliano A., *Osservazioni sulle fonti per la storia degli imperatori Gaio, Claudio e Nerone*, in «Rendiconti dell'Accademia dei Lincei», VI, serie 3, 1932; *Nerone*, in «Cambridge ancient History», X, 1934;

Morelli C., *Nerone poeta e i poeti attorno a Nerone*, in «Atheneum», 1914;

Murray O., *The «Quinquennium Neronis» and the stoics*, in «Historia», 14, 1965;

Nietzsche F., *Frammenti postumi 1869-74*, III, III, 2, Adelphi, Milano 1992; *La nascita della tragedia dallo spirito della musica*, Adelphi, Milano 1972;

Paratore E., *Tacito*, Cisalpino, Milano 1951; *Un evento clamoroso nella Roma di millenovecento anni fa*, in «Studi romani», VII, 1959;

Pascal C., *L'incendio di Roma e i primi cristiani*, Torino 1901;

Petit P., *Histoire génerale de l'Empire Romain*, Parigi 1974;

Picard G. Ch., *Auguste et Néron*, Parigi 1962;

Pichon J., *Saint Néron*, Parigi 1962;

Questa C., *Studi sulle fonti degli «Annali» di Tacito*, Edizioni dell'uomo, Roma 1963;

Racine J., *Britannicus*;

Radius E., *L'Incendio di Roma*, Rizzoli, Milano 1962;

Renan E., *L'Anticristo*, Parigi 1873; *San Paolo*, Dall'Oglio, Milano 1965;

Rogers R.S., *Heirs and Rivals to Nero*, in «Transactions and Proceedings of the American Philological Association», 86, 1955;

Ronconi A., *Tacito, Plinio e i cristiani,* in «Studi in memoria di Ugo Enrico Paoli», Le Monnier, Firenze 1956;
Roos A.G., *Nero and the Christians,* in «Symbolae van Oven», Leida 1946;
Roux G., *Néron,* Parigi 1962;
Rusca L., *Saggio sulle persecuzioni dei cristiani,* Rizzoli, Milano 1963;
Sadek M., *On the billow output of the Alexandrian Mint under Nero,* in «Phoenix», 20, 1966;
Saumagne C., *Les incendiares de Rome (ann. 64 p. Chr.) et les lois pénales des Romains,* in «Revue Historique», 227, 1962;
Scarpat G., *Il pensiero religioso di Seneca e l'ambiente ebraico e cristiano,* Paideia, Brescia 1977;
Schumann G., *Hellenistische und griechische Elemente in der Regierung Neros,* Lipsia 1930;
Simon M., *I primi cristiani,* Garzanti, Milano 1958;
Shotter D.C.A., *A Time Table for the Bellum Neronis,* in «Historia», 24, 1975;
Smallwood M., *Documentes illustrating the Principates of Gaius, Claudius and Nero,* Cambridge 1967;
Sordi M., *Il cristianesimo e Roma,* Bologna 1965;
Stevens E., *The Will of Q. Veranius,* in «Classical Review», I, 1951;
Syme R., *Tacitus,* Oxford 1958; *Ten Studies in Tacitus,* Oxford 1970;
Thornton M., *Nero's New Deal,* in «Transactions and Proceedings of the American Philological Association», 102, 1971;
Treves P., *Il giorno della morte di Seneca,* in «Studia florentina Alexandro Ronconi sexagenario oblata», Edizioni dell'Ateneo, Roma 1970;
Turcan R., *Sénèque et les réligions orientales,* Bruxelles 1962;
Vandenberg P., *Nerone,* Rusconi, Milano 1984;
Verdière R., *A verser au dossier sexuel de Néron,* in «La parola al passato», XXX, 1975;
Vitucci G. in Flavio Giuseppe, *La guerra giudaica,* Mondadori, Milano 1991;
Volterra E., *Istituzioni di diritto privato romano,* Edizioni Ricerche, Roma 1960;
Vogt S., *Die Alexandrinieschen Münzen,* Stoccarda 1924;
Walter G., *Néron,* Parigi 1955;
Waltz R., *La vie politique de Seneca,* Parigi 1909;
Warmington B.H., *Nerone realtà e leggenda,* Laterza, Bari 1973;
Weigall A., *Néron,* Parigi 1931.

Indice dei nomi

«Nerone»
di Massimo Fini
Collezione Ingrandimenti

Arnoldo Mondadori Editore

Finito di stampare nel mese di aprile 1993
presso la Arnoldo Mondadori Editore S.p.A.
Stabilimento N.S.M. di Cles (Trento)

Stampato in Italia - Printed in Italy